大学英语阅读与教学研究

王 进 著

北京工业大学出版社

图书在版编目（CIP）数据

大学英语阅读与教学研究 / 王进著. — 北京 : 北京工业大学出版社，2020.9（2021.11 重印）
ISBN 978-7-5639-7644-7

Ⅰ. ①大… Ⅱ. ①王… Ⅲ. ①英语－阅读教学－教学研究－高等学校 ②英语－教学研究－高等学校 Ⅳ. ①H319.3

中国版本图书馆 CIP 数据核字（2020）第 189018 号

大学英语阅读与教学研究
DAXUE YINGYU YUEDU YU JIAOXUE YANJIU

著　者：	王　进
责任编辑：	刘卫珍
封面设计：	点墨轩阁
出版发行：	北京工业大学出版社
	（北京市朝阳区平乐园 100 号　邮编：100124）
	010-67391722（传真）　　bgdcbs@sina.com
经销单位：	全国各地新华书店
承印单位：	三河市腾飞印务有限公司
开　本：	710 毫米 ×1000 毫米　1/16
印　张：	15.5
字　数：	310 千字
版　次：	2020 年 9 月第 1 版
印　次：	2021 年 11 月第 2 次印刷
标准书号：	ISBN 978-7-5639-7644-7
定　价：	45.00 元

版权所有　翻印必究

（如发现印装质量问题，请寄本社发行部调换 010-67391106）

作者简介

王进，女，1979年6月出生，保险职业学院讲师，毕业于中南大学外国语学院，主要研究方向：英语语言教学。近年来主要讲授大学英语教学、商务英语教学、学术英语（读写）等课程。以第一作者身份在《湖南科技学院学报》《北京印刷学院学报》《亚太教育》等期刊上发表论文20余篇，其中多篇获得湖南省职业教育与成人教育学会和湖南省教育科学研究工作者协会优秀论文年度征文二等奖，主持湖南省社科基金和湖南省社会成果评审委员会共2项省级课题项目，主持湖南省职业教育与成人教育学会市厅级课题1项。

前　言

随着信息时代的发展，英语作为国际通用语的地位尤为突出。大学生是未来社会建设的主力军，他们的英语水平在一定程度上代表着整个国家的英语水平。这就要求他们必须熟练掌握英语，以便更好地参与国际交流。大学生通过阅读获得知识与信息的方式也在不断变化。在听、说、读、写、译这五种英语学习的基本技能中，阅读技能既是大学生需要掌握的重要技能，又是大学生学习英语时获得语言输入的主要途径。对大学生而言，英语阅读一直是学习的重点和难点。因此，英语阅读也一直是大学英语教学的重点。

全书共八章。第一章为绪论，主要阐述大学英语阅读的含义、大学英语阅读的重要性以及大学英语阅读教学的问题及对策等内容；第二章为《中国英语能力等级量表》概述，主要包括《中国英语能力等级量表》简介以及《中国英语能力等级量表》解读等内容；第三章为大学英语阅读的影响因素，主要阐述词汇知识、篇章类型以及文化思维差异等内容；第四章为大学英语阅读与教学现状，主要阐述大学英语阅读与教学的发展情况、大学英语阅读与教学的现状分析等内容；第五章为大学英语阅读教学与理论，主要阐述图式理论、关联理论、互文性理论、阅读模式理论以及建构主义理论等内容；第六章为大学英语阅读教学与方法，主要阐述体裁教学法、任务型教学法、语类教学法以及支架式教学法等内容；第七章为大学英语阅读教学与策略，主要阐述阅读学习目标、《中国英语能力等级量表》之阅读理解策略以及阅读教学中的策略意识培养等内容；第八章为大学英语阅读教学课堂的建构，主要阐述了大学英语阅读教学的原则和方式、大学英语阅读资源的开发和利用以及大学英语阅读能力结构的建构等内容。

为了确保研究内容的丰富性和多样性，作者在写作过程中参考了大量理论与研究文献，在此向涉及的专家学者们表示衷心的感谢。

最后，由于作者水平不足，加之时间仓促，本书难免存在一些疏漏，在此，恳请读者朋友批评指正！

目 录

第一章 绪 论 ·· 1
第一节 大学英语阅读的含义 ··· 1
第二节 大学英语阅读的重要性 ·· 12
第三节 大学英语阅读教学的问题及对策 ···································· 14

第二章 《中国英语能力等级量表》概述 ·· 21
第一节 《中国英语能力等级量表》简介 ···································· 21
第二节 《中国英语能力等级量表》解读 ···································· 29

第三章 大学英语阅读的影响因素 ·· 41
第一节 词汇知识 ··· 41
第二节 篇章类型 ··· 49
第三节 文化思维差异 ·· 69

第四章 大学英语阅读与教学现状 ·· 91
第一节 大学英语阅读与教学的发展情况 ···································· 91
第二节 大学英语阅读与教学的现状分析 ·································· 112

第五章 大学英语阅读教学与理论 ·· 121
第一节 图式理论 ··· 121
第二节 关联理论 ··· 124
第三节 互文性理论 ·· 128
第四节 阅读模式理论 ·· 132
第五节 建构主义理论 ·· 135

第六章 大学英语阅读教学与方法 ·· 145
第一节 体裁教学法 ·· 145
第二节 任务型教学法 ·· 148

第三节　语类教学法 …………………………………… 164
　　第四节　支架式教学法 ………………………………… 169
第七章　大学英语阅读教学与策略 ……………………………… 177
　　第一节　阅读学习目标 ………………………………… 177
　　第二节　《中国英语能力等级量表》之阅读理解策略 … 182
　　第三节　阅读教学中的策略意识培养 ………………… 189
第八章　大学英语阅读教学课堂的建构 ………………………… 197
　　第一节　大学英语阅读教学的原则和方式 …………… 197
　　第二节　大学英语阅读资源的开发和利用 …………… 211
　　第三节　大学英语阅读能力结构的建构 ……………… 223
参考文献 …………………………………………………………… 239

第一章 绪 论

英语阅读是大学英语教学的重要组成部分,也是学生必须掌握的语言技能之一。本章分为大学英语阅读的含义、大学英语阅读的重要性、大学英语阅读教学的基本问题三个部分。主要内容包括:对于阅读的理解、英语阅读概述、获取信息的重要手段、精读泛读结合等。

第一节 大学英语阅读的含义

一、对于阅读的理解

阅读是人类特有的文明行为和社会现象,可以说,人类文明史是一部阅读的历史。有人说,阅读是随着文字的出现而出现的,因此阅读史就像文字史一样长。也有人说,人类的阅读史比文字史更为久远。他们认为,新石器时代,即文字创立之前,人类就已懂得结绳、刻图记事,而辨别绳结和图形的含义,就是人类最初的阅读。

那么究竟何谓阅读?阅读给人的第一印象,即把无声的文字作品变为有声的口头表达。当然,这是种假象。对阅读的简洁解释是看(书报等)并领会其内容。在科学技术不断进步的信息化时代,这样的解释已经不能概括阅读的全部意义,也不能体现阅读的巨大变化。

我们可以把阅读解释为,人们通过视觉器官从信息符号中获取所标记意义的一种复杂的智力活动。所以上文提到的辨别绳结和图形的含义,从广义上讲,也可以被看作一种阅读活动。不过,一般学者坚持认为有了文字以后才产生真正的阅读,因为文字符号毕竟与绳结符号和图形符号有本质的区别。

(一)国内学者对于阅读的理解

阅读对于人类社会的发展至关重要,古今中外的学者向来重视对阅读的研究。

1. 先秦时期

这个时期的孔子、孟子、荀子等人关于阅读都有过十分重要的论述。

《论语》中的"学而不思则罔,思而不学则殆"(《论语·为政篇》),强调了读书学习和深入思考相结合的重要性。孔子认为学、思要紧密结合。他还强调阅读中应有"不耻下问"(《论语·公冶长》)的精神,要有"如之何,如之何"(《论语·卫灵公》)的探究精神,他自己就是"子入太庙,每事问"(《论语·八佾》)。

孟子发表了"尽信书,则不如无书"(《孟子·尽心下》)的看法,主张对书上的东西不能无批判地吸收,而应该具体情况具体对待;要"以意逆志,是为得之"(《孟子·万章上》),以自己的看法去领会作者的意图,这样才能算自得。

《荀子》中的"诵数"、《学记》中的"呻其占毕"等,讲的都是阅读。此外,荀子的《劝学篇》则算得上是我国最早研究阅读的专门著述了。《荀子·儒效》中指出:"不闻不若闻之,闻之不若见之,见之不若知之,知之不若行之。学至于行之而止矣。行之,明也。……故闻之而不见,虽博必谬;见之而不知,虽识必妄;知之而不行,虽敦必困。"强调理论一定要和实际相联系。

先贤们为我国古代阅读研究开辟了道路,奠定了基础。

2. 两汉魏晋南北朝时期

这个时期对于阅读研究做过贡献的重要学者有刘向、王充、刘勰、陶渊明、颜之推等。刘向主要是继承并发扬了荀子的终身阅读思想。王充的《书虚》《问孔》等系列阅读研究名篇,开创了中国古代批判性阅读的先河。

3. 隋唐宋元时期

隋唐宋元被称为中国古代阅读研究的成熟期,诗人杜甫在《题柏学士茅屋》中曾写道:"富贵必从勤苦得,男儿须读五车书。"这句诗充分体现了他主张勤读书、多阅读的思想。

宋元时期,阅读更是作为专门的学问备受重视。如果说,孔子创造了中国古代阅读史的第一个理论高峰,那么宋代的阅读理论家朱熹则创造了中国阅读史上的第二个理论高峰。朱熹的理论可分为三部分:阅读主体论、阅读过程论、阅读方法论。最有价值之处在于他的阅读过程论,这一部分阅读理论第一次以概括的形式明确了视觉过程是阅读之始,语言过程是从文字感知到内容理解不可丢的中介,而心理过程则是理解的根本。这一理论间接地给阅读做出了明确的定义,同时建立了先秦以来相当完整的阅读理论体系。

4. 明清时期

到了明清时期，思想家、政治家、文学家梁启超则凭借他的阅读社会论、阅读教育论、阅读主体论、阅读客体论、阅读方法论和文学阅读论为中国古代阅读研究创造了第三个理论高峰。

5. 中国近代阅读时期

从 1840 年的鸦片战争到五四运动的前夕，属于中国近代阅读研究时期，这个时期的代表人物是曾国藩。他对阅读的形象化描述是"看者如攻城拓地，读者如守土防隘，二者截然两事，不可阙，亦不可混"。因此，曾国藩对于阅读活动的理解，有两种不同的方式：①泛读，也就是我们所说的看书，是为了拓宽知识面而浏览书籍；②精读，也是我们所说的读书，是为了夯实文化基础而进行的逐篇逐句的精读。通过这两种阅读方式，人们可以加深对阅读活动内涵的理解，但是曾国藩并没有对阅读的定义做出明确的、概念化的解释。

6. 中国现代阅读时期

20 世纪 80 年代末，曾祥芹、韩雪屏等一些学者经过研究，把阅读建设成为一门独立的学科，提出了"阅读学"的名称，并对阅读和阅读学这两个概念进行了诠释。1987 年，高瑞卿的《阅读学概论》出版，1992 年《阅读学丛书》问世。此后，王继坤主编的《现代阅读学教程》、曾祥芹的《阅读学新论》等先后出版。这个时期出版发行的有关阅读的著作，对阅读学的研究对象和方法、阅读学的内容和原理、阅读的技巧都做了翔实的论述。

这个时期学者们对阅读的理解和对阅读的认识，主要形成了以下两种观点。

（1）提取说

这种观点强调阅读是读者从书面语言和文本中提取固有信息的过程，阅读文本的意义也是固定的。提取说的阅读观点主要有以下五种。

①从语言心理学的角度看，阅读是从具有一定意义的文字系统、图表和其他符号中提取信息。

②阅读是一种接收书面语言信息的学习实践活动。

③阅读是依靠眼睛目视或者口语朗诵的形式，从书面文本中提取信息的一种学习活动，这样可以理解和提取文本中的文字符号。

④阅读是通过文字符号获得文本信息的过程。

⑤阅读是读者从书面信息符号中提取文本意义的心理活动过程。

（2）解释说

在文学阐释学、接受美学的影响下，对于阅读的理解又出现了解释说。这种观点强调读者的主观能动性和积极创造性，认为读者的阅读过程是对文本的接受过程，也是对作品的一种再创造过程，这就区别于传统的文艺理论认为读者阅读文本是被动接受的过程，并且认为读者是鉴赏者或批评者的角色。解释说认为读者和作者都是文本作品的积极参与者。

解释说对于阅读的理解有以下几种。

①从现代认知心理学的角度看，阅读是一个读者（阅读主体）和文本（阅读客体）之间不断相互作用的过程：一方面负载着作者见解、意愿的阅读客体——文本作品，能够影响作为阅读主体的读者；另一方面读者也能够利用自身积累的经验顺应、同化作品包含的信息。

②阅读通过读者对文本的视线扫描，结合已有的思想材料和已有经验，筛选出作品中的关键信息，从而引发读者的连锁性思考。

③阅读是一个读者积极主动获取各种信息的过程。

④阅读是一种从书面文本中获取意义、思考、评价、判断、想象、推理和解决问题的心理过程。

⑤阅读是以作品为媒介，根据文本中的语言符号，理解文本中所包含的精神内核，从而感悟、体验和理解作者在作品中所要表达的情感。

⑥从文化研究的角度看，阅读是阅读主体与阅读文本相互影响、相互作用的过程，能够体现出读者的实践活动与精神活动的结合。读者在阅读过程中不仅能够获得文本意义的信息，也能够获得作者的情感信息，同时也关注阅读主体，建构起一种读者从意义信息转向情感信息的还原过程。

⑦阅读是大脑通过对文本图表、公式等文本信息进行接收、吸收、加工，从而能够理解文本符号所要传达的文本意义，阅读的过程就是通过思维与言语的交互达到对文字符号的加工与理解。

⑧阅读是"一种复杂的心理和智力活动，是一个需要不断假设、证实、想象、推理的积极、能动的认知过程"。

阅读分为两个阶段：第一阶段是识别，通过阅读文本，明确字符单词的意义、句子的结构以及篇章中语句之间的关系；第二阶段是释义，找出与主题和作品相关的非语言语境知识，处理第一阶段中的文本信息，并复原文本的意义，提高对各种有效信息的处理能力（认识单词、理解句意、深层次理解语篇意义），理解作者所要表达和传递的情感信息，从而提高阅读理解能力。

（二）国外学者对于阅读的理解

国外语言学界对于阅读的研究也很广泛，而且对阅读的定义更加明确和科学。

①威廉姆斯指出："阅读就是一个人看着并理解所写文字的过程。"

②心理学家古德曼和史密斯对于阅读所下的定义具有一定的代表性。

古德曼提出阅读是一种猜测游戏，是读者从文本中提出预测、证实信息、否定预测、改进认知的一系列阅读过程，有效的阅读是能够根据文本中较少的信息线索推理并得出准确的判断。古德曼把阅读理解分为词汇、句子和语篇三个层面的处理过程。

史密斯对于阅读的理解，是他提出的阅读冗余理论。这一理论根据读者的阅读心理过程提出了阅读的视觉、听觉、句法和语义四种来源。读者要通过有效分析字母之间、单词之间、句子之间和语篇之间存在的冗余现象，掌握各种信息来源，并充分利用这些信息实现对阅读篇章的理解。

③德国的阅读研究，早在19世纪末，已有相当的规模，特别是1974年德国出版的《阅读手册》，对各国的阅读研究有深远的影响。德国的语文教学工作者及阅读研究人员普遍认为，阅读首先是一种感知或感觉行动，人们在这种感觉行动中认识语言符号，接着将其转变为概念或表象，进而结合为更大的意义单位。但是，读者如何把握和实现文章含义，是这个复杂的阅读过程的核心。

④道林和莱昂认为，阅读有广义和狭义之分。广义的阅读是人们对于自然现象和各种文字符号的解释，如地理学家根据地理常识阅读各地的地质状况，医生根据医学常识阅读病人的感知等。

随着认知心理学、心理语言学的发展，狭义的阅读就是指读者对于文字符号的解释，而语言学家研究的阅读也是指狭义的阅读。他们把阅读又分为两类：第一，阅读是译码过程。这种观点认为阅读是读者从视觉转变到听觉的过程，也是从书写的符号转变到声音的过程，阅读过程中按照材料中的书写形式积极主动地去创造一个新的声音形式。第二，阅读是意义的获得。这种观点则认为阅读是读者运用已有的概念在阅读过程中建构新的概念意义的过程，是把视觉信号转变为意义的过程。

狭义阅读的这两种分类，强调的是阅读加工的不同水平，它们之间并不是绝对排斥的。

⑤吉布森等人把阅读定义为从课文中提取意义的过程：把书写符号译码为声音符号；从语义记忆中获得书写词的意义并进行整合。这种对阅读的综合性定义被许多人接受。

二、英语阅读概述

阅读是一种重要的活动。阅读教学在学校中占有重要的地位,学生必须掌握本民族语言、文字的基本规律,积累一定数量的词汇,能够阅读各种类型的文章,拓宽文化知识面,培养、提高分析问题和解决问题的能力,才能完成各门学科的学习任务,为参加社会活动做好准备。通过一定的活动,学生还可以从思想上、感情上受到阅读作品的感染,形成良好的品质,发展他们的个性。

阅读过程的研究一直是语言教学研究中的重点课题。很多人认为阅读理解的过程就是"认识每个单词—了解每句话的意思—理解全文的意思"。

(一)阅读模式概述

1.古德曼心理语言学阅读模式

英国心理语言学家古德曼在做了大量的研究之后认为阅读是一种"心理语言猜测游戏,是思想和语言相互作用的过程"。他认为在阅读过程中,读者把文本信息不断地重新建构、不断地循环建构,这样读者就能从阅读文本中摄取有效信息、预测信息、再摄取信息、验证正确的预测、修正错误的预测。因此这种不断重复、不断循环的阅读过程,被人们称为古德曼心理语言学阅读模式,如图1-1所示。

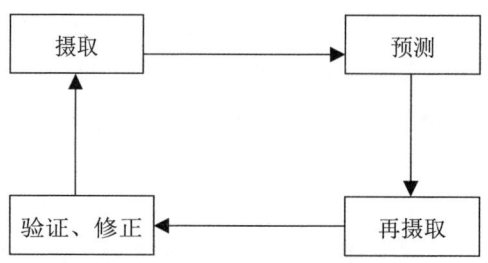

图1-1 古德曼心理语言学阅读模式

2.埃伯索尔德阅读模式

埃伯索尔德研究认为阅读始于读者对阅读材料的一个重复过程。这样的步骤在阅读过程中会重复出现,不同之处在于每次总是在已有知识的起点上对新的阅读材料重复以上步骤。

埃伯索尔德阅读模式如图1-2所示。

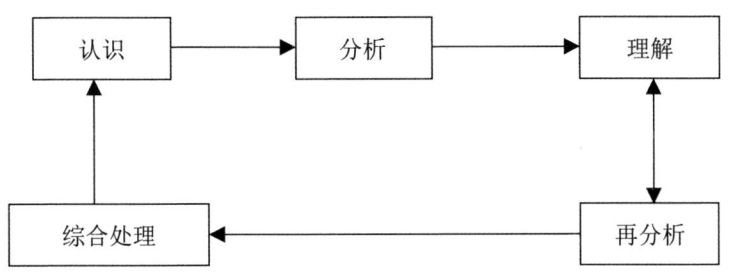

图 1-2　埃伯索尔德阅读模式

3.厄克特与韦尔阅读模式

厄克特与韦尔将阅读模式分为以下两种过程模式，如图 1-3 所示。

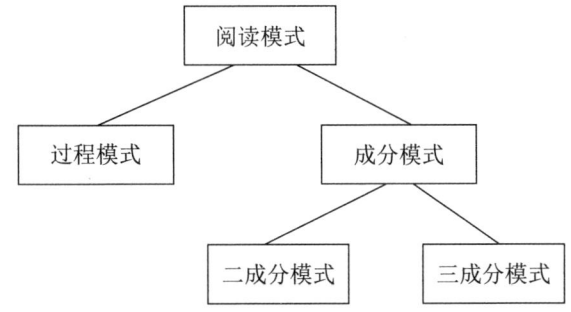

图 1-3　厄克特与韦尔阅读模式

阅读的过程模式，是指阅读过程是连续的、一系列的，只有完成上一个阅读过程才能开始下一个阅读过程。阅读的成分模式，是指阅读过程中不用试图去解释阅读中相关的成分，不用解释相关的成分之间的相互作用过程，也不用解释阅读的实际操作过程。成分模式还可以分为二成分模式（识别阅读材料中的词汇、理解阅读材料中的语言学知识）和三成分模式（强调第二语言阅读中的背景知识、语言水平和阅读能力）。

4.建构主义阅读模式

这种模式认为阅读是读者知识的重新建构过程，如图 1-4 所示。

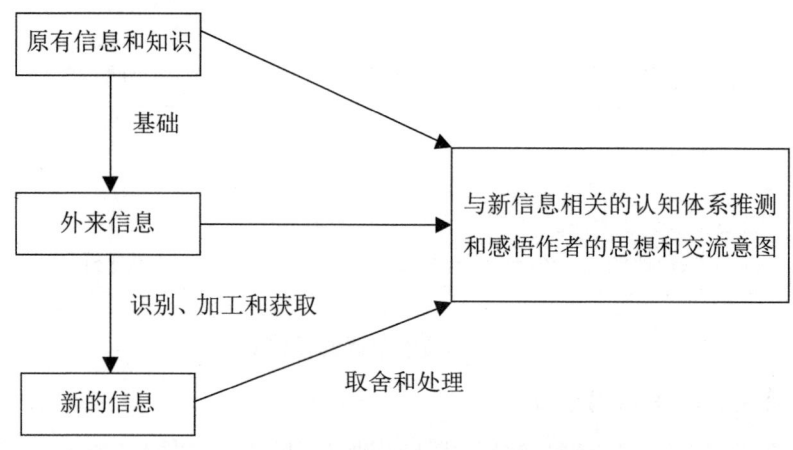

图 1-4　建构主义阅读模式

建构主义阅读模式在建构过程中，读者认知的目的、计划等方面的因素，能够影响读者自觉主动地应用已有经验和背景知识提取有效信息，而阅读材料中的语言编码也能为读者提供阅读导向，从而促使读者建构新的知识意义。这也是建构主义阅读模式所偏重的读者自主建构知识的阅读过程，而不是依赖语言文字符号的刺激作用。

5. 关联理论阅读模式

关联理论结合各家学派对语言实质的认识，把语言的交际特征做了新的阐述，指出了语言交际过程是交际双方的一个明示—推理的过程，也是一个复杂、动态的过程。这一理论的提出让我们明确了语言交际是双方的互动行为，拓宽了语言交际研究的思路和角度。作为交际过程中的一种方式——阅读，也是读者通过找寻文字材料中存在的相关信息，能够准确地推断出作者的写作意图，从而实现最佳的阅读效果。

6. 语篇语言学阅读模式

语篇语言学家认为，语篇交际是人类符号行为中区分最为精细的系统，它继承了人类理性行为的主要技巧，如解决问题的能力、计划能力、对假设的广义化能力、检查和修正能力、处理非期望和不可能事件的能力、减少复杂性而适应处理限制的能力等。语篇只有被读者解读时才是真正意义上的语篇。

7. 认知语言学阅读模式

认知语言学指出，阅读中作为客体的读物能够影响阅读主体——读者，而读者也能够利用自己已有的背景知识顺应、同化或逆反读物中所包含的信息，从而实现阅读的主体和客体之间不断相互作用的过程。

这种阅读模式应用到学生的阅读中，就是学生把新学到的知识纳入或同化到已有的认知结构之中，利用获取的新信息重新建构起新的认知结构，这样才能顺应对外界客体新知识的变化。这样也能在最大程度上激活学生认识发展中的内部机制，从而实现阅读的重要价值。而对于阅读理解来说，这是读者主观地对人、事物和信息进行加工的复杂的心理认知过程。

（二）阅读的本质

阅读的本质可以从两个层面来理解：视觉层面和认知层面。首先是对阅读材料中文字符号的辨认，这样可以将视觉信息传送到大脑；其次是对视觉信息进行的解释，这是对新信息重新建构的过程，可以展现作者的创作意图和情感表达，帮助读者理解特定的语篇中作者所要表达的意义。认知层面的阅读是一个相当复杂的认知过程，是读者主动地接收信息、理解信息的创造过程，是读者根据已有的知识经验进行筛选、推测、判断和归纳新建意义的过程。

1. 相互作用的交际过程

纳托尔认为，阅读是一种相互作用的交际过程。根据这一观点，阅读具有三个主要特征。

（1）作者和读者之间的交互行为

如同"说—听"的交际过程，阅读是作者和读者之间的交互行为，作者在具体的语篇中表达自己想要传递的信息，读者对该语篇进行理解以获取信息。但是，与听的不同之处在于，阅读是间接的，除了书面文字材料外，既没有具体的交际环境，也没有双方面对面的交流，因此，阅读的相互作用过程更为复杂和困难。

（2）读者主动创造的交际行为

阅读是一个主动的创造过程，读者不是被动的接受者；阅读也不只是视觉过程，而要在视觉信息的基础上借助各种非视觉信息，不断"对结构进行预测，并根据具体场合和语篇所建构的语义对其进行检测"。这种"接受语言的过程就是不断尝试、预测、检验和确定的循环过程"。

（3）读者推测并进行评判的交互行为

阅读者是"根据自己的推测来理解语篇的意义"，因此他必须对文章中的选词、所列事实、组织结构等进行评判，以获得作者想要表达的信息。

2. 不断猜测的过程

格瑞莱特认为，阅读的过程就是一个不断猜测的过程，读者已有的知识比起要接受的知识更为重要。格瑞莱特的阅读过程如图1-5所示。

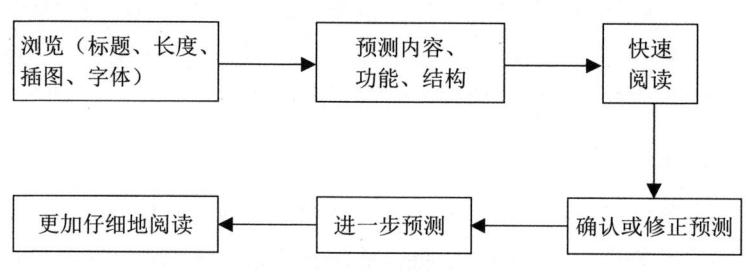

图 1-5　格瑞莱特的阅读过程

3. 积极主动的活动过程

心理语言学家认为，阅读是一个积极主动的过程，是读者通过大量的脑力活动，主动进行信息的传递和主动接收信息的过程。而且在阅读的整个过程中，读者都能保持主动积极地对信息进行解码、加工和处理的循环状态，能够保持读者与材料之间不断交流的状态。读者能够把已有知识和接收到的新信息有机地联系在一起，达到对词汇意义的解码和对文章的全面理解，对文章意义的完整理解。

读者在阅读的过程中，把分散于文章中的各种相关的、有效的信息联系起来并进行判断和推理，进行必要的语言组织，从而归纳总结出对文章的认识。这样可以培养和提高读者的语言能力、认知能力和语篇分析能力，因此也可以认为阅读是一个不断地判断—推理—归纳—总结的过程。

阅读也是读者的心理语言猜测活动。在阅读过程中，读者需要利用阅读材料中包含的信息不断地猜测并不断地检验自己的预测，并在预测正确之后开始下一个预测，或者在纠正错误的预测、修正原来的假想之后开始新的预测。

究其本质，阅读是一种复杂的生理和心理活动，是视觉信息和非视觉信息相互作用的活动，即文字信息和读者的知识水平、文化背景及个人经验相互作用的活动。阅读作为一个心理过程，指读者本人启动多种生理器官、知识结构以及技能技巧与阅读材料的书面符号产生联系，并通过这种联系来解读符号，从而重构信息。也就是说，在外语阅读过程中，读者作为一个个体，利用文章的各种现象所形成的刺激，进行一系列的体验、预测等思维活动。

（三）英语阅读的本质

大学英语阅读是以文章作为语言实体和信息载体，对书面信息进行认知建构的言语过程。它集语音、词汇、语法等基础知识为一体，是综合训练和考查学生语言运用、阅读理解、逻辑推理、分析判断等能力的有效手段。在提高学生综合运用英语语言能力的过程中，英语阅读是最能体现出第二语言习得能力的语言输入技能，也是学生能够接触大量有意义、有趣的新信息的输入材料的过程，同时阅读也是一个人语言输入的最大资源。

1. 快速阅读

这是相对于传统意义上逐个单词地仔细阅读而言的阅读方法。快速阅读以快速为形式，以理解为前提，在有限的时间内获取最大的信息量。它要求读者对文字以组、行或块为单位进行大小不一的整体阅读，而各个单位所包含的信息可能是词组、半行、一行、多行甚至整页内容。因此，它也是一种让我们能够从文字材料中迅速接收信息的阅读方法。此外，快速阅读要求读者在规定的时间内进行积极、有目的、有方法、有效果的阅读，并综合运用各种阅读技能，获取所需要的信息。

快速阅读不仅在测试中具有实用价值，在日常学习中也可以帮助读者有效地增加背景知识、扩大词汇量、培养结构意识，从而提高阅读效率。从语言习得的角度看，快速阅读能更好地促进读者语言技能的综合发展。快速阅读还能培养良好的阅读习惯，消除学习者的紧张情绪和挫败感，使学习者受益。因此，快速阅读训练是极其必要的。实践证明，在理解能力同等的情况下，经过快速阅读技巧训练的学生，其理解水平和阅读速度均优于其他学生。

2. 仔细阅读

仔细阅读一般需要获取所有的语言信息，因此不会采用跳读的方式，阅读速度也相对慢一些。从阅读材料的理解层次上讲，仔细阅读要求读者能够精确地理解原文，不仅要掌握阅读材料的梗概，还要掌握细节性信息，把握相关概念，并能进行一定的逻辑演绎。此外，较高层次的仔细阅读要求读者能深刻领会作者的写作意图、文章的内涵和语言的修辞手法。仔细阅读与快速阅读更多的是阅读方式的区别，不必把快速阅读和仔细阅读对立起来。

第二节 大学英语阅读的重要性

一、获取信息的重要手段

英语阅读是人们获取信息的一种重要手段，也是人们相互交流思想的一种便捷途径。在当今的知识经济时代，信息化高度发展，有效的英语阅读能够使学生获取世界范围内有用的信息和知识，对一个人的生活、工作和学习具有重要的作用。

在大学的各种英语测试和水平考试中，阅读理解都占有极为重要的地位，影响到学生的英语成绩。因此大学英语阅读教学尤其是有效的阅读教学，能够让学生在平时的阅读中积累词汇、语法、篇章中的技巧和重要信息，提高学生的阅读和写作能力，还能大大提高学生的听说能力，提高学生应用英语进行有效交流的能力。英语阅读教学是英语教学听、说、读、写、译五个环节中的重要一环。

二、提高学生学习英语的兴趣

克拉申的"情绪过滤假说"指出：情绪障碍在语言学习过程中会阻碍学习者理解性的语言输入，只有一个人的情绪障碍最低——忘记自己在使用第二语言时，他才能有较高的学习效率。

心理学家约翰·杜威也指出，在阅读过程中，读者是一个主动的感知者，读者会试图理解事物，也会无意识地模仿，外界信息和他的心理因素是相互作用的。在两种因素相互作用的过程中，读者在英语阅读中获得了新的知识和技能，并利用已有的知识和经验去理解、模仿并运用英语语言。

英语阅读是英语学习者提高学习兴趣、增长知识的重要方法。随着英语阅读能力的不断提高，语言知识的不断积累，英语学习者的阅读量也会不断加大。这时英语学习者的阅读兴趣就从英语学习性阅读逐渐发展到语言应用性阅读。

三、作者与学生之间的一种交流

大学英语阅读，就是学生与阅读材料之间的一种相互交流。学生通过阅读材料中文字所表达的信息，最大限度地理解作者，形成作者与学生之间的相互交流。每个学生从阅读中所获得的信息是随着个体差异的不同而产生变化的。

虽然学生能认识阅读材料中所有的语言符号，但这些符号也不能自动跳进学生的头脑中。学生需要积极地投入阅读中，才能理解作者的意图。

四、培养学生的英语综合应用技能

英语阅读逐渐成为我国学生、研究者、企业管理人员获取信息的主要手段之一，也是人们相互交流思想的便捷途径。阅读是自学的条件，是学生终身学习的基础。英语阅读在提高英语学习者的英语语言能力方面发挥着不可替代的作用，阅读对听力、口语和写作技能的培养都起着积极作用。

五、培养学生的跨文化交际能力

英语文本是英语文化的主要载体，阅读文本则是了解和融入英语文化的主要手段。语言的存在需要有一个环境，不能脱离文化而存在，不能脱离社会继承下来的传统。阅读是文本创造主体和文本解读主体间的对话，是主体间的一种寻求心灵交流的活动，是读者与文本互动的一种过程。这种对话和互动的关键在于两个主体对同一种语言形式达成积极的思想和心理交流，这就要求读者不但要掌握语言，而且要了解文化。组成语言的词汇、语法和音系无不诉说着文化的本质和价值，因此语言是一个民族的象征，组成这一民族的历史文化背景和生活、思维的方式。

语言和文化相互作用，要理解其中一者必须同时理解另一者。在学习和掌握语言的过程中，通过大量阅读文本，读者可以对目的语蕴含的丰富文化形成深刻的、理性的认识，逐渐培养跨文化交际意识。不但如此，读者结合自身对本族语言文化的理解，与英语语言文化形成对比和类比，了解两种文化不同的渊源、发展历程和本质特征，增强自身对中西方文化的共性与差异的意识，增强对产生这些差异性的根源的认识，从而加深对语言意义的理解，减少因文化知识匮乏而产生的语用失误，提高跨文化交际能力。

六、有效提升学生的人文素养

人文素养是做人的素质，是指一个人的内在品质，它包括文化知识素养、道德情操素养、审美素养和人生境界追求以及心理素质、思维方式、人生观、价值观等。英语语言不仅是一种符号体系或交际工具，而且是英语民族认识、阐释世界的意义体系和价值体系，因而英语具有民族性和鲜明的人文属性。英语文本一定会渗透着英语民族的历史、人物、政治、经济、科技、文学、宗教、习俗等方面的内容，可以说应有尽有，这其中蕴含着丰富的人文精神。读者在这些生动的人文教材中必将获得深刻的启迪和教益,体味其中的真、善、美和假、恶、丑,感悟其中的文化内涵和人文精神,自然而然地受到人文素质教育,在情感智慧、道德品格方面得到升华。

第三节 大学英语阅读教学的问题及对策

一、大学英语阅读教学存在的问题

(一)教师方面的问题

1. 教学缺乏创新

在大学英语阅读教学中,采用的主要教学方法就是传统机械式教学法,具体内容包括:课前预习;课中进行简要介绍以及难点的解释、问题的提出;课后记忆。这种教学方法存在的问题有很多,具体表现在:①对学生而言,在进行课前预习时往往缺少明确的目标而不知如何推进;②教师的介绍占据了课中的大部分时间,学生缺乏参与感;③学生的理解能力不能通过单纯的理解性练习检测出来,这种练习只能实现对学生理解结果的检测。

总而言之,这种教学法是缺乏互动的,因此,它必然会制约学生的发展,从而难以实现知识水平和理解技能的提高。

2. 教学观念落后

目前,从英语阅读教学的角度看,教学观念方面的问题依然存在。很多教师只重视对知识的传授,即对相关的生词进行简单讲解,并且在分析时也是逐句逐段进行,忽略了对学生的主体性和阅读理解能力的培养。

(二)学生方面的问题

1. 阅读习惯和阅读能力较差

对于阅读学习,阅读习惯会产生直接的影响。每位学生的阅读习惯都是有所差别的,若是其阅读习惯良好,则可以快速获得必要的信息;若是其阅读习惯较差,则会影响阅读的成效。通过对我国高校学生的阅读现状进行分析和思考,可以发现在阅读时大多数学生都会有不同的坏习惯:用笔或手指着,逐字逐句地读;读出声来或在心里默读;重复阅读前面读过的内容。

这些坏习惯使得阅读效率大大降低,也对阅读学习的效果产生了一定的影响。因此,针对学生的不良习惯,教师应该在具体的教学过程中进行及时的纠正,推动学生正确阅读习惯的培养,促使阅读和阅读学习的效率进一步提高。另外,在阅读的分析理解方面,许多学生的相关能力都是较差的,他们将学习的重点放在语言点的分析和学习上,沿用自上而下的传统模式对文章进行解读,在解读单词和语法时使用逐字逐句的形式,难以准确把握语境以及文章的内容和用意,对篇章结构的整体概念也没有给予相应的重视,这在很大程度上对学生阅读理解能力的提高产生了不利的影响。

2. 缺乏学习的主动性

在我国传统的英语教学中,很多学生长期受到传统模式的影响,从而对英语教师过分依赖,进而导致学习自主性和目的性的缺失。在传统英语教学模式下,教师如果不教英语文化和语言的运用方法,学生就不学语言文化和语用知识。

在传统的教学活动中,没有充分体现出新的教学模式,即教师处于主导地位、学生处于主体地位的模式。在课堂教学活动中,学生往往缺乏主动性和积极性,对教师的灌输式教学过分依赖,而极少翻阅相关书籍。

3. 背景知识欠缺

在教学活动中,学生处于主体地位,并且会对教学效果产生直接的影响。因此,从某种意义上讲,学生对于英语阅读教学的顺利开展会产生重要的影响。就目前来看,学生方面存在的较为严重的问题就是背景知识欠缺。

(三)目前大学英语读写课的局限性

要真正提高大学生的英语阅读能力,仅靠传统的精读课教学远远不能实现这个目标。目前各高校选择的大学英语教材品种不同、特色各异,课程设置上以读写课和听说课为主。目前,读写课的局限性表现为:①教材课文篇目较少(一般包括课文 A 和 B 两篇),篇幅短(一般 900 个单词左右),课堂时间有限,不能保障充分的阅读量。②读写课的主要任务还是被放在教授语言知识上,教师讲解占用了大部分时间,学生缺乏独立流畅的阅读训练。③在英语读写课上,针对英语阅读理解的专项训练很少,而教师用大量的时间帮助学生复习语言点的知识。在操作训练上,听、说、写的训练安排也相对较多,这样的英语综合训练方法,使得教学中阅读成了被动的、由点到面的解码过程。学生习惯了逐词逐句地翻译,在英语学习中专注于单词、句子、语篇层面的意思,对于英语高层次的语篇和文章结构、段落的衔接掌握不够,对于作者的写作思路、方法、情感、观点等也不能够把握,不能站在语篇的高度理解全文,获得的只是零散的语言知识。所以,十分有必要建立一个包括精读和泛读在内的阅读教学体系,两者可以相互补充、相互促进。

二、完善大学英语阅读教学体系的相关对策

（一）建立和完善精读与泛读相结合的阅读教学体系

1. 进行精读与泛读的分工

在明确阅读教学总任务的基础上进行精读、泛读的分工，大学英语阅读教学的总任务可以分为三个方面：①引导学生从事大量以理解内容、获取信息为目的的活动，并从中培养学生阅读的兴趣和习惯；②使学生掌握和扩大语块量及语法知识；③训练阅读各种技巧。

因此学生英语阅读精读的任务如图1-6所示。

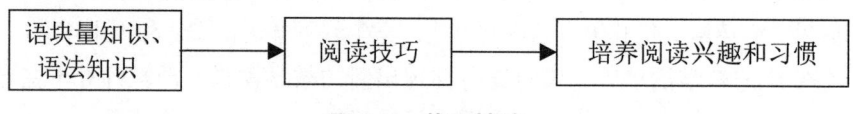

图1-6　英语精读

相对于精读的任务，英语泛读教学的任务如图1-7所示。

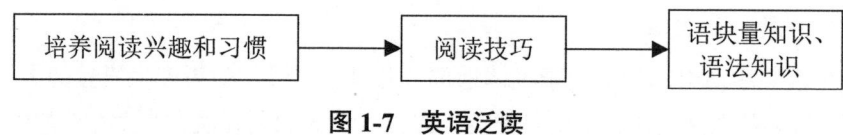

图1-7　英语泛读

2. 落实课堂阅读训练

落实课堂阅读训练应该做到吸取各种理论对阅读教学指导意义的优势，取长补短，优化改进读写课教学模式；在英语课堂教学过程中，注重学生的阅读训练，培养学生良好的阅读习惯。

3. 泛读课程规范化

大学英语泛读训练中，要注重课程化和正规化的教学，泛读教学内容主要包括：①配置专门的英语阅读材料；②英语课堂教学中要有一定的阅读训练；③规定教学指标，对阅读量、阅读速度、难度、阅读技巧等做出具体的规定。

目前的新视野大学英语教材在这方面提供了很好的范例，与读写教程相配套的泛读资料给学生提供了非常丰富的阅读内容，而速读训练不失为一种有效的教学手段。泛读课应避免教学内容体裁不广泛、题材单一、文学内容偏多、内容陈旧的现象，但受课堂授课时间所限，如何科学安排精读与泛读还需进一步探索。

（二）选择适当的材料

在阅读材料的选择方面，所选篇章及相匹配的任务对学生来说应当是容易

达到的。学生一般愿意读一些他们感兴趣的、能快速阅读的简易读物，如名著简写本或改写本，而经典系列著作可以留待以后有精力再研读。

教师可以从四个方面对阅读材料进行选择：①语言。阅读材料应以当代书面语为主，尽量采用外国人士的作品，让学生接触地道规范的英语语言。②题材与体裁。英语阅读材料要选择广泛的题材，阅读材料要具有健康的思想内容、覆盖广泛的知识面，还要涉及中西方文化背景知识，同时要兼顾学生阅读的趣味性、英语阅读实用性；而对于英语阅读体裁，要有多样化的特点，不但要有故事、寓言，还要有新闻报道、科普小品、人物传记、社会读物乃至各种应用文，如信函、通知、广告、宣传单、产品说明书、图书目录等。③难度方面。生词可有一定的密度，因为精读的任务之一是扩大词汇量，学习语言，但生词量也不宜过大；可适当增加篇目和篇幅，扩大总的输入量。针对英语阅读中的精读和泛读的材料选择，泛读的难度相对于精读要低，以比轻易可读懂的材料略高一点为宜。④学生的兴趣。阅读材料的内容要能够符合当前学生的个性特点，要关注学生的学习目的和期望、学生本身的语言学习水平、学生的知识背景和兴趣范围，符合时代的潮流，符合学生的审美标准和要求，这样才能提高学生的阅读兴趣。

（三）设计合理的任务

教师应设定恰当的阅读目标、阅读任务，所设计的任务应当能够激发学生的阅读动机。

1. 阅读前的准备

教师可以采用三种方式，做好阅读前的准备工作。①提出问题，使学生产生读的需要、带着目的去读。②激发学生的阅读兴趣，可以通过讨论有关话题或提供有关的图片等，激活学生的阅读兴趣，缓解学生阅读前的紧张心理。③生词讲解，在阅读前把阅读材料中的生词罗列出来，并做中英文解释，发布出来，这样可以帮助学生排除阅读中的生词理解障碍。

2. 阅读活动的类型

大学英语阅读教学活动主要分为以下两大类型。

（1）进行阅读欣赏

这类型的阅读活动，主要是为了扩大学生的阅读量，因此要加大阅读材料的输入量。进行这种阅读训练的时候可以搭配少量的阅读题目，如涉及阅读材料的大概意思和细节的题目，学生阅读后进行答题，这样可以检查学生对于阅读材料的理解程度。

（2）培养阅读技巧

大学英语阅读活动的另一个类型，是要有针对性地对学生进行阅读技巧的训练，增强学生的阅读能力。阅读技巧主要包括：①对所阅读材料的内容进行预测。②总结阅读材料的主旨大意。③找到材料中的特定细节。④根据阅读材料中上下文的意思，猜测生词意思。⑤推断生词、语句、篇章隐含的意义。⑥辨认阅读材料中的语段过渡句等。

对于学生的阅读技巧训练，要提供针对性的题目，有目的、有重点地引导学生使用适合阅读材料的阅读技巧，引导学生在阅读前先看后面的问题（多项选择、判断对错、完形填空、阅读理解等），让学生带着问题有目的地根据要求去阅读，提高学生的阅读理解能力。

3. 评估测试

对于英语阅读的评估测试，要针对不同的阅读过程、阅读训练和阅读目的，采取不同的测试方法，没有任何一种阅读测试方法适用于阅读测试的各个方面。目前采取的阅读测试方法主要有两种：①分离式阅读测试。这种测试方法每次只能测试阅读的一个方面，很难全面地评估学生的阅读理解能力。②综合式阅读测试。这种测试方法能够比较全面地评估学生对于阅读材料的全面理解，测试的是学生的综合阅读能力。

除了这两种测试评估的方法外，还有多项选择、简答、匹配以及最近常用的信息转换等各种评估阅读的方法。在进行英语阅读教学过程中，教师要根据具体的阅读目标，选择合适的阅读测试方法，尽量使用多种阅读测试方法和技巧，完善学生的阅读测试评估，提高英语阅读教学效果。

（四）培养阅读技能

课堂教学是学生进行阅读训练的重要组成部分，因而教师应精讲多练，以学生为主体切实落实阅读的训练，突出对学生阅读能力的培养。为此教师应注意做到如下几点。

1. 语言知识教学与阅读技巧训练相结合

教师讲授各项语言知识，从掌握拼读规则到按照上下文确定词义，从分析句法关系到识别语段过渡标记，都可以从启发阅读策略与技巧的角度，促进这些知识在阅读实践中的迁移、运用。

2. 确保学生有独立的阅读活动

学生的独立阅读理解不能被教师的讲读所替代，读的活动也不应以听说写的活动来代替。在独立的阅读活动中,要帮助学生区别领会式与复用式掌握。语言形式的讲解与操练不应扩大到非复用式掌握的部分中去,以确保充分的以理解内容为中心的阅读活动。

3. 默读阅读材料

在培养学生阅读技能的过程中既要重视朗读,也要进行有必要的默读。朗读能够帮助学生强化记忆,在出声朗读的过程中也能够全面理解阅读材料的意义,但是朗读也容易让学生养成出声阅读的习惯,不注重阅读材料的内容。因此,要培养学生的默读能力。

4. 运用阅读策略

英语阅读也有策略可言,在阅读教学过程中,教师也要用一些实际的阅读活动传授给学生实用的阅读策略,如寻找关键词汇、关键句子;找出能够表达阅读材料中心思想的句子;语句、段落的衔接等。

(五)评估手段多样

英语阅读和英语的听、说、写、译一样,也要有多样化的评估手段,应该采取有效的评估检测方法和手段。按性质来说,阅读评估方式的分类如图1-8所示。

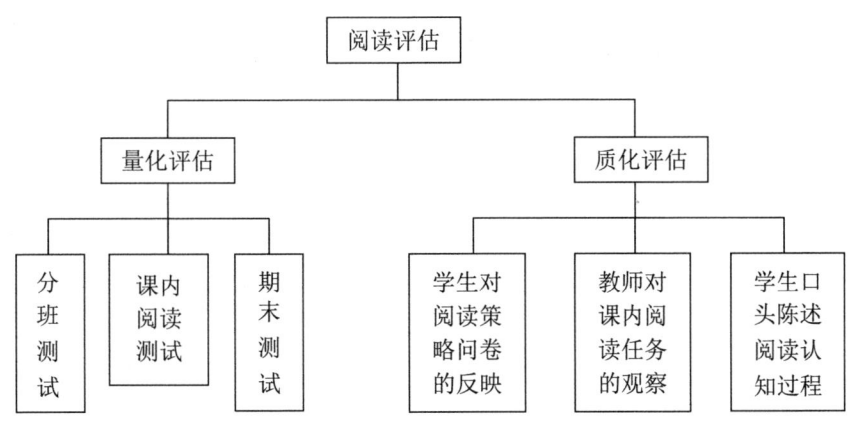

图1-8 英语阅读评估方式的分类

在英语阅读中，常用的评估方法如表 1-1 所示。

表 1-1   常用的英语阅读评估方法

评估方法	评估内容	优点
统一测试	对一个班级或几个班级同时进行对同一份阅读材料的测试，要求学生在规定的时间内完成阅读任务，然后统一批阅，教师再进行试卷分析，发现问题，提出解决方案，最后写出测试结果报告	测试的内容丰富全面，测试面较广
提问法或抽查法	要求学生在课外完成阅读，然后在课堂上采用个别提问的方式来检查阅读任务，看学生是否按时完成，答题的正确率如何	方便灵活，反馈信息及时，有助于教师及时发现问题并解决问题
自测法	学生完成阅读任务后，根据教师所给的标准答案对照自己的答案并改错	有针对性地解决存在的问题，节省时间

通过以上的各种评估方法，教师要根据不同的阅读内容、阅读目标，采用灵活多样的评估方法，引导学生积极参与阅读活动，限定最低阅读量，促使他们每天阅读，如一周读完一本简易英语读物。

第二章 《中国英语能力等级量表》概述

《中国英语能力等级量表》是首个面向中国学习者的英语能力标准,对中国英语学习者和使用者的英语能力等级进行了划分,并描述了各等级的能力表现特征。本章分为《中国英语能力等级量表》简介、《中国英语能力等级量表》解读两部分。

第一节 《中国英语能力等级量表》简介

一、能力等级要求

依据对语言能力的定义,《中国英语能力等级量表》描述了英语能力(语言知识和使用策略,语言理解、表达、翻译能力,语用能力等)各个方面的等级标准,共制定了9张能力总表,对各种能力进行了详细的描述;还制定了69张能力总表下的分项能力表;对于英语能力的评价,也制定了8张能力自我评价表。笔者对这些能力量表中的等级要求进行了总结概括,如图2-1至2-9所示。

(一)语言能力

《中国英语能力等级量表》中对英语学习者的语言能力,从一级到九级,做了详细的阐述,从日常生活中的简单语言交流到一般社交场合中常见的话题的语言交流,再到能够对多种话题、多种相关学术、多种场合进行准确把握和深入交流。对语言能力总表中的等级要求的概括,如图2-1所示。

一至三级语言能力要求
能理解日常生活中熟悉的、常见的语言材料,并能对相关话题进行基本的、简短的交流,表达基本的交际意图,表达出准确、连贯、顺畅的交际语言,实现基本的交际目的

四至六级语言能力要求
能够理解一般社交的不同场合、专业话题的语言材料,准确把握主旨、客观评价;能在熟悉的场合就学习、工作、学术等话题进行交流,语言表达准确、清晰、连贯、得体、顺畅

七至九级语言能力要求
能准确、透彻地理解多种话题、不同体裁的语言材料,领悟材料的内涵,把握主旨和要义;能就多种学术或社会话题、多种场合进行深入交流和讨论,进行充分、准确、恰当的阐述、论证和评析,表达准确、规范、清晰、连贯、得当

图 2-1　语言能力等级要求

（二）听力理解能力

《中国英语能力等级量表》中对英语学习者的听力理解能力,从一级到九级,做了详细的阐述,从能听懂发音清晰、语速缓慢、用词简单的话语到能听懂语速正常、与个人兴趣相关、一般性话题或与个人专业相关的口头表达,再到能听懂有关政治、经济、历史、文化等抽象的话题或相近领域的专业话语等。对听力理解能力的等级要求的概括,如图 2-2 所示。

一至三级听力理解能力要求
能听懂发音清晰、语速较慢、常见词汇的简短口头表达和话语;借助语音、语调或手势、表情等,判断说话者的情绪和态度;能识别主题,获取相关的、关键的、主要的信息

四至六级听力理解能力要求
能听懂语速正常、与个人兴趣相关、一般性话题、与个人专业领域相关、各种职场的口头表达与对话;理解交流双方的观点和意图,获取听力材料中的相关信息

七至九级听力理解能力要求
能听懂有关政治、经济、历史、文化等抽象话题的论述,能听懂相近领域、各种话题、各种形式的专业话语及口头表述;能从听力材料中获取语言材料的言外之意、材料所涉及的社会文化内涵

图 2-2　听力理解能力等级要求

（三）阅读理解能力

《中国英语能力等级量表》中对英语学习者的英语阅读理解能力，从一级到九级，做了详细的阐述，从能读懂简单语言、熟悉话题的简短材料开始，到能读懂较复杂语言、不同类型、不同话题的材料，再到能读懂语言复杂、题材广泛的材料，对阅读理解能力的要求逐步加深。对阅读理解能力的等级要求的概括，如图2-3所示。

一至三级阅读理解能力要求
能读懂语言简单、话题熟悉的简短材料、应用文和议论文，理解材料中的隐含意义，辨认常见词；能借助插图或其他手段理解生词、短文内容

四至六级阅读理解能力要求
能读懂语言较复杂、不同类型、话题丰富、相关专业领域、论述性、文学作品、新闻报道等的材料；理解主体思想、分析语言特点、把握并获取重要相关信息

七至九级阅读理解能力要求
能读懂语言复杂、专业性较强、题材广泛、内容深奥、跨专业的不同类型的材料；能整合材料内容分析作者的观点，深刻理解材料中隐含的信息；能对阅读材料进行综合鉴赏、深度思辨性评析、批判性评价

图2-3　阅读理解能力等级要求

（四）口头表达能力

《中国英语能力等级量表》中对英语学习者的口头表达能力，从一级到九级，做了详细的阐述，从能表达个人喜好、介绍自己或自己熟悉的人、进行简单的英语交际开始，到能就日常生活话题或熟悉的社会热点问题发表意见或与他人交流，再到能就广泛的话题进行深入的口头交流，对口头表达能力的要求逐步加深。对口头表达能力的等级要求的概括，如图2-4所示。

一至三级口头表达能力要求
能用简单的语言进行基本的日常交流,表达个人喜好、介绍自己或自己熟悉的人;参与进行简单的交际活动;发音清楚,语调基本正确、自然,表达连贯

四至六级口头表达能力要求
能对日常生活中、工作中自己感兴趣的、熟悉的社会热点问题发表自己的意见,能够有层次、有条理地清楚表达,语言丰富,思路清晰

七至九级口头表达能力要求
能就各种熟悉的话题、正式和非正式场合中广泛的专业性话题进行深入的口头交流和沟通,表达自己的观点;也能对正式的学术报告、工作中遇到的复杂有争议的问题进行深入、有效的沟通交流;表达准确、清晰、连贯

图 2-4　口头表达能力等级要求

(五)书面表达能力

《中国英语能力等级量表》中对英语学习者的书面表达能力,从一级到九级,做了详细的阐述,从能正确抄写单词和短句、描述和编写小故事,到能就熟悉的话题、社会热点等表述观点并进行写作,再到编写情节复杂的故事、能对抽象话题、复杂的社会问题展开论述并进行有意义的创作,书写出具有鲜明体裁特征、富有艺术感染力的作品,对英语学习者的书面表达能力的要求逐步加深。对书面表达能力的等级要求的概括,如图2-5所示。

一至三级书面表达能力要求
能正确抄写单词和短句,并用这些词汇对图片、日常活动、熟悉的事物进行简单描述、叙述或编写小故事,用词准确,表达通顺;能通过书面形式有条理地介绍自己的日常活动

四至六级书面表达能力要求
能通过社交媒体讨论简单的社会文化类内容,能就熟悉的和感兴趣的话题、社会热点问题或现象等表达自己的观点并进行写作,撰写结构完整的专业领域的相关报告

七至九级书面表达能力要求
综合考虑书写的各种因素,能就抽象的话题、复杂的社会问题展开论述,观点条理清晰、逻辑缜密、层次分明;能就各类话题、文献进行综述和评价;能结合社会现象进行创意写作、编写情节复杂的故事,或进行学术类习作

图 2-5　书面表达能力等级要求

（六）组构能力

《中国英语能力等级量表》中对英语学习者的组构能力，从一级到九级，做了详细的阐述，从能正确认读字母和拼读简单词语、能使用最常用词语传递简单信息、能进行简单的对话交流，到能运用基本语篇知识有效地组织信息，再到能就熟悉的话题选用恰当的词汇、适当的句式结构表达观点，开展讨论，再到有效使用语法和篇章知识进行学术和工作交流，对英语学习者的组构能力的要求逐步加深。对组构能力的等级要求的概括，如图 2-6 所示。

一至三级组构能力要求
能对熟悉的话题使用常见词语、基本句式和时态等进行表达，语音、语调基本正确；能辨识常见语篇类型及其结构、语言特征

四至六级组构能力要求
能运用语法知识准确理解信息；能选用恰当词汇、句式结构描述事物、定义概念等；运用基本语篇知识有效组织信息；能正确表达自己的观点并开展讨论，达到交际目的

七至九级组构能力要求
能在熟悉的学术或工作交流中、相关学术或工作领域、各种场合中有效、自如地运用语法和篇章知识，表达正确、清楚、连贯、符合规范；能从学术交流和行业领域中获取信息并进行沟通交流；能综合运用语言表达方式和手段达到交际目的和职场需求

图 2-6　组构能力等级要求

（七）语用能力

《中国英语能力等级量表》中对英语学习者的语用能力，从一级到九级，做了详细的阐述，从能理解日常生活中用简短话语直接传递的交际意图并能对日常话题进行简单交流沟通，到能理解一般社会交往、常见社交场合、正式或非正式场合中交际对方的表达意图并进行有效沟通，再到能领会和准确把握不同场合中的交际意图并能运用恰当的话语进行有效的交流沟通，对英语学习者的语言运用能力的要求逐步加深。对语用能力的等级要求的概括，如图 2-7 所示。

> **一至三级语用能力要求**
> 能理解日常生活中用简短话语直接传递的交际意图；能用简单、恰当、常用的话语表达自己的交际意图，能就日常话题运用简单的语言与他人交流，交际基本得体、有效

> **四至六级语用能力要求**
> 能理解一般社会交往、常见社交场合、正式或非正式场合中的交际意图，运用恰当的语言形式和交际策略，体现文化习俗差异，能就熟悉的话题展开交流沟通

> **七至九级语用能力要求**
> 能领会并准确把握不同场合中的特定意图和交际意图，能灵活运用恰当的语言和丰富的社会文化知识有效地表达自己的观点、情感和态度，运用符合交际情境、符合身份及社会文化规约的纯正的语言风格，进行有效沟通

图 2-7　语用能力等级要求

（八）口译能力

《中国英语能力等级量表》中对英语学习者的口头翻译能力，有着中级和高级的能力要求，从能就熟悉的话题、较短的段落进行口译并能翻译出基本准确的意义，对口译中出现的明显错误能够有意识的纠正，到能对商务洽谈、外事会见等专业性较强的讲话，综合运用口译技能与策略翻译出准确、完整、流畅的译语。对于英语学习者的口译能力等级要求的概括，如图2-8所示。

> **五至六级口译能力要求**
> 能就熟悉的话题进行口译；能根据口译的交际场合和背景知识，译出源语中的重点信息，意义基本准确；能意识到口译中出现的明显错误并及时纠正；能就熟悉话题、较短语段做无笔记交替传译；能主动预测讲话内容，监控译语的准确性和完整性并及时修正错误

> **七至九级口译能力要求（交替传译）**
> 能借助笔记做交替传译，译出信息密度适中、语速正常、语段较短的讲话，能运用增补、删减、显化等方法，译出源语中的重要信息和关键细节，译语逻辑连贯，表达较为得体、流畅；能及时发现误译、漏译等错误，并在后续译语中纠正或补充；能在笔记等方法的辅助下，译出信息密度较大、语速较快、语段较长、专业性较强的讲话，能根据现场情况，及时调整译语，语言规范，表达流利

> **七至九级口译能力要求（同声传译）**
> 能译出信息密度适中、语速正常、无明显口音的讲话；能译出各类主题、高级别、正式和非正式场合的讲话；能恰当使用预测、切分、等待、调整等策略分配注意力，保证译语较为准确、完整、流畅，符合目的语的表达习惯；能综合运用交传或同传技能与策略，语言灵活，表达符合目的语习惯

图 2-8　口译能力等级要求

(九)笔译能力

《中国英语能力等级量表》中对英语学习者的笔译能力,有着中级和高级的能力要求,从能翻译日常生活、常见指示性和交流性文本等,能对名人轶事及大众社会生活中的短篇文章进行翻译,到对结构复杂的叙述性文本、评论性文章、熟悉领域的文本等的翻译。对于英语学习者的笔译能力要求逐步加深,如图2-9所示。

五至六级笔译能力要求

能翻译有关日常生活的篇幅短小、语言浅显、常见的指示性文本或熟悉领域的论述性、内容生活化的叙述性文本,再现原文的主要信息,确保译文信息完整、表意明确,译文句式丰富、准确、完整,表达流畅

七至九级笔译能力要求

能翻译句法结构复杂的叙述性文本、评论性文章、熟悉领域的指示性文本、语言复杂且话题深刻的论述性文本、专业性的应用文本、修辞手段丰富的描写性文本、主题广泛的专业性文本、主题抽象且结构复杂的文学文本,译文完整,能够再现原文语篇的逻辑关系、修辞手段和描写风格,语言特点和文体风格贴近原文,译文术语准确、符合行业规范

图2-9 笔译能力等级要求

《中国英语能力等级量表》还有69张分项能力总表,包含英语分项描述能力,各总表是在相应的一系列分项能力表的基础上提炼、总结、编制而成的,重点突出该能力参数下各项能力等级的最主要特征。自我评价表是在总表及相应的分项能力表的基础上,结合学习者和使用者自我评价的特点和需求编制而成的。

二、能力学习阶段

《中国英语能力等级量表》采用主观划分与客观验证相结合的分级方法,将英语语言能力分成9个等级,把中国英语学习者和英语使用者获取语言能力的过程划分为基础阶段、提高阶段和熟练阶段。

在各参数下的语言能力描述中,英语学习者和使用者从基础学习一直到熟练阶段,每个阶段都有相应的能力描述,如图2-10所示。

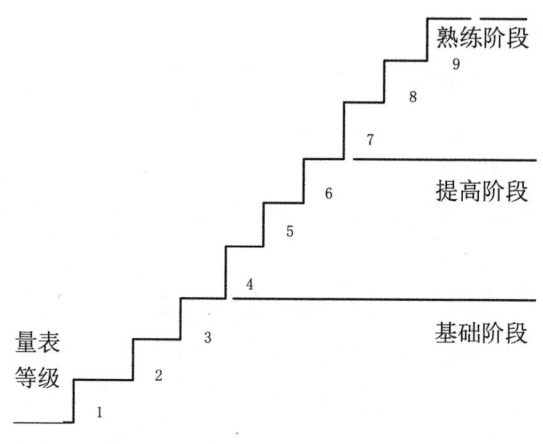

图 2-10 能力等级划分

（一）基础阶段

这个阶段包含《中国英语能力等级量表》中的一至三级，对于英语语言能力的要求，就是能在日常生活中，就简单和熟悉的话题进行英语语言交流和沟通，在社交场合能够进行简单的英语对话，能够阅读简单的英语语言材料。

（二）提高阶段

这个阶段包含《中国英语能力等级量表》中的四至六级，学习者和使用者能在日常生活、社会、教育、工作等熟悉或不熟悉的语境中就更广泛的话题进行语言交流；能在不同场合中理解多种话题的语言材料；能参与多种话题的交流和讨论，有效地实现交际目的。

（三）熟练阶段

这个阶段包含《中国英语能力等级量表》中的七至九级，此阶段对学习者的语言能力就达到了较高的要求，英语学习者和使用者要能够在各种场合、各种专业情境、各种领域中进行流利的英语交流和沟通。对于个人问题、社会问题、教育问题、工作问题等能够进行准确、有效、得体的交流；能够适应不同题材和体裁的语言材料的学习和使用。

第二节 《中国英语能力等级量表》解读

一、语言知识的运用能力和学习策略

组构知识是交际语言能力模型中语言知识的重要组成部分。语言交际中的意义建构和信息传达不仅需要词汇与句法，还需要有效的衔接与篇章组织。组构知识是听、说、读、写各项语言技能发展的基础，是深入理解和有效开展交际的基础。

组构知识这一术语来自巴赫曼的交际语言能力模型。巴赫曼最初使用了组构能力这一术语，在之后的模型中，他又改用组构知识。尽管术语不同，但所包含的成分没有很大的变化，只把早期模型中的词形知识去掉，因为这一部分与词汇知识和句法知识部分重合。

英语语言知识运用能力中的组构知识主要包括七部分：语法知识、词汇知识、句法知识、语音系统和书写形式知识、语篇知识、衔接知识、行文组织原则知识。

《中国英语能力等级量表》中的"组构知识与运用"分量表，根据"基于语言使用"的原则，描述语言使用者掌握组构知识之后能做什么，而不仅仅描写了解和掌握什么样的知识。表中的描述语侧重描述语言使用者掌握组构知识能做什么，强调学习者在语言表达时能够使用什么词汇知识、句式结构、语音语调等以达到特定的交际效果。

组构知识量表描述语是语言教学领域和量表研究领域专家在组构知识各分量表论证的基础上撰写而成的。由于在英语学习的初期，学习者主要掌握并运用语音、书写、词汇和句法知识，对语篇知识的把握和运用则相对较晚，因此，量表的低级别较为偏重对语法知识掌握与运用的描述，中高级别偏重对语篇知识掌握和运用的描述，而到高级别则是对组构知识综合运用能力的描述。

（一）语法知识运用

按照交际语言能力框架，语法知识包含语音系统和书写形式知识、词汇知识和句法知识。传统上人们认为语法就是语言规则的总和。任何一种语言都有一套复杂的语言规则，无法用一个量表描写所有应该掌握的语法规则。对中国学习者来讲，英语作为一门外语，对其语法知识的掌握和运用是非常必要的。在设计语法知识运用量表时，我们无意穷尽描述所有的语言规则，也不去主观

地确定某个能力级别必须掌握哪些语法知识。

语法能力，即准确、恰当、有意义地运用语法知识的能力，是听、说、读、写之外的第五种能力。促使学生具备语法能力，比强调掌握具体的语法结构更有意义。我们可以这样区分知识和能力，知识是储存在长期记忆中的信息结构单位，而能力还包括以某种方式使用记忆中这些信息的技能。语言使用者掌握语法知识是为了在交际中使用这些知识，由此语法能力是在语言运用情境中准确、有意义地使用语法知识的技能。

（二）语篇知识运用

语篇知识是指将口头或书面话语连接在一起形成语篇的方式和手段，是有关篇章连贯性和连贯篇章中各部分之间语义关系的知识。语篇知识运用能力主要包含衔接知识运用与修辞或会话知识运用的能力。掌握语篇知识能够帮助学习者准确理解篇章意义；恰当运用语篇知识能够使语言表达连贯，具有逻辑性。

（三）组构知识学习策略

组构知识学习策略是英语学习者在具体环境下有意识地选择和运用的动态性观念和行为，能够提高他们语法知识的发展，帮助他们更加有效地完成任务，促进语言能力的发展。英语学习者在组构知识的学习过程中会经历复杂的心理认知过程；在语言发展的不同阶段或由于语言水平的不同，他们会使用多种学习策略。为了更加有效地学习与组构知识相关的事实性知识、概念性知识、程序性知识和元认知知识，学习者会进行记忆、理解、应用、分析、评价和创造等多种认知活动，采取各种有意识的行为或措施，如选择注意、猜词、母语学习策略迁移等学习策略。

恰当地使用学习策略可以帮助学习者有效地计划和监控学习，培养他们自主解决问题的能力，加速显性知识向隐性知识的迁移，促进语言习得。组构知识学习策略也可以通过训练获得并有意识地使用，也可以通过熟练使用而变得自动化。学习策略分为三类：认知策略、元认知策略和社会情感策略。学习者在组构知识的学习过程中，也可能根据自身语言水平、课堂环境、资源配置等多种不同因素，将这三类学习策略转变为个性化的学习策略，并可以在学习中不断调整和优化。

组构知识学习策略描述语的建构采用自上而下和自下而上两种方法。前者依据二语习得领域对学习策略研究的最新成果，在描述语收集和撰写过程中既考虑到策略使用的心理和认知过程，也考虑到策略的使用目的。后者是指基于教师访谈、学习者访谈撰写描述语。在量表设计之初，学习策略的级别划定主要依据特定级别的组构知识学习内容。经过大规模的数据验证和多面 Rasch 模型数据分析，组构知识学习策略量表具有 9 个级别 96 条有效描述语。

在英语教学中，教师可以参照此表有意识地帮助学习者提高使用学习策略的意识，引导学习者通过不断的学习体验来形成适合自己的学习习惯，帮助学习者有效使用学习策略。学习者可以依据此表监控和评估自己的学习策略使用情况，确定学习的目标，从而更有效地完成学习任务，提高交际效果。

二、语言理解能力

（一）听力理解能力

1. 关于听力理解能力的主要观点

人们对听力理解的看法不尽相同，随着听力研究的不断深入，出现了以下三种主要观点。

第一，听力被看作一种潜在的行为能力，即交流者有足够的知识和能力，运用合适的听力技巧，在相应的环境下完成特定的交际目的。交际目的和交际环境都影响着这种能力的发挥。

第二，听力被视作信息处理过程，这个信息处理如图 2-11 所示。

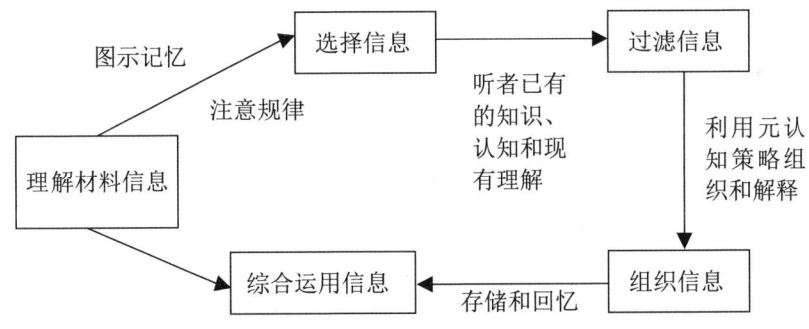

图 2-11　听力信息处理过程

第三，听力被视作处理带有语境和社会信息的声音信息时的一个心理认知过程。理解口头语言本质上是一个影射的过程。语言知识和世界知识同时作用于听者倾听过程的心理表征。听者会采取自上而下或者自下而上的处理方式。采用自上而下的处理方式的听者会通过语境和先验知识（包括话题、语域、文化图式等存储在长期记忆中的知识）来建立一个概念担架以帮助理解。采用自下而上的处理方式的听者通常先从识别音素开始，由音节到单词、由单词到短语再到句子和篇章意义的建构。学界普遍认为这两种过程是同时存在并相互影响的。哪种过程起主导作用主要取决于听者的语言水平和语境等因素。

目前主流的看法更关注听力理解的认知过程，把听力理解能力看作一种运用各种知识和策略来理解声音信息的认知能力。因此得出听力是一种能全面理解口头文本、能实时自动处理口头英语交流、能从口头文本中做出推断、获得语言信息的能力。这种对听力的理解侧重于理解的认知过程，忽略了听力认知过程中听者已有的背景知识，也忽略了英语的语境和社会文化因素。

2. 基于运用的听力理解能力

基于以上对于听力理解能力的各种观点，我们可以把听力理解能力定义为：语言学习者或使用者作为受话人，运用各种知识资源（包括语言知识和非语言知识）和策略，实时地对目标话语建立抽象表征，并利用该表征完成特定认知任务的能力。

根据听力理解能力的定义，可以看出听力理解能力是一种与听力活动相关的识别、提取、分析、评价等综合运用的认知能力，如图2-12所示。在英语听力理解的实践过程中，英语语言知识是基础，能够补充非语言知识；听力策略是对从英语口头信息到听力材料的理解所使用的方法；听力活动则是英语听力认知的实际运用场所，针对不同的听力活动需要运用不同的英语听力认知能力，需要完成不同的听力任务。基于运用的听力理解能力模型的三大要素（认知能力、听力策略、语言知识和非语言知识）之间相互影响、相互作用，通过英语听力活动共同展现一个人的英语听力理解能力。

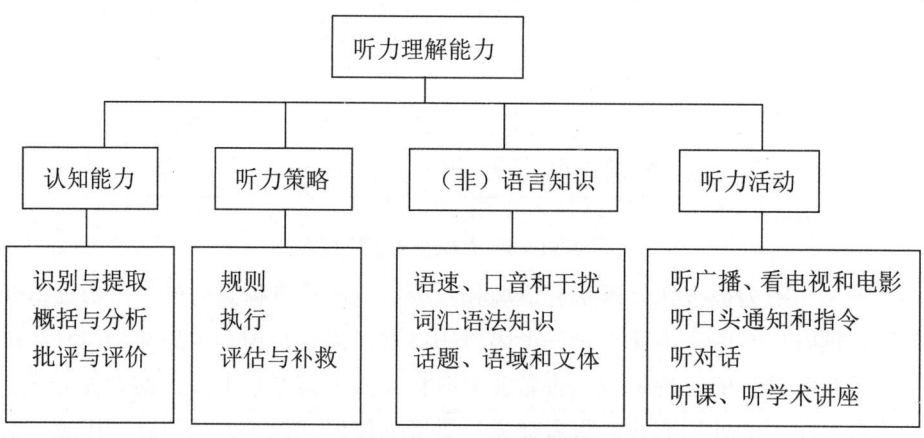

图 2-12　基于运用的听力理解能力模型

（二）阅读理解能力

1. 阅读理解能力的层次划分

已有的有关阅读理解能力的文献表明，阅读理解能力可分为字面理解、推断性理解、评判性理解等3~5个层次，呈现从低到高的层级性。对原有信息大意的了解、记忆属于最低层次；根据原有信息进行重组、概括总结、推断，则是更高级的理解能力；读者结合自己的背景知识和体验，对原内容及形式做出反思和评价则是最高级的理解能力。读者先要学会理解字面意思，然后才能推断含义，最后才是学会评价、批判；这种层级性与认知目标分类学研究结果趋同。在此基础上，一些著名的评测机构进行了相应的阅读测试，如美国国家教育进展评估（NAEP）、联合国经济合作与发展组织（Organization for Economic Cooperation and Development，OECD）的"学生能力国际评估计划"（Program for International Student Assessment，PISA）。《加拿大语言等级标准》在阅读理解能力的描述中基本上遵循了从字面理解、推断性理解到评判性理解的层次划分，区分了不同水平语言使用者的阅读理解能力。

在此基础上，笔者把阅读理解能力划分为三个层次，如图2-13所示。

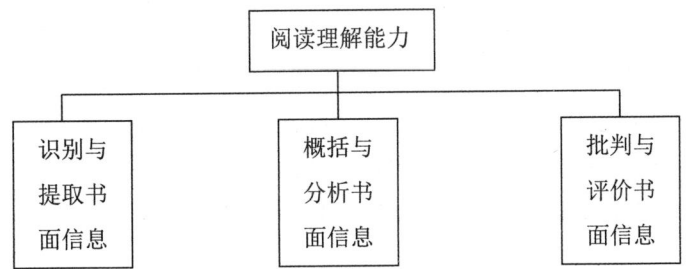

图2-13　英语阅读理解能力层次

2. 阅读文本的分类

（1）文本的概念

由于阅读理解能力是语言使用者围绕书面语言材料建构意义的能力，在制订量表时，我们不仅仅要描述认知过程，还要考虑语言材料的类型。语言使用者所使用的语言材料，即文本，是话题内容的载体，即语言使用者或学习者理解和表达意义时可用的口头或书面语言材料。任何语言交际行为都离不开文本。研究发现，文本类型和学生阅读理解能力、学习水平没有显著的关系，读者对内容的熟悉程度比文本类型的影响更大。不同阶段的学习者需要接触各种类型的语言材料，如故事不只是儿童才读，议论性材料也并非只有高年级学生才懂。

（2）文本的分类

①根据以往较有影响力的语言能力标准研究和测试研究，文本可以分为连续性和非连续性两大类。前者指由句子和段落构成的连续文本，后者指有特殊既定格式的非连续文本。

②根据文本的功能，又可以将其划分为6类：描述性文本、叙述性文本、说明性文本、指示性文本、论述性文本、交际性文本。

三、语言表达能力

（一）口头表达能力

1. 口头表达能力的定义

口头表达能力指学习者在完成各项口语交际任务时所需要的语言知识和能力，具体表现为说话人在分析情境、参与者、表达目的、交流渠道等语境因素的基础上，恰当地运用语言知识和交际策略，有效地完成口语交际任务，实现交际目的。口头表达能力的定义应当限定在一定语境中，语言能力的描述应与语言活动相结合，兼顾口语活动的交际性及共建性。为此，《中国英语能力等级量表》中的口语量表采用基于运用的方法，以语言的实际运用为向导，以交际语境框架、语言运用概念框架为理论基础，参考现有的语言能力理论和描述体系，对中国学习者的英语口语能力进行描述。该口语能力概念具体表现为说话人在分析情境、参与者、表达目的、交流渠道等语境因素的基础上，正确认识口语交际任务，从而恰当地运用语言知识、能力和交际策略，有效地完成口语交际任务。

2. 口头表达能力的分类

口头表达能力量表包括两部分：口头表达能力和口头表达策略。其中，口头表达能力的描述基于英语口语教学和学习的需求，并参考了语言交际功能的分类，对口语交际活动进行了系统划分。在语言教育领域，相同体裁的文本具有相近的交际目的和使用情境，因而拥有约定俗成的语言特点。因此，笔者根据语言使用者产出的不同口语文本体裁所对应的交际功能，对口语活动进行归类，分为：口头描述，如自然场景、人物心理等；口头叙述，如个人经历、历史事件等；口头说明，如报告等；口头指示，如指令、程序等；口头论述，如演讲等；口头互动，如事务性交谈和非事务性交谈等。

(二) 书面表达能力

1. 书面表达能力的定义

英语书面表达能力是一种实践能力，通过具体的语言运用而得以体现。运用英语写作是理解他人传达的信息并表达自己信息的复杂过程。书面表达能力是个抽象概念，但可以通过不同写作功能、目的和情境的相互作用得以反映。

2. 书面表达能力的分类

按照系统功能语言学的分类，学习者所撰写的文本可分为描述、叙述、说明、论述、指示和互动六类。①叙述性文本是指以记叙为主要表达方式，回顾、记录或预测事件的起因、经过和结果等。②描述性文本是指以描写人物特征或性格、活动场景、处所等为主要内容的书面材料。③说明性文本指解说事物形状、构造、类别、关系、功能或阐明事物的原理、含义、特点、演变等知识性的书面材料。④论述性文本指表明观点、劝说别人信服观点或采取行动的书面语言材料，如写作活动中所写的报刊社论、演讲词等。⑤指示性文本是指示、告知或要求人们如何做事情的书面语言材料。⑥互动性文本是指人们为建立、维持、改变人际关系或进行社会活动而产生的书面材料，如信函、邮件等。

根据学习者撰写文本的分类，可将书面表达能力进一步细分为书面描述、书面叙述、书面说明、书面论述、书面指示和书面互动六个部分。结合书面表达的特点，书面表达策略进一步细分为构思、撰写和修改三个参数，与整个策略理论框架中的规划、执行、评估/补救相对应。在书面表达能力分项表中，叙述性和描述性文本指以叙述为主要表达方式的文本。

随着网络信息化时代的到来，书面表达在跨文化交际中的应用已经明显减少，但是不局限于纸笔的实时写作在大数据时代逐渐成为跨文化交际中以至于日常生活中的常见的沟通和交流方式。在《中国英语能力等级量表》中实时写作也被纳入能力标准的参数中，书面表达能力与口头表达能力相互呼应，成为考核英语学习者和使用者的语言表达能力的重要指标。

四、语用知识与运用

语用知识是交际语言能力模型中语言知识的重要组成部分。通过运用语用知识，语言使用者能够将话语或文本的意义、对话者的意图、语言使用情境联系起来。交际双方对语言知识的运用能力，即语用能力是实现得体语言交际的保障。

各种交际语言能力框架或模型中的语用知识分为三类：功能-话语取向型、

成分型和成分－意义取向型。交际语言能力框架被归为成分型。成分型理论把语用能力视为语言能力中若干相互关联的语用知识，并且突出了语言运用中的语境和语言使用者这两个决定性因素。

语用能力又可分为语用理解能力和语用表达能力。语用知识和策略是语用理解能力和语用表达能力的基础。语用效果主要通过表达是否得体来体现。该部分包括三个方面：功能知识、社会语言知识、得体性。

语用知识与能力总量表在以上语用知识和能力各分量表的基础上撰写和论证而成，每条描述语包括理解意图、表达意图、理解或表达程度三部分。不同级别的描述语体现了不同层次的使用者和学习者在理解和表达的程度上的能力差异。例如，初级使用者和学习者能理解的交际意图，往往是对方在熟悉的日常生活情境中用简单话语直接传递的意图，表达能力也侧重于能够用简短话语恰当地表达意图如问候、请求、感谢等。随着能力的提升，使用者/学习者能应对较为复杂的情境，理解间接传递的意图，也能够较委婉地表达自己的意图。

（一）语用知识

这里所说的知识，是通过一个人的已有经验逐步建构起来的一套信息结构，这种知识可以长时间地存在于一个人的大脑中。《中国英语能力等级量表》中所说的知识的分类，如图 2-14 所示。

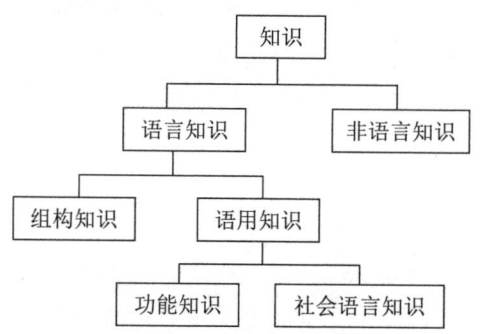

图 2-14 《中国英语能力等级量表》中的知识分类

（二）语用理解能力

奥斯汀认为，说话即做事。他认为人们在说话的同时即可以做事：①以言指事，这是指人们直接说出来要做的事；②以言行事，这是指说话人没有直接说出来要做的事，而是说出来主要意图；③前两种行为同时完成，既表达出说话人的行事意图，也同时表达出要做的事；④以言成事，这是指说话人所说的话能够影响听话人的行事。

托马斯对于语用理解区分了抽象意义、语境话语意义和语力三个层面，这种定义是在考察说话人和话语理解之后形成的。他既考察词汇、短语和句子具有的意义，也考察语篇意义，还考察说话人的交际意图和意义。

由上面两位学者对于语用理解的定义，可以看出语用理解和语用表达是指语言使用者通过对交际话语的解读，来传达交际过程中双方的交际意图。可见语用理解能力注重的是对话语意图的理解和对交际意图的表达，这也是跨文化交际中交际活动成功的核心基础。

语用理解能力包括理解说话者意图和理解作者意图。理解说话者意图量表共有47条描述语，从9个能力等级分别描述了语言使用者语用理解能力的发展轨迹。不同等级的语言使用者能力差异体现在两个方面：①所能理解的意图不同；②所能应对的交际场合不同。

（三）语用表达能力

语用表达能力是说话人或作者在具体情境中，运用各种知识和策略，通过话语向听话人或读者传达特定意图的能力。语用表达能力包括表达说话意图和表达写作意图。说话人如何灵活运用特定话语表达特定意图，以实现预期交际效果，是语用表达能力的主要体现。得体地表达说话意图是说话人运用语用知识，按照不同交际场合及交际意图灵活选择相应话语的语言运用行为。

表达说话意图量表共9个能力等级，47条描述语，描述了语言使用者语用表达能力的不同表现。本量表根据交际场合的复杂性以及恰当运用语言实现各项交际意图的难度，对说话人表达说话意图的语用表达能力由低到高进行一到九级描述。描述语具体描述说话人能否在正式程度不同的各类交际场合中以请求、建议、拒绝、道歉等方式直接或间接表达观点、情感和态度等，实现说话意图。

不同等级的语言使用者能力差异体现在三个方面：①所能表达的意图不同；②所能应对的交际场合不同；③表达的程度不同。例如，八级描述语"能在正式场合委婉地拒绝他人要求"，所表达的意图是拒绝要求，场合是正式的，表达的程度通过"委婉地"来限定。

五、翻译能力

（一）口译能力

1. 口译的概念

口译是一种通过口头表达形式将即时产生的源语信息一次性地、迅速地转换为另一种语言的跨文化语际中介活动。在口译过程中，翻译者需要一次性地获取翻译信息，将这些信息听清并进行分辨，然后识别这些信息，将信息关联、贮存在大脑中进行翻译，形成翻译语言并口头表达出来，从而完整、准确地实现源语言到目标语言的信息传递。

2. 口译能力的概念

语言交际中的口译能力则指通过口头表达形式，调用语言知识和策略将一次性的源语听力文本转换为目的语文本的跨文化语际中介能力。在翻译研究中，口译能力研究大致可以分为两个维度，即过程研究和教学研究。

3. 口译能力的运用

《中国英语能力等级量表》中的口译能力概念应体现为具体口译能力的运用，如图 2-15 所示。

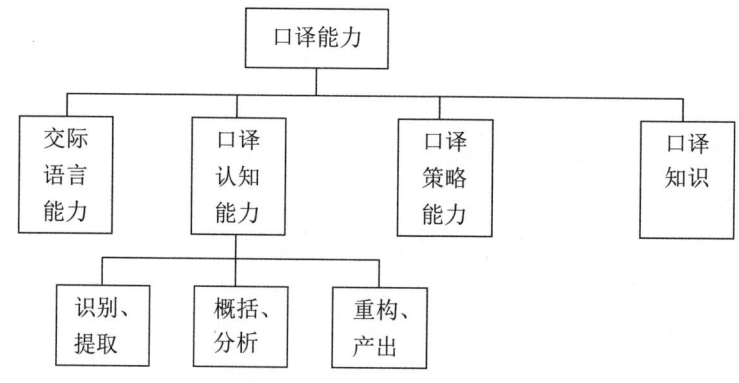

图 2-15　口译能力的运用

其中典型的口译活动主要来源于项目组对我国口译教学实践的调研结果，具体从描写、叙述、说明、指示、论述、互动六个功能方面来描述。由于口译能力建立在一定的双语能力基础上，口译能力系列量表的初始级别定为第五级。根据实证结果，翻译口头描述、叙述、说明、指示、论述则从第六级开始描述。在口译能力中，同声传译与交替传译活动的认知过程有较大差异，且需要一定的交替传译能力基础，故同声传译能力初始级别定为第八级。

（二）笔译能力

笔译是以源语书面文本为输入对象、以目标语书面文本为输出产品的跨文化语际中介。基于运用的笔译能力量表把翻译视为一种复杂的跨文化语际中介活动。笔译是动态的社会认知活动，笔译能力是语言使用者或学习者在交际参与过程中表现出来的书面语言应用能力。话题内容组织方式、话语或文本的类型、笔译活动涉及的领域等因素均会影响人们的笔译能力表现。根据功能语言学理论，一切语言活动都以文本呈现，文本既可"静态"视为"文本本身"，也可"动态"视为"社交过程"。按照"社交过程"，文本可分为描述、叙述、说明、论述、指示、交流六种功能，笔译能力可通过这六种功能进行体现。

1. 笔译能力量表

根据译者所接触的文本功能，笔译能力量表分为六个分量表：①翻译书面描述，指传达原文关于人或物的外表和态貌等静态形象信息。②翻译书面叙述，指传达原文有关事件、过程、活动等动态叙事信息。③翻译书面说明，指传达原文对各种概念、观点和程序的阐释。④翻译书面指示，指传达原文发出的指令或诱导性信息，使目标语读者采取相应行动。⑤翻译书面论述，指再现原文的推理、评估及劝说过程与观点。⑥翻译书面互动，指通过语际信息互换，促进交际双方交流。

随着描述语级别由低到高层层推进，所涉及的文本内容和形式逐渐由篇幅短小、内容生活化、语言浅显的生活类文本向各领域各类具有相当难度、主题抽象的专业性文本递进，以显示描述语的层级性。

2. 笔译策略量表

笔译策略量表主要包括三个分量表：规划、执行、评估补救。规划对应译前阶段；执行对应译中阶段；评估和补救对应译后阶段。对于不同能力水平的语言使用者来说，笔译策略的级别性主要体现在五个方面：①笔译策略的实施单位。随着级别的升高，实施策略的单位从较微观的词汇拓展到宏观的语篇以及语用层面。②笔译策略的规划。级别越高，策略的规划越倾向于通过推理和论证文本语境等整体性的线索规划笔译策略的运用。③笔译策略的执行。随着级别的升高，笔译技巧和方法的使用从仅仅局限于实现译文用词准确和句子通顺，变化为实现从原文到译文复杂修辞手段的转换，更好地再现原文的细节和言外之意，甚至是创造性地再现原文的文化内涵和语体风格。④笔译策略的评价和补救。级别越高，更能恰当地使用各种资源弥补知识不足所造成的译文缺欠，更能够有意识地润色译文，使译文具有与原文等同的语体特点和文化特征。⑤笔译辅助工具的使用。级别越高，工具使用越趋向灵活化、多元化和专业化。由于笔译能力建立在一定语言能力基础上，笔译能力系列量表的初始级别定为第五级。

第三章　大学英语阅读的影响因素

英语阅读作为大学生英语学习中的五个重要因素之一，能够促进大学生听说和写作能力的提高。在提高大学生英语阅读能力的同时，也存在着很多影响大学生英语阅读的因素。本章分为词汇知识、篇章类型、文化思维差异三个部分。主要内容包括词汇相关概念的界定、篇章结构对阅读理解的影响、在英语阅读中渗透文化意识的必要性等。

第一节　词汇知识

一、词汇相关概念的界定

（一）词汇知识的概念

相关学者从词汇的广度和词汇的深度来理解词汇知识，也就是我们所说的词汇量的大小和对词汇的掌握程度。从这两方面可以考查学生对于英语词汇数量的掌握，还可以看出学生对词汇深层次的掌握。

大学英语阅读中的词汇知识还应该包括学生对所掌握的词汇知识的运用。词汇知识的广度、深度和运用，是对学生在阅读中词汇知识方面的学习要求。这三者之间相互作用，形成词汇知识的动态模型，如图 3-1 所示。

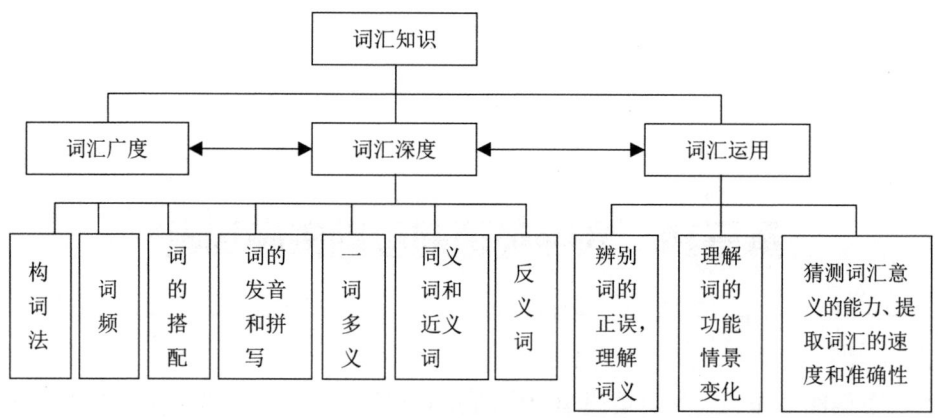

图 3-1 词汇知识的动态模型

（二）文化内涵

1. 文化的定义

所谓文化，指包括人在内的天地万物之间所产生信息的融汇、渗透，这种融汇、渗透是以精神文明为导向的。文化这一概念所包含的内容十分广泛，因此，很难对文化进行严格和准确的定义。诸多专家学者，不管是哲学家、社会学家，还是历史学家和语言学家等，均尝试从各自的学科领域出发，试图从不同的角度对文化的概念进行界定，但人们却始终没有找到他们所广泛认可的定义。以下可以从两个角度对文化的定义进行简述。

（1）广义的文化

所谓广义的文化，即人类在社会发展过程中长期积累创造的财富总和，既包括物质财富，又包括精神财富。文化主要包括三方面的内容：第一，显性文化，主要是指由人类创造的物质文明。人类社会中的工具、服饰、日用品等，均属于物质文明的范畴。第二，隐形文化，主要包括制度文化和心理文化。所谓制度文化，指生活制度、家庭制度、社会制度。所谓心理文化，指思维方式、宗教信仰、审美心理等，涉及文学、哲学、政治等学科领域。第三，人类创造的精神财富，不仅包括宗教、信仰、风俗习惯，而且还包括科学技术等。

所谓广义的文化，一方面，从人类与一般动物的角度出发，围绕人类社会与自然界的本质区别进行研究；另一方面，从人类区别于自然的独特生存方式的角度出发来研究文化现象，由于这些研究涉及的领域十分广泛，所以被称为"大文化"。人类认识世界的方法和观点并不是一成不变的，随着科学技术的发展，人类的方法和观点也在不断发生着改变，因此，人们对文化的界定也将愈发开放与合理。

（2）狭义的文化

所谓狭义的文化，指人们普遍的社会习惯，譬如人们的衣食住行、风俗习惯等。一般来讲，我国学者将狭义的文化特指为精神财富，这与美国文化人类学家克拉克洪的理解一致，他指出狭义的文化即历史和文学中的文化，可以将这种文化理解为某种文化素养。当人们提到"文化"一词，首先想到的是它的狭义方面，即文化的精神形态。

2.文化的特征

（1）后天性

人们并不会先天就继承本民族的文化，只能通过后天的习得来获得。首先，人的感知器官为人的文化习得奠定了生理基础；其次，人们所处的社会环境对人们的文化附属起着决定作用。可以说文化是人们进行社会活动的一条准绳，对人们生活的方方面面起到制约作用，人们一旦与这种约束相脱离，就会受到相应的惩罚。可见，文化对人的行动具有引导作用。

在人们转换不同文化空间的过程中，可以发现文化之间不仅存在共性，而且也存在个性。例如，每一种文化都体现了对真、善、美的追求，但是不同文化对这一追求的表达和实现的方式也是不同的。

（2）普适性

所谓文化的普适性，即在人类看来，任何一种文化都是物质和非物质产物的集合体。任何一种文化的外在表现方式都千差万别，但是可以在其细节上发现文化的共同点。由此可见，文化所包含的内容具有一致性，随着全球经济文化的发展，文化也呈现出了趋同态势，人们对真、善、美愈发追求和认可，这一观点也逐渐成了人类共同的价值观。

除此之外，文化的普适性还体现在，任何一个民族文化的发展变迁均经历了从野蛮、未开化走向文明，从不完美走向完美的过程。

（3）民族性

毋庸置疑的是，文化具有民族性，并且相关实证数不胜数。美国人类学家鲁思·本尼迪克特提出，文化就像人一样，在思想与行为模式方面，多多少少都会存在一些相同的模式，即任何一种文化的内部都是一致的，且每一个民族都对独具本民族特点的价值观进行着传承。受这些价值观的影响，个体之间的异质性会被统一在共同的目标之下，可见，文化有助于民族认同感的培养。以人类社会中关于"美"的认识为例，处于不同文化背景下的人们对于"美"有着不同的见解，"美"也有着不同的表现形式。

当不同文化背景下的人们进行交往时，跨文化交际就产生了。对于跨文化交际而言，文化所具有的普适性和民族性对其具有非常重要的意义。正是因为文化之间存在着一定的共性，人们才可以顺利进行跨文化交际活动。不同的文化之间具有可参考的共性和范式，使文化冲突的调和得以实现，使交际双方可以理解对方文化与本民族文化之间的差异。同时，正是由于文化本身所具有的民族性、差异性以及个体性，才使人类文化变得如此丰富多彩，而且文化具有的这些特性，不仅为跨文化交际提供了前提，而且也是对跨文化交际的挑战。例如，指称同一事物的词语，由于不同文化背景下的引申义或联想意义不同，也会造成交际的失误。

（4）动态性

文化对一个人身份的认同感起着决定作用，但这并不意味着个人始终信奉着一成不变的文化。文化具有动态性，不管是从广度上来讲，还是从深度上来讲，文化之间的相互影响都有了较大的发展。例如，"土豪"一词的走红和流行，意味着在推动文化的流动性方面，新兴网络媒体的作用功不可没，自新浪开通"微博"以来，人们在这个新开辟的新大陆上获得了新的话语权。这些新词语不仅引发了网络的集体狂欢，而且使我们重新分析了自身的文化符号，甚至也吸引了西方媒体的广泛关注。从跨文化交际的角度来看，这无疑开辟了一条新的交流渠道。文化的动态性也表明，不同民族文化之间并不存在不可逾越的鸿沟，随着跨文化交流活动的日益频繁，高语境文化与低语境文化之间的界限也越来越难以分辨。

3. 文化的表现形式

一种文化系统的内部往往呈现出不同的姿态。如在中国，东南西北的民风习俗各异。如果将中华文化这个大系统称为主流文化，那么那些地方性的、个别群体的、少数民族的文化就是亚文化（subculture）。亚文化虽然与主流文化存在差异，但仍然是一个价值观、态度、行为模式、生活方式的体系。克罗伯和克拉克洪将文化分为外显文化和内隐文化，他们认为，只有真正理解了内隐文化，才能更好地理解文化的本质。

文化是一个大范畴，广义的文化包括人类改造过的自然或自然物和政治、经济、艺术、哲学、宗教、民俗、心理等社会生活的各个方面，它可以分为实物、风俗习惯和制度、思想产品和心理意识等多种层次。鉴于此，文化被划分为物质文化、社会文化、精神文化。其中，社会文化指集体交往或社会交际文化，是我们所讲的狭义的文化。文化可以被广义地定义为某一特殊社会生活方式的整体，包括罗马文化、印度文化、阿拉伯文化、华夏文化等。同时，这一整体中的部分，因为能够体现该文化的特色也可以被称为某种文化，如饮食文化、园林文化、武术文化、服饰文化等。

（三）词汇中的文化内涵

语言是人类特有的一种交流方式，语言也是一个民族文化中最积极、活跃的部分，也最能反映出社会生活的变迁、科学技术的进步、民族文化的进步和发展。语言作为文化的载体，是通过建构语言基石的词汇显现出来的。语言中的文化差异首先在词汇中体现为丰富的文化内涵。

1. 概念意义

词汇的意义首先是能够指代或描述某种事物，这也就是词汇的基本意义，即概念意义。词汇的概念意义具有抽象性，与所描述的客观事物不会发生直接的联系。在人的交际活动中，词汇的概念意义是核心因素，正确理解和表达词汇的概念意义，就会促成成功的交际。

2. 习语的含义

英语中的习语是我们在阅读中常见的词汇，是英语词汇的基本组成部分，英语中的固定习语能够反映出英语民族、英语国家的地理风貌、历史文化和思维习惯。这些因素也是一个国家和民族文化中必不可少的组成部分。因此我们在英语阅读中要牢牢掌握英语习语，以便在英语交际中能够使用得当的习语，顺畅地进行英语交流和沟通。例如，英文中的"let one's hair down"是放松的意思。因为在早期的英国，无论是在什么场合，妇女的头发必须要向上梳理得很整齐，只有自己独处的时候，才可以将头发放下来，因此，这句话的含义才会被翻译成放松，如果不理解当地的风俗习惯，是很难理解的。

中国自古以来都格外重视礼仪，如常见的"礼尚往来""先来后到"等，都体现了中国人的行为方式与处事态度，中国传统文化也注重人们之间的友好相处、互相帮助。中国最常见的对话开篇是"你吃饭了吗？""你要去哪里？"等，这在中国是很常见的对话形式，可以体现出彼此之间的关心，但是英国文化强调自我意识，并不会觉得这是一种关心，而是对个人隐私的一种侵犯。

英语中的短语词组能够从单词的组成部分上来判定其大概的意义，而习语的意义要从习语的来源、语法和句法功能、语篇的上下文理解等多个角度来判定，要从每个构成习语的单词文化内涵中了解和掌握习语的文化内涵，更要从习语的整体功能和上下文来正确理解其含义。例如，因纽特语中描写雪的词汇很多。因纽特人用不同的名词来表示"地上的雪""正在落的雪""正在堆积的雪""堆积的雪"等，这是因为他们居住在寒冷地带，不同形式的雪对他们的生活（旅行、狩猎、娱乐及其他活动）起着十分重要的作用。而英语中表述雪的词只有一个（snow），阿拉伯国家的语言中根本没有雪这个词，原因是阿拉伯国家不下雪，雪对人们来说是非常陌生的。

英语习语中的"sudden as April shower"翻译成中文就是"骤如四月阵雨，突如其来"。根据中国人的传统思维，肯定会联想到夏雨，而不是春雨，这种理解上的差异主要是由两国地理位置上的差异造成的，中国与英国分别属于不同的半球，有着不同的自然地理气候，自然理解起来会有不同。

3. 内涵意义

词汇的内涵意义是区别于概念意义的反映客观事物本性和特点的词汇文化内涵。源于中西方不同的文化背景，人们对同一个单词的内涵意义会有不同的理解。同一种词汇在不同的国家与民族会有着截然不同的含义表达，这也体现了不同的民族心理。在英汉语言中，相同的动物，却有着不同的内涵意义，英国人喜欢的动物，并不代表中国人也喜欢。例如，英语中的"dog"与汉语中的"狗"，尽管它们的概念意义是相同的，但内涵意义却不一样。汉民族厌恶"狗"的文化心理自古有之，在汉语词汇中，由"狗"组成的词语大多含贬义，如走狗、狼心狗肺、狐朋狗友等。而英语中dog一词的中性用法很多，它常被用来泛指"人"，如 a clever dog（聪明的人）、a lucky dog（幸运儿）、an old dog（年事已高的人或经验丰富的人）、to help a lame dog over a stile（助人于危难）等。

4. 文化对词汇意义的影响

语言是文化的组成部分，语言不仅能够记载和传承文化，而且还能对文化加以反映，二者之间是密切相关、相辅相成的关系。语言不仅是文化的重要组成部分，而且也是实现人类交流的重要工具。社会文化在一定程度上会影响语言的发展，如果对某一民族的文化不了解，就不能与其进行有效的交流，反之，文化也会影响语言的含义与结构，文化的变化也会带来语言上的变化，可能是词义也可能是语法的变化。

伴随着时间的推移和社会的发展变化，我国经历了白话文运动、汉语拼音运动等，这些对于汉语的发展都产生了影响。新事物、新思潮的出现，也会在很大程度上改变很多词汇的意义。

不管是在汉语还是在英语中,这样的例子俯拾皆是、不胜枚举。例如,"bug"原指虫子,现在的意思是"硬件或者软件中的漏洞";"hit"原指打击,现在的意思是"点击(进入某个网站)"等。伴随着时代的发展,文化会赋予这些词汇不同的含义,文化不仅对这些词汇进行了创造,而且还能对这些词汇的含义进行改变。词汇对文化的发展进行了记录,体现出不同时代的文化特征。

二、英语阅读中的词汇教学

(一)词汇展示

词汇的三个结构要素是音、义、形。词汇的音是表达和理解词汇意义的媒介;词汇的义,反映的是人类对某一事物的概括,包含两种,一是概念意义,指的是词的本身意义,不包括词的延伸意义和扩展意义;二是关联意义,指的是词的文化含义或特定环境中的含义。例如,cap 一词,字面的意思是帽子,但是它还有很多关联意义,在特定的环境中,put a cap on 可以表示制止、约束的意义。这种词义的延伸和扩展已经与原来的概念意义大相径庭了,充分说明了语境在词汇中的重要性。

教师在进行词汇展示的时候,尽量结合相关阅读材料来进行。在听阅读材料或者读阅读材料之前,教师可以先将学生要掌握的词汇展示出来,带着目标去听或者读。在听后或者读后,教师可以根据文章提出一些相关的问题,通过填空、举例、问答等方式来进一步解释词汇的含义、结构以及用法。

(二)词汇训练

1. 归类记忆

词汇本身具有不同的词性,在进行记忆的时候,可以按照不同的分类进行记忆。下面简单列举几类,如表 3-1 所示。

表 3-1 归类词汇表

类别	例词
自然现象	rain、thunder、tsunami、hurricane、floods
动物	lion、panda、buffalo、camel、dolphin
植物	cactus、lotus、calla、pine、peony
矿物	granite、cobble、peat

2. 阅读记忆

学生还可以通过阅读的方式来记忆单词，利用上下文的语境来理解单词的意义，帮助记忆。阅读训练还分为精读和泛读，教师要指导学生进行有意义的阅读训练。有针对性的阅读，不但可以帮助学生记忆学过的单词，还可以帮助学生认识一些新的单词。

3. 最佳时期记忆

人类的记忆分为三种：一是瞬时记忆；二是短时记忆；三是长时记忆。当我们感知外界信息时，最先形成的是瞬时记忆，此时以事物的物理属性进行编码，处于前注意状态，即还没有被人注意到。当事物被注意到，并且进行语音编码之后，进入短时记忆。当短时记忆被复述，进行语义编码后，进入长时记忆状态。短时记忆的伸缩性较大，可以在课堂上记忆更多单词，但是容量有限，只有在课后进行语义编码，进入长时记忆状态才能有效地记忆单词。

4. 拆词记忆

拆词记忆法主要是通过前缀、后缀、词根来理解词汇并记忆。这种记忆方法适合语言水平高的学习者，要求学习者在遇到生词的时候能够对生词进行拆分，分析出生词的词缀和词根，然后分析各个部分的意义，最后联系词典中的意义对生词进行理解和记忆。

5. 猜测记忆

猜测记忆法是 2001 年由内申提出来的，他指出猜测记忆法的实施主要分为五个步骤，具体为：①仔细观察单词，确定词性；②联系上下文语境；③研究从句的关系；④根据前三步猜测词义；⑤检验猜测结果是否正确。

经过验证，学习者需要掌握 2000 个单词以上，才能够使用这种方式来推出新词汇。虽然这一策略能够帮助学习者学习新词汇，但需要指出的是，猜测记忆策略是需要依靠大量实践来获得的。另外在阅读理解中也会有猜测词义的题目，遇到这类题型，就要根据文章中的各种关系来寻找线索，从而推断出生词的大意。

（三）词汇应用

1. 装饰房间活动

该活动适合中等层次以下的学生，教师可以提供一些单词或词组，比如 bathroom、kitchen、reading-room、bedroom、sitting-room、the front-door 等，

然后组织学生用这些单词或词组布置自己家的不同房间。在这个活动中,教师可以把学生分成几个小组,也可以随机抽取学生作答。

2. 词汇旅行活动

进行词汇旅行活动,需要教师选择一个学生熟悉的城市,找到城市中比较著名的五个旅游地点,然后用单词或者词组将其表示出来。由学生作为游客,利用教师所给出的单词将自己的旅行描述出来。

3. 同义词和反义词配对活动

这一活动需要教师提前准备大量的词汇,在课堂教学的时候展示给学生,并告诉学生这些词汇中包含很多同义词和反义词,由学生将这些词找出来,写出语义,并对这些同义词和反义词进行讨论。

第二节 篇章类型

一、篇章结构概述

(一)语篇结构和篇章结构

1. 语篇结构

语篇的结构模式是人们在特定文化的具体语境中使用语言来完成交际目的的习惯方式。就严格意义来讲,语篇的建构方式与所使用的语言没有必然联系。文化直接决定语篇的建构方式,包括对客观世界的认知以及人与人之间的关系、人与社会之间关系等。文化因素直接决定人们建构语篇的性质与特点。

在卡普兰看来,传统的八股文在很大程度上影响着汉语语篇的螺旋型模式,并且认为至今中国人的阅读写作仍然会受到八股文的影响,事实上,他的观点是将语篇的结构模式归纳到文体特征的影响中。

相比较来看,西方传统文化比较注重个体,交际双方相对平等。这样的文化观念也体现在个人写作之中,一般都是直抒胸臆、不拐弯抹角、很少掩饰的。中国传统文化则恰好与之相反,中国传统文化比较注重群体,习惯将个人观点隐藏在群体观念之中,个体是否会被归属于群体,就要看双方的关系以及特征。中国人在写作过程中喜欢隐晦地表达自己的观点,更喜欢使用名人名言与成语来表达自己的写作意图,通过借鉴具有权威性的观点来获得他人的认可。

因此,语篇的差异与使用的语言之间的不同并无本质上的联系,而与人们对语言的使用,即话语密切相关。使用不同语言写成的语篇,其相似性有可能会大于使用同一语言写成语篇的相似性。即便是使用同一语言写成的语篇,其差异也有可能大于与另外一种语言语篇之间的差异。简单来说,英汉语篇之间也可能会存在某种相似,同样的语言的语篇,也会存在内部之间的差异,甚至还会出现大于另一种语言语篇的差异的现象。在大学英语阅读教学中,要让学生体会到这种语篇结构中表达的差异性,理解不同语篇的结构特点。

总的来说,语篇的结构之间的差异就是所接受文化教育的差异。这已经成为不可否认的事实。特别要指出,事实上,不同民族语篇的结构差异体现了不同的思维方式。中国人常常是先摆事实、讲理由,然后再得出结论;而英美人一般是先表明自己的立场观点,然后再加以论证。就最终呈现的表达效果来讲,虽然使用的方式不同,但是呈现的效果一致。

在不同传统文化的影响之下,东西方的思维方式与表达方式存在差异,因此会在跨文化交际中产生一些误解。例如,英美人经常觉得中国人讲话不着边际;在中国人看来,西方人那种刚认识就表达自己立场的做法有些不礼貌。

2.篇章结构

上述语篇结构对比和语篇结构表达固然对阅读理解有一定的影响,但是研究篇章的阅读有必要研究篇章的组成形式,也就是篇章结构。篇章结构指的是,在篇章中思想、概念是怎样联系起来从而把一定的信息传达给读者的。为了研究篇章中的思想是怎样联系起来的,必须弄清楚在篇章中反复出现的许多关系。例如,在安德森的认知心理学中就提出了在篇章中可能出现的八种类型的关系,如表3-2所示。

表3-2 篇章中可能出现的关系类型

序号	关系类型	描述
1	反应	提出一个疑问后,接着就回答,或接着就解决
2	特定	在较一般的论点之后,给出一个特定的信息
3	理解	对论点予以解释
4	证据	提出论据支持这个论点
5	顺序	按时间顺序提出论点
6	原因	提出一个事件作为另一个事件的原因
7	目的	提出一个事件作为另一个事件的目的
8	集句	提出一个论点的一个松散结构

尽管研究篇章结构的心理学家不一定都同意这八种类型的关系，而且几乎不同的心理学家都强调了篇章中不同类型的关系。但是，他们在强调研究篇章结构时必须研究篇章中的各种关系这一点上是相同的。

从阅读心理学的观点来看，英语阅读离不开篇章结构的研究。弄清楚篇章结构对大学生英语阅读的帮助，具体有以下三点：①根据篇章结构这种维度的研究，学生可以评价所阅读材料的篇章结构，找出篇章的相同和不同之处。②通过对篇章结构的分析，学生可以获取有效的信息。③可以说明在篇章与读者了解篇章之间所出现的某些现象。

篇章结构描绘了篇章所表达的思想之间的关系，表明了篇章的作者是怎样组织他们的思想去传达一定的信息的。因此，篇章结构成了篇章的一种基本属性。

（二）篇章分类及篇章模式

1. 篇章分类

刘辰诞认为，对篇章的分类可借助外部标准和内部标准。不少学者用内部标准对篇章进行分类。艾根·沃里希在1976年提出一种根据文本的形式特征识别文本类型的理论，他把篇章分为说明类、叙事类、描写类、辩论类以及指导类五个观念化、抽象化的类型。

2. 篇章模式

篇章模式可以从篇章的形式、篇章的内容结构方面对篇章进行分类，这实际利用的是篇章的内部标准。不同的篇章类型，使用的是不同风格的篇章语言，所使用的篇章模式也是不一样的。在开始组篇的时候，篇章类型是基本的要素，只有确定了篇章类型，才能形成篇章的表层结构，而篇章模式就直接制约了篇章结构的形成。

对于篇章模式，有以下几种常用的形式。

①问题－解决模式。在论辩、说明性等不同类型的篇章中，常常会出现这种篇章模式，用来表达不同的主题和语境。

②主张－反主张模式，如图3-2所示。这种模式是论辩类的英文篇章中常用的模式。

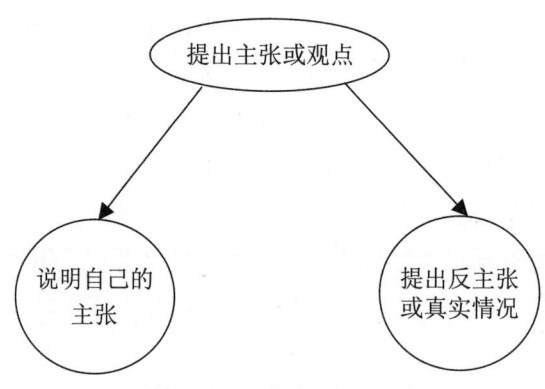

图 3-2　主张 - 反主张模式

③叙事模式。这种篇章模式普遍运用于篇章中的叙事性段落，故事、轶闻等篇章模式也属于叙述模式的范围。

④提问 - 回答模式。区别于第一种篇章模式的地方，是这种模式一般总是在篇章开头设置一个明显的、用提问方式表达的问题，篇章的发展主要是寻求对这一问题的令人满意的解答。

⑤概括 - 具体模式。这种模式的宏观结构大致有两种：一种是先进行概括描述，再进行具体的陈述，最后概括陈述；另一种是先进行概括陈述，在进行具体—更具体—再更具体的陈述，最后再进行概括陈述。

（三）篇章分析系统

现在，在阅读心理学的研究中，对于篇章理解的研究是最活跃的领域之一。到了 20 世纪 80 年代，这方面的研究有了巨大的进步。组织结构问题，在学习和记忆的范围内曾长期地被研究。到今天，这个问题已经在篇章理解的范围内加以检验。其中，使用最多的篇章分析系统有迈耶、金西和弗雷德里克逊先后在 20 世纪 70 年代提出的分析系统。

1. 迈耶的分析系统

迈耶的系统可以应用于所有的说明文，而且也曾经被运用于故事的分析。分析的最小单位是思想的单元，这种单元包括在篇章中列举出来的、有实际内容的单元以及从篇章中推论出来的关系词。通过这种分析产生了篇章的有层次地组织起来的表征，迈耶把这种表征叫作内容结构。这种结构在微命题的水平上，主要是由篇章中的动词来保持命题的关系，而在宏命题的水平上，则是由修辞学的关系，如比较、类别等的关系来保持的。

迈耶用她的分析系统研究篇章结构这一变量对于篇章回忆所产生的影响，

并且有六个方面的发现。①位于篇章结构高级水平的内容比位于低级水平的内容，被回忆和保存得好些。②位于篇章结构中的高级部位的信息的不同项目，比位于篇章结构中的低级部位的不同项目，在记忆中更可能被整合。③在篇章中的概念之间的关系的结构，当它们位于篇章结构的高级水平中的时候，将极大地影响对于篇章的回忆。但是，当这种同样的关系位于篇章中的低级水平的时候，它们对于回忆几乎没有什么影响。④在篇章结构的高级水平中的不同类型关系，对于回忆有不同影响。⑤能够认识并能运用篇章中高级水平结构的学生，比起那些不能认识或不能运用的学生，能够在篇章的阅读中记住更多的东西。⑥训练学生认识并运用篇章中上层水平的结构，能够改善他们对于篇章的回忆。

2. 金西的分析系统

这种分析系统运用了从上到下的方法。也就是说，上层水平的结构是一种覆盖着命题分析的独立的组织，而不是一种如同在迈耶的分析系统中所自然产生的结构。有学者用金西的系统来进行关于篇章理解与回忆的研究，发现了篇章结构水平的效果，读者用于阅读篇章的时间与他们所加工命题的数目之间的有规律的关系；以及篇章的可谈性与论点的重复之间的关系。

3. 弗雷德里克逊的分析系统

弗雷德里克逊的篇章分析系统可以应用于各种类型的说明文。分析的最小单位是概念，它可能是一个词，有可能是一个词组，它决定了篇章的特点和在篇章中存在的关系。分析的结果并不产生一种有层次的结构，而产生一种结构的图解，这种结构的图解更多地具有网络的性质。弗雷德里克逊把他的分析系统运用于篇章回忆与篇章理解的研究之中，得出的结论为：在篇章的回忆中可能发生对于篇章的详细的说明；而在对篇章进行理解的时候则可能发生过多概括、虚假的区别以及由篇章所引起的推论；清楚地表达出篇章中的逻辑关系，有利于阅读能力比较差的读者的理解。

4. 其他学者的分析系统

邹启明等关于篇章结构与阅读理解之间关系的研究同样发现，不同的篇章处理策略会导致不同的阅读效果，宏观篇章处理策略对读者的书面记忆分数和阅读理解成绩有显著影响。他运用实验材料检验英语论述文顶层结构对中国学生阅读记忆的影响，研究发现，使用顶层结构记忆的受试信息记忆量明显优于不使用顶层结构者，但不同的顶层结构对受试对象的记忆没有影响。

有许多学科都在研究篇章结构问题，这些学科包括修辞学、语言学、教育学和心理学等。由于许多学科同时来进行这方面的研究,使得我们对篇章结构的各个方面的理解都加深了,但同时在研究中所提出来的篇章结构也更多样化了。

二、常用篇章类型知识

(一)记叙文的篇章知识

记叙文也称叙述文,是以人物的经历或事件的发展变化过程和结局为主要内容的一种文体。记叙文的篇章结构中运用的表达方式有叙述、描写、议论和抒情等,这样在叙事的基础上,能够把人和事更加鲜明地表现出来,也能更加深刻地表达出作者的情感。记叙文中的议论方式不是像议论文中的议论那样进行推理和论证,而是作者对所描写的人物和事件发表自己的见解,做一些简单的评论。记叙文中的议论可以起到画龙点睛的作用,也能增强篇章的感染力,点明了篇章所要表达的思想和人生哲理等。

记叙文包括的范围很广,主要有日记、游记、传说、小说、传记、新闻、通讯、特写、访谈录、回忆录等。记叙文的特点是具有个别性、可感性和完整性。一般记叙文回答六个问题:时间、地点、人物、原因、经过和结果,在英语中一般称之为"5W"(when, where, who, why, what)。在阅读过程中找出这些要素是阅读的一个重要任务。记叙方法有顺叙、倒叙、插叙、补叙、分叙和合叙等。纯粹的记叙文不多,记叙往往为论说或说明服务。

(二)描写文的篇章知识

描写是一种重要的写作手段,作者通过描写来写人、写景或写物,将作者或叙述者的所见、所闻、所感传递出来,让读者也有身临其境的感觉。描写文与叙述文之间有同也有异,其相同之处在于描写文也可涉及事件、人物、时间和地点等因素;而它们的差异在于,描写文属于静态描写,叙述文则为动态的叙述;描写文作为一种文体虽然容易识别,但很少独立存在,通常穿插在叙述文、议论文、说明文等形式中。在文学作品中经常用到描写,因此,这种写作手段也不可忽视。描写文可以按照描写对象进行分类,如图3-3所示。

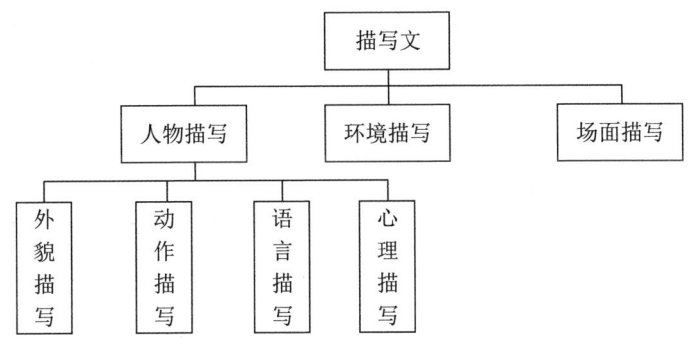

图 3-3 描写文的分类

描写文的描写策略与描写的对象有关，取决于作者的感官和心里的感受。譬如，对一个建筑物的描写通常按照空间顺序，首先确定一个空间参照点——东西南北方向或高低左右立体方位等，为了突出某个事物的特点，作者会有自己独特的描写视角。但是，不管怎样，只要仔细分析，读者都可以从中找到规律，接收到作者想要传达的信息。

（三）说明文的篇章知识

说明文在日常生活中很常见，也很重要。说明文包括对产品的性能、用法、注意事项的说明，或把事物的形状、性质、特征、成因、关系、功用等解说清楚，还包括对一种理论、现象、实质、计划、意义、原因、发展过程等的说明。说明文的解说对象，可以是花草、建筑、山川等实体的事物，也可以是思想、观点、原理、技术等抽象的道理。

英语阅读中的说明文，多以描写、说明、解释为主，也就是我们常说的说明文的狭义理解。说明文可以开门见山地说明主题，直接陈述说明的要点，也可以利用举例或者引用的方式提出问题。

一般说明文常用的说明方法有九种：①举例说明；②下定义说明；③引用说明（引用数据、事例、名言、格言、谚语、神话传说、新闻报道）；④做比较说明；⑤分类别说明；⑥列数字说明；⑦按时空顺序说明；⑧按重要性顺序说明；⑨分类说明。

说明文的框架结构如图 3-4 所示。

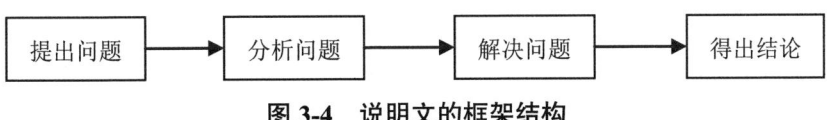

图 3-4 说明文的框架结构

(四)议论文的篇章知识

议论文的主要表达方式是议论,主要是用来阐明道理、议论是非、反驳意见、指出谬误、提出观点和看法的,因此文章中的句子以分析解释、评价议论为主,而记叙、说明等也有,都是为议论服务的。议论文的论点可以由作者自己正面直接提出来,也可以通过批判别人的错误观点而间接提出来。议论文的语言讲究抽象性、概括性和严密性。议论文的阅读方法有时比说明文的阅读方法还要容易些,只要抓住文章的论点,就抓住了文章的精髓,许多问题就可以以文章的观点为依据迅速解决了。

议论文常用的思维方式,一种是演绎法,即开门见山亮明观点,然后给出充分的论据加以论证,证明作者的观点是正确的或被论及的某观点是错误的;另一种是归纳法,即作者分几个方面去剖析,通过举例、罗列事实等提供合理的论据,最后水到渠成、顺理成章地得出结论,即作者的观点。这两种方法都要求作者的论据全面客观,否则就没有说服力。

议论文的基本篇章结构包括以下几方面:提出论点(引论部分提出问题,可正面直接提出,也可以反面间接提出);论证论点(本论部分分析问题,证明所提的观点是正确的,还是错误的),有时一个中心论点包含几个分论点,每个分论点都服务于中心论点,分论点所提供的论据或理由用一个或多个段落来阐释得出结论(解决问题,或重申论点,或总结归纳,或提出建议,或进行展望等)。

阅读时应辩明文章的论点和结论。这两个部分往往和文章的主题,以及作者的态度、语气、观点有关。分析议论文的结构,要弄明白段落大意和段落间的内在联系,是逐层深入的论证还是并列展开的论述,还要注意文章中起着承上启下作用的过渡段、过渡句以及过渡词语。文章后面设置的问题多是围绕这方面提出来的。在中间第二部分论证论点时,通常可采用举例论证、引用论证、列数字论证、比喻论证、正反论证及逻辑推理论证等方法。

(五)新闻报道篇章知识

新闻报道应该属于叙述文范畴。之所以单独出来原因有二:其一是新闻报道在生活中的重要性;其二是新闻报道与分析其实还具有议论文的特征。社论、评论和专栏文章都属于评论性质的,它们不是简单报道事件的发生和结果,而是对事件发表看法,或是支持,或是抨击,所传达的信息影响很大,是报刊不可缺少的一部分。阅读报刊文章时,有必要分清哪些是客观信息,哪些是评论的立场观点。社论指编者写的评论,国外报纸一般放在第三版;评论是署名文章,常由专人来写；专栏更是固定由某人来写的，一般以作者的名字为专栏名。社论及评论一般是就国内外的事件发表作者的看法和观点，许多时候也涉及历史材料。

结构是各个组成部分的搭配与排列。新闻评论的结构实际上是文章和节目的谋篇布局。尽管分类繁多，但有四种结构分类较为合理，具体为：①顺序结构，分为开头、中间和结尾。②逻辑结构，分为提出问题、分析问题和解决问题。③论述结构，分为立论、引论和结论。④随机结构，实际操作时所应该采取的结构，应该由不同题材、不同节目、不同文章随机而定。

新闻评论的结构特点：结构严谨，布局合理；层次鲜明，逻辑清楚；思辨说理，以理服人；叙评结合，夹叙夹议；通俗易懂，雅俗共赏。新闻评论的选题特点：典型性、普遍性、时效性、现实性、新颖性、针对性。

（六）应用文的篇章知识

应用文是日常生活和工作中经常使用的、为某种具体的实用目的而写的文体，是完成具体工作或办事的一种工具。应用文包括的范围很广，如书信、日记、便条、广告、说明书、时间表、申请书、图表、通知、会议记录、演讲词、报告、论文、教科书、旅游指南手册、启事、书评等。

应用文特点：①因事而写，内容真实。应用文最基本的特点就是"用"。为用而写，有用才写，这是应用文与其他文章的最大区别。②对象明确，非看不可。③语言得体，文字简约。④时间性强，讲求及时。⑤格式固定，书写规范。

在各种英语阅读理解测试过程中，出现应用文的趋势日渐增强，尤其是报告、论文、教科书节选及新闻评论类的文章逐日增加。我们重点关注的应用文为报告、广告、通知、宣传单、指南、说明书等。

1. 报告

应用文中的报告包括两种，一种是科学实验报告；另一种是社会调查报告。这两种报告的基本结构是一致的，共包括五部分：①提出实验（或调查）的问题或假设；②叙述实验（或调查）的受试对象与实验（或调查）的过程；③描述实验（或调查）的结果与发现；④对实验（或调查）所得的结果与发现进行分析与解释；⑤总结实验（或调查）所得结论，指出其意义与作用。

其实报告类文章是说明文和议论文的结合体。它既有描写叙述、说明解释，又有评价议论、总结概括。阅读报告类文章的关键在于抓住其首尾部分，因为这两部分与文章的中心思想和主题紧密相关，而其他各部分则是具体细节性信息。

2. 广告

从表面看来，广告是非交互性的话语，但是从本质上广告可以被看作广告发起者与潜在购买者之间的对话。

（1）广告语的特点

有人认为广告语言独具特点，例如，在词汇选择上简洁、生动、形象，富于感情色彩和感染力；在句法上多用简单句、并列结构与分离句，少用复杂的复合句，频繁使用疑问句、祈使句和大量采用省略句等。而在现实生活中由于产品的丰富性与广告的各种动机，商品广告中所使用的英语是无法用条条框框进行概括的。尤其是 20 世纪 90 年代以来广告的概念发生了根本性的变化。广告中语言的使用及文本更加奔放，语言形式更为复杂，因为它随着商品特点、商品信息及售后服务等一系列因素的变化而变化。现代社会新的商品层出不穷，语言文字必然随之发生变化。因此广告中语言的使用极具多样性、复杂性，而不是墨守成规地沿袭所谓"广告英语"的框架来介绍商品和宣传形象的。例如：

We are your homes in Japan—Dai-Ichi Hotels

我们是你在日本的家——戴爱奇饭店。

"we""your"和"home"三个词语的应用，突出了消费者的地位，给广告受众一种关怀和贴心的感受。

TWOGETHER：The Ultimate All Inclusive One Price Sunkissed Holiday

两人世界，阳光假日，一站式价格

"together"中的"to"变为"two"，既取"together"之音，又取"两人"之意。这种变异拼写的使用造成一种突出感，从而有效传播产品信息，突出了一对恩爱夫妻在共享二人世界中品味假日旅游的浪漫情怀。

It's no wonder the Philippines has some of the finest beach resorts in the world.

难怪菲律宾群岛有世界上最美的海滨度假胜地。

使用"it's no wonder"来加强句子表达的语气，突出了菲律宾群岛海滨度假胜地的特点。

在上述广告中，第一人称"we"是广告的倡导者——旅游经营机构或者旅游商，第二人称"your"则是指能够有幸成为旅游景点的游客，这样的语言结构使得游客有一种被尊重的感觉，增强了广告主和广告受众之间的互动。形容词的广泛使用可以引起联想，激发旅游者的感情和游览欲望。形容词的使用一方面反映了旅游广告语言的易读性，另一方面也显示了广告语言的倾向性。同时，形容词的比较级和最高级也经常出现，通过比较，这些广告语可以迎合消费者货比货的消费心理。

事实上句子的长短在英语广告中也并没有什么限制,是选择长句还是短句关键在于哪一种形式更适宜表现主题,能够更恰当地表达广告的内容。复合句更适合表现各种逻辑关系,在现代英语广告中还是相当普遍的。我们可以在各类广告中看到各种类型的复合句,如定语从句、表语从句、主语从句、同位语从句、宾语从句和状语从句。请看下面的广告用语:

One thing that definitely isn't changing is our world-class service and support.(定语从句)

What we will say is that it could make your life a lot simpler.(主语从句)

No matter where in the world you do business, it's vital to stay in touch.(让步状语从句)

虽然英语广告中主动结构为数较多,但并不排斥使用被动结构,因为广告中也有客观的表述。在描述产品的本质特征、工作原理、解说事物等过程中,当动作执行者不十分明确时或要突出强调动作的承受者时,被动结构就具有独特的作用。

(2) 广告的修辞手段

为使自己的广告独树一帜,广告撰稿人除了在词语、句型运用上的巧妙精细之外,往往使用一些修辞手段,从而产生新颖别致、形象生动、引人注目的效果,以增强广告的吸引力,使消费者步入商品的世界。

①拟人。广告中的拟人是把所宣传的物品当作人来描写,从而赋予其人类所具有的言行、感情,使之倍显亲切,使其形象更为鲜明突出,从而给读者留下较为深刻的印象。

下面是一则美国福特汽车公司为其所生产的汽车提供质量保障服务的广告。

It may be your car, but it's still our baby.

作者把该公司生产的汽车当成婴儿,赋予其生命。

又如:

We invested $99 million in new diagnostic equipment, because a two-year-old can't always tell you where it hurts.

我们在新的检测设备上已投资了九千九百万美元,因为一个两岁的婴儿不能告诉你他哪里感到疼痛。

产品被赋予了人的行为和感情,拟人的手法用来使广告显得贴切而自然。

②比喻。英语广告中常见的有隐喻、明喻等。运用比喻手法可使所描绘的

事物形象生动，易为人们所接受。例如：

The hotel has a beautiful garden, a paradise of birds and flowers.

酒店有一个美丽的花园，一个花鸟的天堂。

通过比喻，将花园比作天堂，进一步加深读者对广告内容以及广告产品的印象，为广告词赋予美感和新奇趣味性。

Fly smooth as silk and enjoy award-winning food and service. Smooth as silk is an attitude born of a-century-old culture. It's award-winning cuisine, some of it with a Thai flavor. It's a fresh orchid for every passenger.

Smooth as silk is Thai.

这是一则泰国航空公司的广告。简洁明了的广告，说明了航空飞机的安全、舒适；用了三处结构是"smooth as silk"的明喻，这个短小精悍的比喻使得泰航飞行的安全平稳跃然纸上。

在广告隐喻中的两种不同事物之间有相似之处，把甲物比作乙物，但甲物通常不出现，乙物直接出现在句中。广告文案作者通过发挥丰富的想象，往往用一种美好的事物来替代所要宣传的商品，从而增强了语言的美感。例如：

EBEL, the architects of time.

EBEL，时间的缔造者。

这是瑞士 EBEL 的手表广告，用简短的几个名词，就把手表的完美品质、核心作用体现了出来。

Blessed by year round good weather, Spain is a magnet for sun-worshippers and holiday-makers...

西班牙蒙上帝保佑，一年四季，天气很好，宛如一块磁铁，吸引酷爱阳光、爱好度假的人们……

原文中的"Spain is a magnet..."是隐喻，译文采用了直译加意译的方法，把这个隐喻转化成了明喻，接着译出了比喻意义。同时，"worship"本意指拜神，在英文中有一定的宗教意义。在翻译时转译为对阳光的热爱，去掉其宗教含义，使目的语读者更易于接受。

Kangaroo Island...you can escape from the rush of life and become a modern Crusoe.

在袋鼠岛……你能逃离喧嚣的尘世，成为现代的鲁滨孙。

原文使用了转喻，用 Crusoe 指代逍遥自在的人，由于鲁滨孙这个人物在中国为多数人所熟识，因此译文采用直译的手法，保留了这个翻译。

③双关语。利用语言文字或同音、或同义、或同音异义的关系，使某些词

语或句子在特定的环境中具有双重意义，做到一明一暗，既可引人注意，又能引起联想、加深记忆，能够使广告达到意想不到的好效果。英语中的双关，可以是拼写相同但意义不同；也可以是同一个单词有不同的意义。以下是一则飞利浦公司的广告。

Philips—The light that's always shining

Every day in homes all over the world, people are living by the light radiated from Philips...

这则广告的标题运用了双关的修辞手法。标题中的"light"这个词，一层意思是指该公司所生产的电灯，而更深一层的含义是指飞利浦公司，意为该公司与其生产的电灯一样永远发光。

④排比。对某一个词、词组、结构或句子进行重复，将它们排列起来，目的是增强语气，强调所要表达的事物，突出某种感情色彩。

I WANT THE BODY OF A GREEK GOD.
I WANT TO WORKS OUT IN HUGE FITNESS CENTER.
I WANT TO STAY IN THE HEAT OF THE CENTRAL BUSINESS DISTRIET.
I WANT A ROOM WITH A VIEW OF THREE COUNTRIES.
EVERYTHING I WANT IS AT THE WORLD'S TALLEST HOTEL.
THE WESTIN STAMFORD & WESTIN PLAZA

这是一则宾馆广告，用4个"I WANT"结构描述了宾馆的优点，让人产生一种想要入住该宾馆的诉求，激发了消费者的消费需求。

Look into our land and discover us. We are strong. We are free. We are Alberta.

游览我们的土地，就能发现我们。我们坚强有力，我们无拘无束，我们是阿尔伯塔。

这是一则加拿大西部阿尔伯塔省的旅游宣传广告，对于"we are"进行重复排比，达到一种平衡匀称、铿锵有力的气势，表现了这个地区的人文特色，颇能打动人心、激发感情。

We are in Sanya, we know Sanya best.

我们在三亚，我们最了解三亚。

这个广告语，通过使用重复增强气势并使广告语具有音乐美；通过重复"we"和"Sanya"，增强了游客对广告发出者的信任感，同时也增强了对三亚的旅游热情。

⑤设问。这种广告中只有提出的问题，而没有答案，让消费者从广告中获取信息，寻求答案；或者作者对自己提出的问题自己回答，这样更能吸引消费

者的注意，引起他们的消费兴趣。

WHO SAYS THERE'S NO PLACE LIKE HOME？

We built the MAZDA MPV based on a very strong foundation——The home.

在这则日本马自达生产的小型面包车广告中，就是在标题中采用了问题形式，意为"谁说没有一个像家的地方"。

Are you ready to experience at Reebok City？

你准备好要体验瑞布克市了吗？

Who would know better how to welcome you to the U.S.？

还有谁更能了解如何欢迎你到美国来呢？

在上述两则广告中，通过疑问句的使用，可以让读者直接参与到话语世界中，引起读者的共鸣。如果问题与旅游产品所能提供的服务有直接的关系，它就能刺激读者做出肯定的回答，并激发读者的某种需要，从而通过购买广告中的产品确定自己的回答，并满足自己的需要。第一则广告通过一般疑问句，期待读者的肯定回答，并使他们采取购买服务的行动。第二则广告以特殊疑问词"who"开头，给读者以思考的空间，使他们最后做出广告中所期待的选择。

⑥夸张。为强调或突出某事物而采取的夸大其词的手法，把被描述的事物适当地加以艺术性的渲染和夸大。

Making a Big World Smaller

What difference does it make that Lufthansa flies to more international destinations than any other single airline？

It's a difference that's helped us make friends with a world full of travelers. And that can make this big world feel very small indeed.

Lufthansa

这是一则德国汉莎航空公司的广告，作者在标题上就运用了夸张的手法，意为这家航空公司使一个大的世界变小，结合广告正文，说明汉莎航空公司在世界范围内提供优质完美的服务，而且在广告正文的最后一句，再一次运用夸张手法，重复标题的含义。

⑦押韵。这种修辞手法最常出现在诗歌中。押韵分为头韵和尾韵两种，可以使广告词富有节奏感，而且读起来铿锵有力、朗朗上口，往往能达到使读者过目不忘的效果，刺激他们的购买欲望。

英汉审美情趣的不同直接导致了中西方文化的不同，也导致了中西方语言表达的不同。在对广告宣传的中英文中，要充分考虑中西方各自的审美情趣，发挥中英文各自的语言优势，满足游客的美感要求，展现中西方各自对美的追求。

The Wonder Down Under

天下奇观

Local Insight Worldwide Destinations

英伦风范环球目标

这些节奏鲜明、合辙押韵的广告语能使消费者过目不忘，因此，在翻译广告语时，将原文的节奏韵律反映在目的语中，才能达到使广告吸引读者的目的。上例中的广告语使用汉语中常用的四字格，不仅保持了译文的简洁，而且符合中文表达习惯，更易于让读者产生深刻印象。

⑧反语。利用正话反说或反话正说的表现形式，从对立面上来表达。在英语广告中，为表现某种商品，作者往往利用正话反说的方式，从相反的角度或立场进行描述，从而达到突出该商品的作用。下面是一则苹果公司的电脑广告。

In spite of all this, we're inclined to admit that there's just one thing in the office that won't be made any easier by installing a Macintosh. You might find yourself lining up to use it.

在陈述了该电脑的优点后，突然用一表示转折的介词结构"in spite of all this"，反过来描述安装这种电脑后的唯一"缺陷"，即人们得排队等候使用，说明苹果电脑的受欢迎程度。

（3）广告口号的意义

广告口号通常出现在正文后面，一般是短小精悍、便于记忆的词组或句子。

一是建立公司形象，将确定的观念形象传播给消费者，如下面的例句。

A diamond is forever.

钻石恒久远，一颗永留传。

Good time, Great taste, McDonald's.

麦当劳餐厅的广告口号：美好时光，美味共享。

二是保持广告活动的一致性和连续性。重复出现的广告口号会使消费者产生熟悉的感觉。

Let's make things better.

飞利浦公司的广告口号：让我们做得更好。

三是强化主体或定位。目的是在消费者心目中长时间地保持产品形象或企业形象。

The Ultimate Driving Machine

BMW宝马汽车公司的广告口号：最优越的驾驶工具。

Can't beat the feeling.

可口可乐公司的广告口号：挡不住的感觉。

在思维模式上，国内外有不少语言学家和心理学家都认为讲不同语言的人在思维方式上存在差异。卡普兰认为，英汉两种语言就具有不同的思维方式。英语国家的人思维呈直线型，先阐述观点，然后说明原因；而以汉语为母语的人则不同，文章的主题采用迂回的方式来加以阐述。

（4）广告的结构

思维方式不同，所构筑的文章内在结构也不相同。所谓内在结构就是指隐藏在语言深层表明信息内在关系和逻辑关系的结构，或称之为信息结构。在英语中，内在结构根据它在文章里的功能一般分为两大类：宏观结构，指构成文章主体框架的结构；微观结构，指文章里表达一条信息与另一条信息之间的关系的结构。两种互为依托、相辅相成，使文章结为一个语义整体。无论文章长短，其内在结构都会存在，因此，熟练地辨别和使用内在结构对于理解和撰写文章至关重要。以下是英语广告中几种常见的结构。

①一般－具体。在英语广告中这个内在结构是非常普遍的，常常作为宏观结构模式，构成文案的主体框架。这种结构是指以概括全文大意的语句开头，然后再用实例或细节加以详尽地叙述或论证的结构。主题句在广告中总是非常醒目的，其用意在于吸引消费者的注意力，以达到最终的目的——促进销售。主题句可长可短，可简可繁。这种结构又可细分为"提要（preview）－细节（detail）"与"概括（generalization）－实例（example）"两种模式。

②背景－问题－解决方法－评价。这个结构在英语广告的信息传递中的使用甚为广泛。一般先向受众提供背景，指人或物，也可能是某一个地点或时间，然后提出问题，以吸引受众的注意力。投稿人提出的解决方法往往就是广告所要介绍的产品。最后是对解决方法或产品进行评价。

在这种结构模式中，常常可见到的言语结构包括：表示问题的词 problem、damage、risk、danger、scourge、accident、anxiety、difficulty、dilemma、disease、failure、illness、injury、lack、loss、expensive；表示解决方法的词 cure、prevent、solution、develop、overcome、improve、help、treat。

③假设－事实。由于产品的极大丰富，市场竞争日益激烈。产品一旦进入市场就要尽可能地扩大在市场上的占有份额。因此扩大产品的知名度与建立品牌成了当务之急，相互竞争的局面必然形成。在这种情况下，产品很可能遭到竞争对手的贬低，如产品的缺陷被夸大，引起消费者对产品的可靠性的怀疑等，被比较的一方或产品经常处于被动的境地。为了改变这种不利的局面，竞争对

手一般采用突出自身产品的优点,或消除潜在消费群体对产品的负面看法及误解的手法。为达到这一目的,在英语广告中撰稿人通常会选择"假设－事实"的结构。基本的做法是先指出可能存在的疑问或负面的看法,而后坚决地予以否定,随之再提出有根据的、令人信服的事实对消费者进行劝说。

这个结构可以这样来识别:假设这一部分通常包含的词、词组或句型为assumption、belief、claim、expectation、look等。事实通常包括的词或句型为however、whereas、actually、now、yet、show、prove、contradict、contradiction、false、wrong、not so、not true、in fact等。

④原因－结果。广告文案的创造经常使用因果结构对商品或服务加以说明,形成迎合顾客心理的诱惑力,从而激发潜在客户占有和使用的欲望。此外,因果结构不仅可以作为微观结构,它同时还可以作为宏观结构,去阐明产品的主要特性。

3. 通知

通知是向特定受文对象告知或转达有关事项或文件,让对象知道或执行的公文。如下面的阅读题所示。

Reservation:

Reservation must be made with a CAAC office for a CAAC international flight.

Ticket payment should be made within the time appointed, otherwise, the reservation will be canceled.

Reconfirmation:

If you break your journey for more than 72 hours at any point, please reconfirm your intention of using your continuing or return reservation. To do so, you are required to inform the airline office at least 72 hours before the flight departure. Failure to reconfirm will result in the cancellation of your reservation.

If your journey is wholly within Europe, this reconfirmation is not required.

Ticket Purchase:

Tickets for regular domestic flights are available at the local CAAC office. Foreign passengers and overseas Chinese must present valid travel documents. Tickets are non-transferable and may not be resold or altered. Such tickets will become null and void.

① What is the text about?

A. Notice for passengers who want to go by train.

B. Notice for passengers who want to go by plane.

C. Notice for passengers who want to go by bus.

D. Notice for passengers who want to go by bike.

② Need we make reservations when we want to go by CAAC plane ?

A. Yes，we must.

B. No，we needn't.

C. Maybe.

D. Not necessary.

③ You must reconfirm your reservation_____if you break your journey.

A. before more than 72 hours at any point

B. after 72 hours

C. when the plane takes off

D. when the plane lands

【解析】从关键词 fight，airline，CAAC 等可知题①选 B。从 Reservation 部分可知题②选 A。从 Reconfirmation 部分的第一段第一句可知题③选 A。

4. 宣传单

宣传单介于广告和通知之间，有时很难区别，宣传单可以由人来散发，也可张贴。其目的是宣传某件事、某个主张、某场活动等。例如：

The "Project Hope"

Education plays a very important role in the development of China. As is known to all，China has the largest population in the world and most of them live in the countryside. Since the economic conditions there are rather poor，many families，especially in the remote areas，cannot afford to send their children to school，many children have to drop from school. The "Project Hope" is aimed at solving this problem so that every child of school age can receive regular education. The "Project Hope" mainly depends on the contributions of the urban people and overseas Chinese who care about the development of China's education.

The contributed money will be distributed by "Project Hope" council to the countryside to help the children who cannot afford the education. One hundred *yuan* will help such a child finish his primary education. "Project Hope" is a good way to promote the education in the rural areas，but it is far from being sufficient. By now only a small portion of the children benefit from it. Therefore，I suggest that government at all levels and people of all walks of life pay more attention to the problem and do much more to help raise the educational level of the country.

Project Hope

这是希望工程的英文传单,主要宣传了"希望工程"的目的是解决中国贫困地区儿童的教育问题,介绍了希望工程基金的主要来源及其使用方式。"希望工程"是一个很好地将教育事业推入正常轨道的方式,但是这些还是远远不够的。最后建议社会各界人士和政府能够对教育问题给予足够的重视,以促进国民素质的发展。

5. 指南

指南就是告诉他人有关事项,比如旅游指南、图书指南、中国居民膳食指南等。如下面阅读题所示。

What to Do in Case of Fire

A plan of action should be prepared so that every member of the family knows what to do.

If the fire breaks out

● Bring everyone in the house to the ground floor from where they can leave the building safely.

● See that the fire brigade is called at once; don't just think that someone else has already done.

● It is essential to see that everybody is safe and that the fire brigade has been called before investigating the fire.

● Do everything possible to reduce the droughts which may fan the fire; close all doors and windows, even in rooms away from the fire.

If cut off by fire

● Close the door of the room and any fanlight or other opening and block any cracks with bedding, etc.

● Go to the window and try to attract attention.

● If the room fills with smoke, lean out of the window unless prevented by smoke and flame coming from a room below or nearby. If you cannot lean out of the window, lie close to the floor where the air is clear until you hear the fire brigade.

● If you have to escape before the fire brigade arrives, make a rope by knotting together sheets or similar materials and tie it to a bed or other heavy piece of furniture.

● If you cannot make a rope and the situation becomes intolerable, drop cushions or bedding from the window to break your fall, get through the window feet first, lower yourself to the full extent of our arms and drop.

● If possible drop from position above soft earth. If above the first floor, drop only as a last resort.

If clothing catches fire

● A person whose clothes are on fire should be laid on the floor and rolled in blankets, rugs or a thick coat. If your own clothing catches fire, roll on the floor to extinguish the flames.

If you live on the second floor, you should jump to the ground only when_____.

A. the rooms are full of smoke

B. there is a first floor

C. there is someone on the ground

D. there is no hope of surviving in the house

【解析】本篇防火指南分三大点：发现失火时如何应对；被火隔断时如何应对；衣服着火时如何应对。答题时，通过看题干，首先确定属于哪种情况，然后在相关部分寻找。

答案 D。本题答案应当在第二部分寻找，根据其中的最后一点确定 D。

6. 说明书

说明书是以应用文体的方式对某事或物来进行相对的详细描述，方便人们认识和了解某事或物。如下面的阅读题所示。

DOSAGE AND ADMINISTRATION

MERISLON

Tablets 6 mg：

The usual adult dosage for oral use is 1-2 tablets, three times daily after meals. The dosage may be adjusted depending on the patient's age and symptoms.

PRECAUTIONS

Careful Administration（MERISLON should be administered with care in the following patients.）

A. Patients with a history of peptic ulcer or with an active peptic ulcer.

B. Patients with bronchial asthma.

C. Patients with pheochromocytoma.

该文是药品甲磺酸倍他司汀的说明书的其中一部分。主要是药物使用剂量和针对某些疾病患者人群对该药物的慎用和管理。

通常的成人剂量：每日1~2片，每日3次，饭后口服。剂量可根据患者的年龄和症状来做调整。

警告3种人慎用该药：胃溃疡患者；支气管哮喘患者；发现有嗜铬细胞瘤者。

第三节　文化思维差异

一、英汉语言文化的差异

（一）英汉语言差异

1. 语言是文化的重要载体

我们正处在一个多姿多彩的文化时代，文化已成为我们生活中离不开的一个词语，文化一词的使用日趋频繁。在日常生活中，我们可以见到许多介绍、讨论饮食文化、服饰文化、企业文化等内容的书籍资料。文化正在充斥我们的生活。正因如此，每当对"文化"一词进行讨论时，我们并不陌生，但是，我们却无法想象文化丰富的内涵和外延。由此可见，文化是无处不在的，文化在很大程度上影响并约束着我们的衣食住行。

但是，人们往往无法体会得到文化对自己所带来的影响。因为在人的潜意识里，文化是无处不在的，人们并没有意识到文化对自己的行为起到了一定的支配作用，在他们看来，一切都是非常自然的，就好比人要呼吸氧气，只有当人们缺氧时，才会意识到氧气的重要性。我们认为自己文化的许多方面都是理所当然的，而只有当我们对其他民族文化进行接触时，才能对本族文化的独特之处有一个更好的感受。文化中有些内容是显性的，如饮食文化、服饰文化等，这些内容是我们能看到的，并能使人立刻与某种文化进行联系的内容。文化中还有一些内容是隐性的，如涉及习俗、世界观等内容，这些都是我们看不到的。

人们头脑中存在一套行为规范，这些规范就属于文化范畴。语言内部各要素无一不与社会大系统诸要素发生联系，这种联系不是简单的对应，而是纵横交错、全方位的联系。

虽然语言只是文化的一部分，但是人类的经验和行为主要是通过语言符号的意义来体现的。语言是文化的一部分，透过一个民族的语言层面，可见这个民族绚丽多姿的文化形态。因为文化的民族性特征十分鲜明，不同的文化自然会有所不同。这种文化形态上的差异难免会在语言系统的不同层面上进行呈现。词汇是语言的基本构成，是语言系统赖以存在的支柱，所以在词汇层面上，文化差异体现得更为明显。

2. 与颜色有关的英汉词汇对比

在漫长的生产、生活过程中，人类创造了大量与颜色有关的词汇。经过长时间的文化沉淀，颜色词语蕴含的文化内涵十分丰富，可以折射出一个民族的历史、审美情趣等。科学研究表明，世界上可以辨别的色彩就有七百多万种。色彩不仅美感功能明显，而且其信息功能也十分丰富。在不同的社会文化中，各种颜色所具有的文化附加意义各不相同。由此可见，色彩是人类认识世界的重要途径，它不仅具有物理的本质属性，而且还具有极为丰富的文化内涵。

比如红色，在汉语中有四十多个表示红色的词汇，而在英语中有一百多个。中国人不仅用红色表示物体的颜色，而且还把它视为喜庆、吉祥、胜利、忠诚的象征。汉语中的红色还有表示"恼怒、危险与暴力"的意思。英语里的 red 往往也用来表示庆祝活动。

中国人说"羞红了脸"，英语中也有 turn red with blush 的说法。red 在英语中也用于表示暴力、残忍和恼怒。英语中的 red ruin 指火灾，a red battle 指血战。汉语中"红娘"指媒人，而英语中的 red lady 则指淫荡的女人，pink lady 指一种鸡尾酒。所以 red lady 和 pink lady 与汉语中的"红娘"含义截然不同，"红娘"应译成 match-maker 或 go-between。

由于中国人没有与西方人相同的斗牛习俗，所以初学英语的人对于来自斗牛习俗的短语 see red 和 like a red rag to a bull 的含义就无法正确理解。另外英语中的 red nose 与汉语中的"红鼻子"含义也不一样。汉语中"红鼻子"指酒糟鼻（brandy nose），而英语中的 the red nose 是指在为婴儿猝死综合征募捐的日子，募捐者分发给捐款人的红色塑料鼻子，它是表示爱心的纪念品。

黑色在汉语中的本义是烟熏火燎的颜色，后来受到佛教的影响产生了邪恶、不洁之意，黑色又象征着黑暗、死亡、阴险、恐怖等。而在英美国家，black Friday 是外国人最忌讳的。black Friday 一般指星期五又逢 13 号的那一天，迷信者会尽量减少外出以免大祸临头。black sheep 的字面意思"黑羊"，事实上指的是集体中的败类、败家子。与 black 组合的英语短语，大都带有贬义。

在中国，亲人、好友去世，会在手臂上戴黑纱或黑色的挽章表示哀悼；而在西方国家，wear black 表示生者为死者服丧。在西方文化中黑色还象征着庄严、威严和尊贵。汉语中的"黑脸"不能译成英语中的 blackface。因为汉语中"黑脸"有刚正不阿的意思，如深受老百姓爱戴的宋代清官包拯是黑脸，这使黑脸具有了正义的含义。在日常生活中，人们把敢于坚持原则办事、不怕得罪人的行为称为唱黑脸，这也是借用京剧中包公的脸谱形象——他总是被刻画成一个黑面长须的人。而 blackface 在英语中却没有刚直不阿的含义，是指扮演黑人的演员或唱黑人歌曲的演员。

白色在中国文化中有凶、丧的意义，所以自古以来，亲人死亡，家属要穿白衣服。从汉代到唐代，普通百姓一般穿白衣服，因而白色又表示低贱、愚蠢，如"白衣"指贱民，"白丁"指没有功名的人。在传统戏剧中，有的白脸人物（如曹操）是奸诈阴险的形象。中国对白色的褒义用法与西方相近，认为白色象征着高雅、纯洁、明亮、光明。

在西方白色代表好的，正面的。在万圣节的庆祝活动中，教堂会用白色来进行装饰。西方的婚纱也是白色的，取其纯洁、美好之意。西方人举行婚礼时，新娘总是穿白色服装。把白色与丧事联系在一起，会引起西方人的反感；而把 funerals（丧事）说成 happy occasions（喜事），会使西方人感到吃惊，尽管这种说法反映了中国人对待死亡的豁达态度。我们在做汉译英的时候还是应当注意，在某些时候，汉语中的"白"字指颜色，但在英语中不一定要用 white 相对应，如白菜（Chinese cabbage）。汉语中的"小白脸"是个贬义词，而英语中的 white face 却指面部白色的动物。另外，white-faced 还指人面色惨白，有身体不健康的含义。

3. 与植物有关的英汉词汇对比

（1）竹子

竹子（bamboo）在中西方文化中有不同的含义。竹子拥有顽强的生命力，在春天经过雨水的滋润后通常会长出很多新芽，人们在汉语中习惯用"雨后春笋"来形容大量涌现的新生事物，而英美人对此却说 spring up like mushrooms（雨后蘑菇）。又因为国宝大熊猫喜爱吃箭竹，谈起竹子，人们又自然会想起憨态可掬的大熊猫。"青梅竹马"则比喻一对情人自幼一起长大，感情笃好。竹子的这些联想意义反映了中华文化的五彩斑斓。

（2）梅

梅（plum），在英语中，plum 既指梅树或李树，又指报酬高的工作和好的事物。梅花作为中国的传统花卉,耐严寒、花姿秀雅,象征品格高尚,为历代文人墨客所颂咏。有的诗句歌颂了梅花坚忍顽强的生命力,在严寒中绽放,象征着革命者不屈不挠的坚强斗志;有的诗句则赞颂它高洁的品德。中国人还从梅花在风雪中盛开,领悟到先苦后甜的人生经验,从而来劝导世人须奋发图强方能成就大业。

（3）柳

柳（willow）,西方人常用 willow 形容人多愁善感,象征死亡和哀悼。英语中 wear the willow 表示失恋或哀悼心爱者的逝去。柳树也被用来祛病驱邪,而美洲印第安人把柳树看作圣树,是春回大地的象征。由于其在春天比其他树木发芽要早一些,所以柳树象征着春天。在中国民俗中,柳也被视为圣木,能够驱邪避恶。此外,在中国传统文化中,柳树多暗喻离别,人们借此抒发思念之情。

（4）牡丹

牡丹（peony）,在西方文化中牡丹被看作有魔力的花。在欧洲,牡丹花与不带刺的玫瑰象征基督教中的圣母玛利亚。牡丹是中国的十大名花之一,素以国色天香而闻名天下。唐代以前并没有牡丹这个专名,那时统称芍药,直至唐代改称牡丹。在中国传统文化中,牡丹象征着富贵和华丽。

（5）桂树

桂树（laurel）,在汉英两种语言中人们都把它和出类拔萃、荣誉相联系。桂树四季常青、清香高洁,深得人们喜爱。中国古人用桂树的枝条编冠带饰,叫桂冠。英美人也喜欢用桂枝编织成花环戴在勇士和诗人的头上,后来桂树逐渐象征着荣誉和成功,人们称那些取得杰出成就的诗人为桂冠诗人。

（6）桃子

桃子（peach）,这种水果十分常见,人们由桃子很容易联想粉面桃腮的少女,于是汉英两个民族都用桃子来代表皮肤细洁、白里透红的妙龄少女。在英语中,"She is really a peach."这个句子往往用来形容漂亮有吸引力的女子。在汉语中,桃花也用来指代妙龄女子。中国人常把艳遇称为桃花运,把风流韵事称为桃色事件。在英语中,peach 却没有这种联想意义。

（7）玫瑰

玫瑰（rose）,在汉英两种文化中,玫瑰都象征爱情,因为玫瑰花不蔓不枝、一花独放,而且每年春季开花,一年只有一次,所以人们用玫瑰象征忠贞的爱情。在英语文化中,rose 还可以用来指代极其美丽可爱的女子,相当于 peach。rose 在英语文化中还代表安乐的境地,如"Life is not a bed of roses."表示人生并非事事顺心如意。如果有人事事称心如意，英美人会说 roses all the way。在英语中，under the rose 表示秘密地。

（8）草

草（grass），在汉英两种文化中都可以使人联想起众多、默默无闻等义。汉语中，默默无闻的老百姓被称为草民。英语中 grass widow 表示被遗弃的少妇或情妇。在英语中，"The grass is greener in the other side of the wall."一句比喻这山望着那山高。

4. 与数字有关的英汉词汇对比

自古以来，人类生活一刻也离不开数字。在人类历史文化进程中，数字扮演着非常重要的角色，对于任何语言来说，数字符号这一分支系统都是必不可少的。人类认识世界、改造世界，都难免会使用数字这一符号系统。但由于不同文化的历史传承和历史渊源不同，所以在运用数字符号系统时，承载不同文化信息的世界各民族的语言也就各有不同。

博大精深的汉语语言热衷于运用数字。这一点在作为汉族语言实践结晶的习语中体现得淋漓尽致。中华文化有着深厚的内涵，每一个汉字都是一个信息库，都是一种文化联想。作为汉语语言分支系统的数字，显而易见地有着特别的汉民族文化根源和深厚的汉民族文化底蕴。数字或数字单位均大量用于汉语习语当中，使得汉语数字习语成为汉语语言当中一道亮丽的风景线。汉语中数字习语之多是世界上其他语言无法相比的。

其实任何语言中的数字本来没有什么吉凶，然而，因为各民族具有不同的社会语言文化传统，人们具有不同的思维观念，一个民族通常会特别崇尚某些数字，认为它们神圣、吉利，而给另一些数字赋予了某些不好的含义，认为它们不吉利，并且尽量避免使用。这样就使得这些数字除本身所具有的本义之外又负载着民族文化所赋予的特殊的社会文化含义，使得这些数字变成了实实在在的神秘数字。在汉语这种独特的语言中，数字还反映出我们古人的宇宙观，体现了中国古代思维中的辩证思想。

最初，数字只是代表着精确和具体的数量。所以，从本质上来讲，数字具有精确性的特点。但由于人们在使用数字的过程中，自然而然地会将数字同其他词语搭配使用，从而构成短语或语篇，数字便逐渐具有模糊性。

就汉语中的数字而言，它们经常被用于取得或增强某种修辞效果。但在将这类含有数字的短语或表达翻译成英语时，汉语原文中数字的意象在译文中就基本消失了。换言之，在汉英翻译中，数字的翻译也属于不可译的领域之一，比如汉语里的数字"四"同"死"谐音,"八"同"发(财)"谐音,但在英语中,这些信息都无法再现出来。由于语言、文化或历史原因,有些数字有额外的蕴意,比如英语中的"13"是一个不吉利的数字,而汉语中的"九"因为和长久的"久"同音,因此蕴含了天长地久的含义。

(二)英汉语法差异

1. 词法差异

词在语言中是最主要的,多个词能组成一句话,词就如同建构大厦的砖瓦,可见词在语言中的地位。英语和汉语的词类相同,汉语中的词类有十一种,而英语中的词类有十种。英语有冠词,而汉语没有;汉语中有量词和语气词,而英语没有。不同的词类运用在不同的句子中,充当的角色不同。

2. 句法差异

英语和汉语的语句也是不同的,英语语句多为形合句,汉语语句多为意合句,同时汉语喜欢使用短句,这是英语和汉语两种语言在语句上的主要差别。英语语句多为形合句,主要是指在英语句子中大多数句子都是由各种短语、从句组合而成的,如果句中存在介词和分词,那么这些词在英语中也是起到形合作用的。

除此之外,在英语语句的各种成分之间也能体现主从分明的特点。从句子的角度看,人们在说汉语时,对语句的理解往往是凭借他们对语句关系的把握。在汉语语句中,各个成分之间或句子之间应少用连接语,多依靠语义贯穿语句,使句子结构简短而精悍。

汉语和英语的句法也有显著的不同:中文的句法不会拐弯抹角,可以说是全部走直线的;而英语的句子有的过长,并且句子中有很长的定语。英语与汉语的行文习惯也是有所不同的,汉语讲求短而精简,我们能够发现越是优美的文章,语句越简单流畅。在有的人看来,中国人是幸运的,因为在中文语法中并不像英语一样有多变的词和词尾,西方语法没有弹性,是相对生硬的;而中国的语法是富有弹性的。

(1)英语重结构,汉语重语义

从句子结构方面来看,汉语和英语是不同的。

汉英语言从语言整体结构和表达上有三点不同:①汉语是一种意合性语言,而英语是一种形合性语言。②汉语是由字和词连接的,表达方式是多种多样的;英语是固定的结构,比较注重形式。③汉语句子要看句子本身所表达的含义;

英语句子是通过时态、连接词和标点符号而呈现的。

（2）英语多代词，汉语多名词

英语不仅有人称代词we、you、he、they等，还有关系代词that、which等。在比较长的英语句子中，为了避免表达的重复，往往会使用很多代词。当句子中运用代词时，句子中的结构能更加清晰。在汉语语句中，由于句子结构松散且相对较短，无法像英语一样使用过多代词。汉语中为了使语句更加清楚，往往会使用名词。

（3）英语多长句，汉语多短句

英语语言更加注重语法的运用，所以只要句子结构没有出现错误，就可以将许多句子组合成长句来表达；而汉语更加注重人的表达，所以汉语语言能够通过字词直接表达意义，也能够通过短句表达不同的意思。正是由于这个原因，在翻译试题中，我们往往会发现在汉译英时，几乎都是比较短小的句子，而英译汉时都是长且复杂的句子。

（4）英语多变化，汉语多重复

英语使用者如果想表达相同的意思，往往会变换表达方式。如果想在一个句子中多次表达"我认为"，第一次表达时可以用到"I think"，如果第二次还用"I think"就显得比较无趣，这时就可以换成"I imagine"或者"I believe"来表达。而在汉语语言中就没有英语语言中这类的要求，很多英语中的变化表达译成重复表达就行了。

（三）英汉称谓语差异

在对陌生人的称呼上，中国人和西方人存在差异，在英语文化中，人们对陌生人的称呼非常简单，Mr.是对男子的统一称呼，Mrs.是对已婚女士的统一称呼，Miss是对未婚女士的称呼。汉语文化背景的人称呼陌生人有时也像称呼亲属一样，但由于陌生对象的年龄、身份等不同，其称呼也各不相同。

在对亲属的称谓上，中西方人也存在较大的差异。英语文化只是区别男性和女性，亲属主要是以一个家庭为单位的，把一代人看作一个称谓板块。例如，英语中对叔叔、伯伯、舅舅会称呼为uncle；对姑姑、阿姨、舅妈会称为aunt。我国对亲属的称谓和陌生人的称谓的叫法是不同的，会根据亲属的性别、年龄、身份的差异进行称呼。

二、中西方文化思维间的差异

（一）文化意象

所谓文化意象，指由于文化环境的不同，人们在面对同一事物时会有不同的印象产生。文化意象是不同民族的文化积淀，在不同民族的发展过程中，会通过语言这一途径，对不同的价值观念、习俗、传统文化等进行反映。

值得注意的是，有一部分意象只能为一种文化所特有，如果只是将字面意思翻译过来，没有进行适当的处理，就会造成读者的困扰。在这样的情况下，必须要进行适当的处理，才不会影响原文的表达效果。例如，汉语中的"身在曹营心在汉"，翻译成英文就是"Although I work for him, my heart is for you."。英文中并没有记载这一段历史，也没有相关的文学作品，如果进行直译，就会影响原文的含义表达，必须要改变意象表达，才可以起到翻译的效果。

成语典故也是文化意象的一种表现形式，一定要在翻译过程中灵活掌握，如抒情写意（lyric and nonobjective）、不请自来（come suddenly）、衣锦还乡（come back to hometown in full glory）。这些成语翻译，足以说明不同的文化意象具有一定的相似性，也具有一定的差异性。很多成语属于差异性意象成语，不能使用直译的翻译方法，而是要根据现实的情况，灵活掌握，使原文的文化现象与文化因素被更多的人所接受。

（二）价值理念

价值取向与价值判断都会经过一个漫长的过程，即便是对待同一事物或同一现象，同一民族也会出现不同的价值观念与价值判断。价值理念并不是一个简单的价值观念，而是一个相对复杂的价值观念。不同文化之间的价值观念有着相同性与差异性，学生在阅读中必须要重视不同价值观念上的差异，尊重与理解不同民族的价值观念。

（三）道德观念

道德是人们需要遵守的行为准则与规范，会对社会生活与社会成员起约束作用。不同的社会阶级会产生不同的道德观念，生活在不同时期的人们也会有不同的道德观念，如果不了解其他国家的道德观念，是很难理解原文的含义的。

(四)文化差异

1. 文化信息传递

(1) 文化信息传递的内涵

语言不仅仅是一种符号,更是一种沟通与交流的工具。语言作为文化的重要组成部分,承载了大量的文化信息。阅读不仅是语言符号的转化活动,还是一种传递文化信息的活动。

通过阅读可以了解两种文化之间的差异,要想获得顺畅的阅读效果,不仅需要熟练地掌握两种语言,还要了解这两种语言背后的文化。语言只有在文化中才会有意义,英语阅读材料不仅是语言的传递,更是文化的传递。只有实现文化之间的交流,才可以实现阅读的跨文化语言传递。

(2) 文化信息传递的重要性

不同的社会背景,会形成不同的社会结构、风俗习惯、生活方式、思维方式等。我国与英美国家之间由于社会结构、地理环境、民族历史、生活方式等不同,形成了较大的文化差异,反映到语言上,表现为词汇的理解和运用、句式结构以及语篇内容排列等方面都存在差异。因此,在英语阅读过程中要考虑原文的文化信息,并以目的语读者易于理解的表达方式传递出来。如果不注重原文的文化信息,就容易出现理解错误。

我们在英语阅读过程中不仅要关注表层形式的对等,还要实现其在深层功能上的对等,即原作者所要表达的真正的信息、风格和功能的对等。在信息对等的要求下,我们在阅读英文材料时,不应当仅在字面上实现语码的转换,而是在正确理解原文基本信息的前提下,理解原文本的交际意图以及在目的语语境中的交际功能。

(3) 文化信息传递的考虑因素

①习惯表达。英汉两种语言的习惯表达各具特色,蕴含着丰富的文化信息。因此,在阅读时,要考虑英汉语言的习惯表达,实现文化信息传递。要实现文化信息传递,就必须对两种语言的文化进行对比,在两种文化的习惯表达中寻找对等语。例如,一个耳熟能详的短语 rest room,这个短语中 rest 的意思是休息,room 的意思是房间,但是不能将 rest room 翻译成休息室。rest room 在口语中是厕所的意思。英语国家的人不想把厕所说得那么直接,所以就用 rest room 来替代,等同于我国将厕所称为洗手间。

②历史典故。由于英汉两种语言的文化背景大相径庭,涉及历史典故的文章阅读难度较大,目的语的读者可能难以理解历史典故的含义。例如,汉语中

的东施效颦、请君入瓮、草船借箭等成语包含的历史典故具有特定的文化来源。因此，要把握好历史典故的文化信息传递。

（4）文化失真现象

随着经济全球化的发展，各国之间的交流日益频繁，这对各国文化之间的交流和融合起到了推动作用。一些资料也记录了人们在政治、经济、文化、科技、军事等方面的交流。例如，鉴真东渡、郑和下西洋、哥伦布发现新大陆、马可·波罗东游、中国四大发明的传播等。

各国由于社会背景不同，所形成的文化也存在很大差异。因此，在阅读过程中，尤其是在阅读翻译文本时文化失真的现象很容易发生，导致读者在接触译文时不能理解或产生误解，对文化交流产生负面影响。翻译中的文化失真现象，指在跨文化交际过程中，在翻译了一方的文化信息后，造成另一方接受者无法理解或产生误解的一种文化丧失或扭曲现象。

要避免文化失真现象，一是要具备扎实的语言基础。学生首先要具备扎实的语言基础，不仅要加强汉语功底，还要提高英语水平。只有掌握足够的阅读技巧与方法，并进行阅读实践，积累足够的英语阅读经验，才能做到汉语与英语之间的灵活转换。二是学习外国文化。多接触和了解外国文化，注意将它与本国文化进行对比。我们要对文化中的禁忌加以注意：哪些文化在一方是正面形象，但在另一方却是负面形象；哪些文化在一方是众所周知的，但在另一方却是闻所未闻。学生可以通过浏览杂志、电视、电脑等方式，学习外国文化。三是提高个人修养。学生要树立正确的价值观念，提高个人修养，认真对待英语阅读。

2.英汉生活方式差异

（1）消费观念差异对比

选择正确的消费方式，既可以满足自己的需要，又有利于社会经济的发展。西方国家经济较发达，因而超前消费观念明显；相对而言，中国尚处于发展中状态，多数中国人的消费观念较为保守，存钱意识较强。

超前消费的做法在西方很普遍。西方人的储蓄观念很差，而超前消费的能力很强，不管每月还贷款有多么艰难；而中国人宁可节衣缩食地过每天的生活，也要储蓄。

人生价值取向的形成受特定的社会条件限制，但它一旦形成，就会对人们的生活方式起着指导作用。中西方价值观念的不同导致了人们消费观念的差异。

再以居住观念为例，近十几年来，中国人的住宅发生了翻天覆地的变化，从获得住宅的方式到居住的理念，人们几乎每天都在经历着新的变化。这种变化是革命性的，它对我们生活的方方面面都产生了广泛、深刻的影响。对大部分人而言，买一套新房子是件大事，购房是一生最大的一笔支出。所以，为了尽早实现买房的梦想，很多人会改变自己的生活习惯。住房改革之前，人们的住宅大多由单位建设分配，哪里还敢奢谈什么足够空间、居住舒适度。如今，在基本的居住空间功能之外，人们还要考虑空间的开阔、分割、尺度、精细、色彩、明暗、变化和协调，空间的外延和内涵被大大拓展。为此，人们几乎绞尽脑汁，完善每一个细节，将建筑艺术、设计艺术、景观艺术等全部融入装修。而这一切，都是为了更舒适地生活，从基本的居住到舒适艺术的栖居，这是一个重要的改变。

住宅观念还改变了我们的交通方式。以前的房屋，地段最受重视，尤其是要靠近市中心或者单位，至少是在自行车的舒适车程之内，以减少奔波劳碌之苦。但现在，人们借助公共交通工具和私家车，交通的半径已大大扩展，人们开始选择环境更好、生态更美的楼盘，距离再也不是阻挡人们追求更为舒适的居住环境的主要因素。而城市周围的一些比较大的、漂亮舒适的房子，吸引人们离开市中心，走向可以有更舒适生活的郊区。

（2）人际关系差异对比

由于居住的地理环境不同、生活方式不同，加上思维观念不同，中西方人在人际交往中有很大的差异。

西方的人际关系是神本位的。在西方人看来，上帝是高高在上的，所有的人都是上帝的子民。也正因为如此，西方人解释一切问题都离不开神。

而中国人则不同，中国的人际关系是人本位的，中国人崇拜的只有自己的祖先，而不去拜什么神。

受神本位的影响，西方人只讲权利和义务，而中国人讲彼此之间的情感与关系。比如，在西方社会，孩子18岁之前靠父母养活，18岁之后，父母不再提供生活来源，孩子要工作、独立，自己养活自己，父母与孩子之间是一种权利和义务的关系。而在中国情况完全不一样，如果中国的父母一等孩子长到18岁就让他自生自灭，会被别人视为狠心的父母。

三、在英语阅读中渗透跨文化意识

（一）英语教学中跨文化意识的培养

1. 认识自我

据传"认识自我"一词出自苏格拉底，是一句古希腊的格言，被雕刻在阿波罗神庙廊柱上。交际包含十个构成要素，如图3-5所示。在交际过程中，我们一般都会关注交际对象的反应和信息，往往忽视自己的认知、情感和态度等。因此，认识自我就要求我们对自己的文化、态度、风格等进行了解。

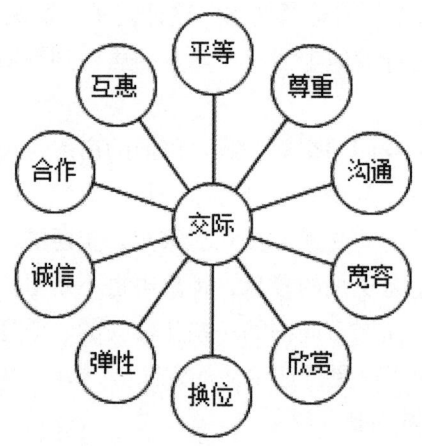

图 3-5 交际的构成要素

（1）了解自身文化

通常人们会将本民族的文化作为行动指南，用自己民族的价值观、行为规范来衡量别人的行为。如果人们能够了解自身文化的优点和缺点，那么就能够克服自身文化中的狭隘倾向，从而提高跨文化交际能力。

（2）了解自己的情感态度

在交际过程中情感态度非常重要，它往往决定了我们的交际质量。我们在与他人交际之前，一般会有一个预先的印象，这给我们带来一定的情感态度。这种在交际之前就产生的情感态度，就像是一副"有色眼镜"，会对我们看到的客观现象产生影响，甚至使我们产生误解。如果我们能够在交际之前意识到这一问题，尽力去克服这种主观情绪，就能减少交际过程中的负面情绪。

（3）了解自己的交际风格

所谓交际风格，指的是交际者在交际过程中，喜欢的交际方式、交际话题、交际渠道、交际参与度以及交际者在交际过程中的情感和内容。通常人们在交际之前会先了解一下对方的交际风格,却很少有人了解自己的交际风格。这就会导致人们在交际过程中产生感觉偏差,比如你认为自己是一个开放型的风格,而对方感受到的却是内向型的交际风格,就可能会对交际造成影响。

2. 掌握不同的交流方式

(1) 学习语言

语言是交际中重要的工具之一,交际者能够熟练掌握对方的文化,使用对方的语言,是一种重要的跨文化交际能力。当然,世界上的语言种类很多,我们不可能全部学会,但是要学习你要前往国家的语言或者世界通用语言,比如英语。在大多数国家,英语被作为第二语言,也是高校主要开设的外国语课程。因此,无论是否出国,学好英语都是十分重要的。当然只是学习语言还是不够的,我们需要宽泛地掌握更多文化方面的知识。

(2) 认识语言和文化的关系

文化信息的载体是语言,语言反映的是文化的传统,比如习语和谚语。据调查,在以英语为母语的国家中,人们常用的习语有一万五千多条,英语习语表达的意思通常与字面意思不同。因此,我们需要了解习语文化,才能真正地理解习语,从而正确使用习语。

(3) 非言语交际系统

人们在进行交际的时候,不但会使用大量的语言符号,而且会伴随着非语言交际符号,如目光、神态等。这些非语言符号在不同文化中的意义也是不同的,不正确使用非语言符号则会引起矛盾和误会。因此,跨文化交际者要正确掌握非语言交际符号的含义和使用方式。

3. 移情能力

情感态度的核心部分就是移情能力,指的是交际者能够跳出自身文化的束缚,不用自己的民族价值观去评判他人的文化,能够设身处地地为他人着想。拉里·萨莫瓦尔提出了移情的六个步骤,如图3-6所示。

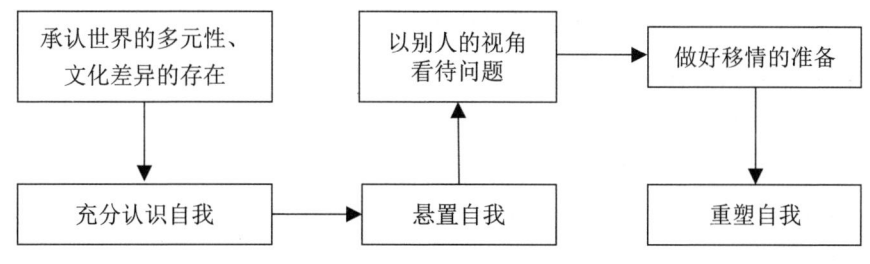

图3-6 移情的六个步骤

4. 学习观冲突

无论是在本国文化的内部交际中,还是在跨文化的交际中,冲突都是不可避免的。能够引起冲突的原因有很多,而且不同的文化,在看待冲突的时候也会有不同的态度。下面笔者来介绍一下人们在处理冲突的时候采取的五种方式。

(1) 退避

避免冲突发生的最常用的方式就是退避,这也是最简单的方式。退避包含两种形式:一种是身体上的,比如远离冲突,表达不愿意卷入冲突的态度;另一种是心理上的,比如保持沉默,不参与谈话。

(2) 和解

采用和解的方式处理冲突,意味着要放弃自己的立场和观点,来满足或达到他人的要求。

(3) 竞争

竞争的方式是双方都坚持自己的立场和观点,争取胜利。

(4) 折中

采用折中的方式处理冲突,是为了使双方都能够同意和接受。使用折中策略解决冲突,代表交际双方都要牺牲某些东西,做出一定程度的让步,最终得到解决冲突的方案。

(5) 合作

采用合作的方式解决冲突要建立在双方都想解决冲突的基础上,双方通过积极的方式看待冲突,提出切实可行的解决方法来满足双方的目标和需要,这也是所有方法中最理想的一种。

(二) 跨文化交际能力培养的策略

培养策略是跨文化交际能力形成的土壤,又是跨文化交际能力研究的主要内容和目的之一。为了满足跨文化交际对于学习者能力的要求,跨文化培养的专业人士在理论研究、课程开发和教学方法设计上下了很大的功夫,大大丰富了英语教学中跨文化交际能力培养的内容。

1. 积极看待异文化

对于英语专业大学生来说,他们对异文化大多只有粗浅的了解,也很少与来自目的语文化的成员交往。因此,教师应当引导学生在跨文化交际发生之前和进行当中,先假设来自异文化的对方是善意的,是寻求与自己的合作和交流的,假设异文化和中国文化在深层次上有很多共同点。这样积极地看待异文化及其成员的态度也会辐射到跨文化交际的对方,促进双方的好感与信任感的建立，形成一种有益的跨文化交际场景，促进跨文化交际的良性循环。这样，在这个过程中，即使出现文化差异或令人困惑的情况，双方也能遵从与人为善的原则共同找到解决办法。

要培养英语专业学生对目的语文化的积极态度，使他们先假设自己尚不了解的陌生的人和事物为"善"和"好"的，这种思想符合对中国文化产生重要影响的儒家思想的性本善说。例如，《三字经》就开宗明义地强调"人之初，性本善。性相近，习相远"。引申到跨文化交际中，我们可以理解为，不同文化中的成员其本性是善的，虽然各文化的习俗、文化的表象存在差异，但是人们的本性是相通相融的。有了这样积极的假设，即使在跨文化交际中遇到困惑、矛盾甚至冲突，也会让人有信心去面对、去解决。

相反，如果在跨文化交际尚未进行之前，就假设来自异文化的他者是性本恶的，处处疑心、设防、过分敏感、封闭自己甚至主动攻击对方，这样就会对自己的跨文化交际行为产生极端的负面影响，很容易形成"自我实现的预言"。

2. 探索母语文化与目的语文化

很多专家指出，如果对异文化怀有浓厚的兴趣，则更有助于人们设身处地地去理解异文化的成员，有助于培养人们的跨文化移情能力。因此，要培养和促进英语专业学生的跨文化能力，应当培养他们对于新事物的好奇心和勇于探索的精神。应当让学生领悟到，学习就是对安全感的放弃，应当培养学生不将新事物和陌生的环境看作危险和威胁，而是看作拓宽眼界、发展个性的机会。

探新求异在我国的教育过程中一直受到忽视，很多大学生可能是考试高手，但大多怯于探索新事物，这也是多年应试教育所产生的结果。要培养英语专业学生的跨文化能力，很重要的就是要培养学生对母语文化和异文化的兴趣。如《论语》中所说："知之者不如好之者，好之者不如乐之者。"所以，应当鼓励学生始终保持对异文化的好奇心和了解文化之间相同处与差异性的广泛兴趣，促使他们愿意与异文化成员交往，并共享知识和信息。

3. 培养学生多视角看待问题的能力

研究表明，引起文化之间冲突和误解的大部分原因都是人们会带着母语文化的"眼镜"去看世界，将自己民族的风俗习惯、思维方式、价值观等作为世界的统一标准。因此，在大学英语教学的跨文化交际能力培养中，教师要帮助学生了解自身文化，意识到自己的思维缺陷，并通过学习和实践逐步克服。

理解他人基于自我理解，首先可以帮助学生批判性地审视自己惯常的思维方式、行为方式和价值观，使学生认识到每一个人都是受到文化的影响的。正如张红玲强调的，学习者对潜移默化形成的价值观和参考框架进行反思和质疑，这种自我反思能减少或消除民族中心主义思想。因此，有必要首先引导学生分析文化对自我的影响，比如分析自己在何种程度上受家庭、所属集体、教育、社会、价值观、宗教、传统等的影响。通过自我分析可以帮助学生认识到民族中心主义思想的存在，并在一定程度上加以克服，从而不以母语文化的"有色眼镜"看待另一种文化。

此外，教师可以帮助学生批判性地审视自己惯常的思维方式、行为方式和价值观。这种审视需要有对比、有参照，所以，可以对来自不同地域学生的文化进行比较。学生可以通过交流了解其他地域的文化，从而增强学生的移情能力以及多视角看待问题的能力。帮助学生培养敏锐的观察力和宽容待人的态度，在人际交往中克服以自我为中心的思想，逐步摆脱民族主义思想的束缚。

4.培养学生的文化敏感性和跨文化移情能力

一个具有较强文化敏感性的人，对跨文化交际过程中的文化异同、轻重缓急、敏感地带等十分敏感，跨文化能力培养的一个重要方面就是培养学生的跨文化敏感性，使其了解掌握异文化的主要价值观、思维方式和行为方式，具有对异文化基本特征的感性和理性分析能力。培养学生的文化敏感性，就是培养他们对文化表层现象的敏锐感知能力和觉察能力，同时培养他们探究和分析文化表层现象背后的文化深层原因和本质的能力。

文化敏感性不是与生俱来的，而是需要通过学习形成的。文化敏感性的培养需要由表及里、由浅入深、循序渐进地发展。在英语专业学生跨文化能力发展的初期，可以让他们观察与描述处于文化表层的母语文化和异文化基本特征，训练他们发现常人不易发现的事物与现象。在此基础上，引导他们对所感知到的事物与现象进行文化比较和文化深层次原因分析，同时学习多视角看待和分析问题，尤其学习从异文化成员的视角来感知、判断、分析事物和问题，提高跨文化移情能力。

跨文化移情能力是指尽量站在来自另一文化的他者的立场去思考、去体验、去进行跨文化交际，就是"己所不欲，勿施于人"，是"己欲立而立人，己欲达而达人"。培养跨文化移情能力，就是要跨越和超越母语文化的局限，使自己处于异文化成员的位置，设身处地地去感悟对方的境遇，理解对方的思维和感情，从而达到移情或同感的境界。

（三）英语阅读中跨文化意识的培养

文化不仅仅指人的精神世界，也包括社会历史发展中的物质世界，文化首先是物质文化，然后才是物质基础之上的政治经济制度、行为习惯等，文化的高层次是指人的心理层面的观念文化（人的价值观、审美方式、民族宗教等）。

在英语阅读教学中也要重视文化的参与，学生在阅读过程中可以学习语篇分析的理论，也可以学习文化与语言关系理论，从而了解英语国家的文化背景、思维方式和价值观，在阅读中融入英语国家的文化背景，更能深刻理解和体会作者的写作方式和写作意图。

文化参与到英语阅读教学中，要求教师在讲授语音、语法、词汇等基础语言知识的同时，还要讲解英语国家的价值观念等语言行为规范，使学生认识到特定的语言习惯等文化规则，提高学生的英语综合运用能力，提高学生的跨文化交际能力，使学生成为具有跨文化思想的英语人才。

我们所说的跨文化意识是指不同民族、有不同文化背景的人们之间的交流和沟通，人们在交际过程中具有特定的民族文化思维，彼此之间能够互相尊重和信任，能够彼此了解交际的目的和意义。中外学者也认为在英语学习中必须涉及文化因素的学习，英语学习和阅读中要非常重视对学生跨文化意识的教育和培养。

在英语阅读教学中，主要应该学习英语语言知识、跨文化知识和文章体裁的知识。语言知识和文章体裁知识的学习有一定的规律可循，而跨文化知识的学习就存在一定的难度。这主要有两方面原因，一是我们不具备直接接触跨文化知识的学习环境，二是教材的阅读材料给读者提供的跨文化知识有限。因此，在英语阅读教学过程中跨文化意识的培养是非常有必要的。

英语阅读教学在大学英语教学中占有极其重要的地位，而英语国家的文化背景对于学生英语阅读理解的准确程度有很大的影响。阅读是学生了解英语国家概况、风俗习惯、文化价值观等的重要途径之一，因此在英语阅读中进行跨文化意识的培养，就要做到：①培养学生的理解能力和判断能力。②挖掘英语阅读教学的深层内涵、跨文化教学的深层意义。③渗透英语跨文化知识，培养学生的跨文化阅读意识。④激发学生的英语学习和英语阅读兴趣。⑤帮助学生树立正确的价值观、职业观，端正英语阅读学习的态度。⑥促使跨文化意识真正参与到英语语言的教学中。⑦重视学习本土文化。我们的母语——汉语语言，是中国民族文化的象征，是中国历史文化、人生观、价值观等的深刻体现。我们在母语交际的环境中，形成了东方民族文化的认知方式。传播和发扬中华民族的优秀传统文化，是我们每个人的责任，我们要重视学习本土文化，提高跨文化交际能力。⑧帮助学生了解英语国家的文化背景知识、风俗习惯等，培养学生的世界意识，促进国际文化交流。

四、文化与思维导入的有效途径

（一）充分挖掘教材内涵

在大学英语教学中，教材仍然是学生学习英语的主要资源，要充分挖掘大学英语教材的内涵，让学生在平时的学习过程中了解中西方国家的文化背景知识。利用现代化多媒体教学手段，精选英语教学的相关文化信息，创造英语语言学习的真实语言环境，了解英语国家的思维方式和行为方式，使学生更加形象、直观地感受英语国家的语言环境，培养学生在跨文化交流中的文化意识。

1. 挖掘词汇的文化因素

英语中的词汇，是英语语言中的最小单位。学生在英语阅读和学习中，要掌握词汇的基本意义，在此基础上挖掘词汇中所蕴含的丰富的文化因素。这也就要求教师在英语词汇的教学中，适度补充和介绍一些词汇内涵，防止学生对词汇的简单理解和错误使用。通过讲解词汇的不同文化内涵，能够使学生很轻松地掌握相关词语，并有效得体地加以应用，从而避免发生认识该词却无法正确理解的现象。

2. 了解不同文化中的差异

由于中西方不同的历史和文化背景，中文和英文分属于两种不同的语言体系，在语言使用规则方面也有很大的不同，这体现了中西方文化对语言的制约。母语文化和思维方式影响着我们的英语学习，中式英语的现象普遍存在，我们要认识到这种中式英语在跨文化交际中的不恰当表达，在用英语表达中国传统特色文化时，要用英语语言文化的表达方式、思维方式和语言习惯，确保这种说法能被英语语言文化背景的人们接受和认可。

英语教材还要融合中西方文化差异，引导学生充分认识和理解中西方文化中存在的差异，如民族文化、宗教思想、价值观念等方面的差异，要充分考虑到学生学习的环境和对英语语言的学习需求，还要充分尊重每个学生的知识结构、个性特征、文化层次等方面的差异性，在融合中西方文化的基础上对中西方国家不同的文化知识和文化传统进行比较研究。例如，我们在聊天时会谈及对方的年龄、收入、婚姻等私人话题，而在英语国家这些问题都是涉及个人隐私的。

（二）坚持语言教学与文化教学相结合

语言教学就是两种及两种以上的语言之间的转换教学，是两种语言之间信息的相互表达，是交流和沟通人类思想、文化的桥梁。语言教学要使学生有双语甚至多种语言的能力，要从双文化甚至多文化的角度去准确地表达两种语言文体的风格，使人们能够通过阅读学习了解不同语言、不同宗教以及不同地域的文化。

每个国家、每个民族，都有自己的语言和自己的文化。语言是文化的载体，同时又是文化的重要组成部分，是文化信息的代码。没有语言，文化就不可能存在；语言也只有能反映文化才有意义。两种文化环境的跨文化交际活动，同时也是两种语言思维的再创造过程，要遵循一定的标准和原则，要准确地传达原作要表达的思想和内容，要符合目的语国家的文化意识要求，要能简洁流畅地表达目的语国家的文化视角。

语言是自我的表达，也是文化的反映。任何一种语言都离不开特定的文化，理解语言必须了解文化，理解文化又必须了解语言。在英语阅读教学中，要有语言对比意识，还要有敏锐的文化对比意识，要充分考虑语言中的文化，充分理解语言中的文化背景，使交际活动中目的语交际对象能够充分了解原文语言的文化世界。

语言教学和文化教学是融合在一起的整体，语言教学离不开一定程度的文化教学。跨文化交际能力教学的任务就是培养出在不同文化背景下能够用语言进行有效交际的高素质应用型人才。只有把语言教学和文化教学融合起来，成为一个有效的跨文化教学体系，才能有效提高学生的跨文化交际能力。

语言是交际的重要手段，人类交际分为语言交际和非语言交际。在语言交际中语言表达起着重要作用，而语言表达方式以及对语言意义的诠释与语境紧密相关。语境是指交际参与者所在的语言群体的历史、文化背景等，是在该文化成员之间约定俗成的，是他们文化认同的一部分。

非言语交际不是通过口头与书面语言在沟通中传达信息的过程，非言语交际形式包括语音语调、眼神交流、身体接触、脸部表情、空间距离等。很多研究表明，沟通的大部分含义不在语言表达之中，而在语言之外。需要引起注意的是，作为非言语交际的手势体语，其重要性有时会大于言语交际，即通过手势体语来否定言语交际的内容。比如，在言语交际中用表示拒绝的言语，而如果同时通过手势体语或眼神，则可对这种拒绝表示否定，而让交际的对方感觉是被赞同或接纳的。非言语交际在跨文化交际中起着非常重要的作用，跨文化交际对非言语行为的依赖程度很高。由非言语交际行为的差异引起的文化冲突比由语言行为的差异所引起的文化冲突还要严重，因为非言语行为一般是情感或情绪的表露。非言语行为大部分是后天习得的，常常为某一文化群体内的成员所共同享有，构成了该群体文化的一部分，带有很强的文化特征。

(三)优化阅读环节

在英语阅读的文化与思维导入过程中,要优化阅读的各个环节,引导学生进行阅读训练,提高阅读效率。当学生开始英语阅读时,他们能够从阅读资料的表面词汇、语法和语篇中获取浅层次的信息,了解阅读资料的基本内容。优化阅读环节就是要让学生从阅读的英语文章中获取高层次的相关文化背景知识,培养学生从深层次阅读和欣赏英语文章的能力。

要优化学生的英语阅读环节,主要从以下几方面入手,激发学生的阅读兴趣。

1. 问题引导是有效途径

在学生阅读前,教师要设置一些由简单到复杂、由浅显到深入的相关问题,设置的问题要符合学生的英语学习能力,这样能够帮助学生更好地理解阅读的文章,激发学生应用中西方文化背景知识和跨文化思维意识去思考这些问题。学生带着这些问题去阅读,可以提高学生英语阅读的积极性。课堂上学生回答教师提前设置的这些问题,可以实现师生之间的有效沟通。

2. 发挥教师的主导作用

在优化阅读环节中,要充分发挥教师的主导作用,用文化教学浸润学生的文化意识,用阅读感悟启迪学生的文化感悟。在英语阅读教学中,教师可以结合当前的阅读教学内容,引导学生对所学内容进行改编,同学们分角色进行表演,让学生可以在表演中亲身感受到英语语言和英语国家的文化,提高他们的文化敏感性,这样才能使语言鲜活起来,使学生获得真正的交际能力,避免出现交际中的语用错误。

3. 重视学生的主体地位

英语阅读教学中,要建立以学生为中心、教师指导学习为主的教学模式,以学生的认知情感要求为基础,提高教学内容的趣味性、教学目标的针对性、师生学习的互动性,从而帮助学生在阅读中对英语语言和英语文化进行融合。

在英语阅读中,教师要充分给予学生自由发挥的空间,使学生在互动的学习氛围中提升参与跨文化交际学习的积极性,能够引导学生分析判断中西方文化的差异,重视情境实践练习和训练,创新跨文化教学方法,充分利用英语国家文化讲座、英语角等第二课堂学习,增强学生对跨文化意识的深入理解和认识。

(四)扩大阅读领域

1. 文化讲座

在进行英语文化导入英语阅读的教学中,举办各种形式的文化讲座是扩大学生阅读领域的有效途径。英语教师文化讲座就是学校的英语教师、英语专家等以演讲的方式举办讲座,向学生传授有关英语语言和英语文化的知识。

文化讲座的举办形式有四种:①某一英语课题或某一文化知识的专题讲座。②学校安排在每个学期、每个学年进行的英语文化知识系列讲座,这样可以有系统、有目标、逐个地进行文化专题的讲授。③不定期地和学生进行面对面的英语交流,可以有针对性地对学生集中提出的英语文化方面的问题进行解答。④通过多媒体电视、广播、视频的方式进行英语讲座。

文化讲座有很多的优点,它不仅便于教师突出教材的重点和难点部分,还可以将支离破碎的文化信息重新整合构造,使学生对某一专题有更全面、更深刻的了解,这是学生最容易接受的教学策略之一。

2. 漂流阅读

这种阅读方式是指教师根据学生的认知水平,专门制定英语阅读的一系列阅读活动,如图 3-7 所示。

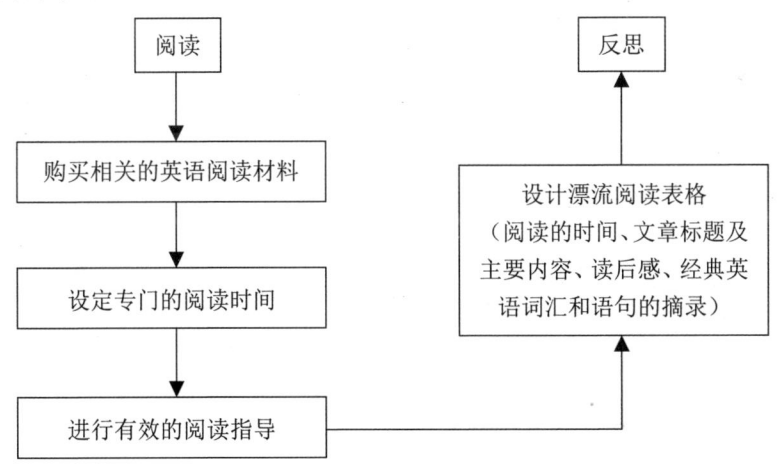

图 3-7 漂流阅读流程

漂流阅读充分扩大了学生接触英语背景知识和英语文化的渠道,大大提高了学生的阅读能力,开阔了学生的文化视野。这样的设计方式可以结合阅读和反思两个方面,让学生换个角度,用英语式的思维看世界,在潜移默化中促进学生语言文化的双向习得。

3. 语言实践

学生学习英语的目的是能够培养自身的文化意识，将来运用于英语语言交际中。因此教师要进行正确的跨文化意识引导，积极鼓励学生进行各种形式的英语语言实践活动，充分利用现代多媒体网络教学的手段和方法，创造英语语言的文化环境，使学生体验异国文化氛围。

第四章 大学英语阅读与教学现状

大学英语阅读在大学英语教学中具有极其重要的核心地位,要提高学生的英语阅读能力,就要针对教学现状和学生实际,采取行之有效的策略,才能真正提升大学英语阅读教学的质量。本章分为大学英语阅读与教学的发展情况、大学英语阅读与教学的现状分析两个部分。主要内容包括:中国大学英语教育的变迁、英语教学法的变化以及对阅读教学的影响、大学英语阅读存在的困难和障碍、大学英语阅读教学中存在的问题等方面。

第一节 大学英语阅读与教学的发展情况

一、中国大学英语教育的变迁

(一)中国外语教育的发展

1. 中国近代的外语教育

中国外语教育的发展和当时列强的侵略活动有很大关系。自鸦片战争之后,清政府在与列强交涉中因语言不通而屡受欺蒙。中国近代正规的外语教育初始于晚清时期。在西方列强的欺辱下,中国的有识之士不断寻求富有实效的人才培养之路,涌现出了大量的新式学堂。1862年成立的京师同文馆,最初目的是为清政府培养翻译人员和洋务人才,属于外语专业教学,1902年京师同文馆被并入京师大学堂。

在内外交困的不利环境之中,在有识之士的不断探求之下,经过不断的失败与尝试,晚清时期逐步形成了"中体西用"的教育思想。"中体"表现在重视汉语学习上,新式学堂以中华传统经典为教材,强调文化底蕴和人文精神的培养。"西用"体现在对西方技术的学习上,晚清新式学堂把外语作为掌握西学的基础，普遍非常重视外语学习。这是中国大学外语教学的正式开端。

当时主要有两种外语教学方式：一些学堂为了有针对性地培养人才，采用"专业外语＋另外一门专业课"的授课方式，代表学堂是京师同文馆和上海广方言馆；另外一种外语学习方式是采用在专业学习中强化外语的方式，如福建船政学堂的授课方式。这所学堂使用原版教材，教师主要是英、法工程师，而授课语言为英语或法语，优秀的毕业生可以赴英、法留学。这种外语学习方式类似于目前的中外合办大学的授课模式，如宁波诺丁汉大学。这样，在专业学习中学生的外语能力得到强化，把语言融入专业知识的学习中，造就了一批既懂外语又有专业知识的急需人才。除此之外，清政府还把一些幼童送到海外学习。他们之中的一些人学成之后回国，为国家建设出力。其中杰出的代表人物是詹天佑，他修建了中国第一条铁路。

新中国成立前确实也有少数几所大学有比较完整的外文学科，如清华大学、中央大学、浙江大学等，也有少数几所英语教学水平比较出色的教会学校，但是大多数学校英语学科的情况可以说是半生半灭、岌岌可危。有名的教会学校有圣约翰大学及其附中、圣芳济中学、中西女中等。

2. 新中国成立之后的外语教学

1949年新中国成立，中国各项事业百废待兴。新中国成立初期，全国开展全面向苏联学习的运动。外语教学亦是如此，很多课本都是从苏联引进的。我国全面接受苏联的教学方法，并模仿建立了教学体系。

1952年的院系调整使我国外语教学实现了第一次战略转移，主要的外语语种由英语转为俄语。调整后全国的英语教学点只剩八个，许多英语教师改行教俄语。全国系统学习苏联的专业化教育经验，探讨教学大纲、课程设置、教学计划等，学习苏联的教材和教法，建立了教研室——教学行政组织。英语教学慢慢发展起来。

1956年，全国已经有23所院校设立了英语科系。1956年后，各大学逐渐开设公共英语课。

1964年，中共中央、国务院批准了五个单位联合上报的《外语教育七年规划纲要》，第一次对于全国的外语教育提出了宏观的指导方针，决定新建一批外语学院，并确定英语为第一外语，对于其他语种的发展也提出了明确的指导方针。

1978年8月，教育部在北京召开全国外语教育座谈会，把大学公共外语和中小学外语教育提到议事日程上来，强调加快外语教育的发展。1979年，高考外语成绩开始按10%的比例计入总分；而到1983年，高考外语成绩开始以100%计入总分。受此影响，中学对外语的重视程度不断加强，学生花在外语学习上的时间增多，所以高中毕业生的整体英语水平大有起色，提升了大学英语教学的起点，出现了一些特别擅长英语的学生，推动了大学英语教学的改革和分级教学。

（二）大学英语名称的发展

大学英语名称的由来也经历了一段曲折的过程。在我国，非英语专业大学生所学的英语课程被称为大学英语。大学英语教学的前身是公共英语教学。

1985年11月，国家教育委员会设立了大学外语教材编审委员会，替代原有的理工科公共外语教材编审委员会，"大学英语"的叫法正式取代了"公共英语"。

1986年11月，中国公共外语教学研究会更名为中国大学外语研究会，"大学英语"正式替代"公共英语"这一名称。大学英语名称的变迁体现了我国外语教育政策的变化情况，是社会经济发展的必然反映。

进入20世纪60年代后，选修公共英语的学生人数大量增加。1962年，上海交通大学外语教研室制定了针对工业学校本科五年制学生的《英语教学大纲（试行草案）》，后经高等工业学校外语课程教材编审委员会在1962年5月审定，由教育部正式颁布实施。1962年制定的《英语教学大纲（试行草案）》明确了英语教学目的，即"为学生今后阅读本专业英语书刊打下较扎实的语言基础"。教学要求是通过4个学期240课时的学习，掌握1400个单词，掌握阅读一般科技书籍所必需的语法知识。

1978年，党中央召开了全国教育工作会议和全国外语教育座谈会。在会议上首次提出了大、中、小学外语教育一条龙计划。1979年3月29日，党中央印发了全国外语教育座谈会的纪要《加强外语教育的几点意见》，其中第一、二条内容分别是加强中小学外语教育和重视研究大学英语教学。

1979年，受教育部委托，几所高校起草了《英语教学大纲（草案）》，并于1980年审订通过，规定："基础英语教学阶段：为学生阅读英语科技书刊打下较扎实的语言基础……专业阅读阶段：使学生具备比较顺利地阅读有关专业的英语书刊的能力……基础阶段掌握单词1500～1800个，基础阶段结束时能阅读与后期课文难易程度相当，内容可以为学生理解的科普或一般科技文章。阅读速度为每小时1500～3000印刷符号。"

1980年之后，教育部门相继出台了供高等学校理工科本科用的大纲以及供高等学校文、理、工科本科使用的大纲。经过反复修改，理工科用的大纲于1984年审定通过。在此基础上，修订组经过一年的努力，修订了文理科用的大纲。

教育部分别于1985年和1986年批准了这两份大纲。这两份大纲"是以广泛的测试、调查为基础，通过各院校通力协作，几经讨论后制定而成的。这份大纲是新中国成立以来较为完善的一份公共英语教学大纲"。国家教委在批准实施大纲的通知中指出，"大纲确定的教学目的和要求反映了当前国家对高等专业人才外语方面的要求，是我委今后检查大学英语教学质量的依据""重点院校应达到的级别由各校自定""凡执行本大纲的学校，国家教委将对结束四、六级学习的学生进行统一的标准考试"。由此可见，此大纲的制定和实施推动了大学英语标准化考试在中国的大规模开展。

正如刘润清教授指出，我国改革开放以来的外语教育发展历程基本上经历了三个阶段：复苏期、发展期和稳定期。20世纪70年代末至20世纪80年代中期，我国大规模外语教育从无到有。大学外语教师奇缺，不少一线教师由教俄语改行教英语。绝大部分中学英语教师仅仅经过两年的语言训练便走上讲台。当时的大、中学英语教学大纲对当时的教师具有一定的挑战性。20世纪80年代中后期至20世纪90年代中期，大量经过正规训练的大学本科毕业生和研究生加入大学英语教师队伍，教师的学历不断提高，课堂教学质量大幅提高。

（三）学生对待英语的学习态度的发展

学生对大学英语的学习态度也随着社会经济的发展而变化。由于1978年我国实行改革开放政策之前，学生认为大学英语只是大学的一门必修课程，看不到或很少看到英语对他们今后的工作有多大的作用，因此大多数人的学习积极性不高。改革开放后，随着经济的发展，我国与世界各国交往的增加，英语的使用范围越来越广，学生学习英语的积极性大大提高，英语在高考中所占比重增加。

1993年，高考英语成绩开始以100%计入总分，中学生的英语学习积极性也不断提高。因此，高中毕业生的英语水平开始攀升，全国大学生入学的英语水平也普遍提高。在高等教育国际化的浪潮中，在考英语四六级、考研、读博、出国留学的吸引下，学生对英语学习极为重视，自习课上经常看见学生拿着单词书背记单词，甚至有些学生自费报名参加各种英语强化班，提高语言水平。与此相矛盾的是，学生对大学英语课堂教学重视程度不够，上课不够积极主动。多所院校的问卷调查显示，学生对大学英语课堂的满意度不高。为了应对这种矛盾的局面，大学英语课堂教学为满足日新月异的学生需求而不断改革。

英语教学内容从偏重基础英语向通用学术英语靠拢,以支撑学生的专业发展。通用学术英语改革较为成功的大学包括复旦大学、清华大学、中国政法大学、台湾成功大学等。问卷调查表明,这些院校的学生对大学英语课程的满意度有很大提高。这说明新一轮英语教学改革符合学生的需求。

(四)大学英语教材的发展

在大学英语发展过程中,随着教学理念的变化,教材也不断更新换代。教材是教学思想的集中表现,是教学知识的载体,是教学大纲的具体呈现方式,是教学活动的语言样本,是语言实践活动的材料。每一套教材都是依据一定的语言学习理论而设计的,其编写围绕一定的语言学习模式。教材的编写思想、教学目的、选材内容与练习方法对语言学习起着非常重要的作用,是教学成功与否的关键之一。我国大学英语教材的发展也同样坎坷不平。

新中国成立初期全面引进苏联英语教材,中苏关系恶化后,英语教育界从此开始了自编教材。课文的主要来源是《中国建设》《北京周报》等国内出版的杂志。因为时代的特殊要求,很少选用英、美原版著作。

1961年的《文科英语》(复旦大学负责)和《理科英语》(华东师范大学负责)的面世标志着公共英语的第一代教材出现。1976—1985年是第二代教材形成时期。1986年至20世纪90年代中叶是形成第三代大学英语教材的时期。从20世纪90年代末开始,陆续出版了多部新教材,标志着第四代教材的开端。

2001年教育部发文指出,我国高等教育应该运用现代教育技术,把各种相互作用、相互联系的媒体和资源有机地整合,形成"立体化教材",为高校教学提供一整套解决方案。随之我国掀起了立体化教材建设的高潮,教材的概念已经从纸质材料延展到多媒体课件。新教材充分重视学生的发展,强调以学生为中心,强调加强听、说能力的培养;增强了教材的多样性和开放性;选材丰富,重视学科融合和文化传承。新的教材带来了全新的教学理念,使课堂教学形式和呈现方式更加多样化,可以吸引不同需求的学生。我国高校目前使用较多的教材包括:应惠兰主编、浙江大学出版社出版的《新编大学英语》;翟象俊等主编、复旦大学和高等教育出版社联合出版的《21世纪大学英语》;季佩英等主编、上海外语教育出版社出版的《大学英语》(全新版);董亚芬主编、上海外语教育出版社出版的《大学英语》(修订版、第三版);郑树棠主编、外语教学与研究出版社出版的《新视野大学英语》等。

多年来,高等院校普遍使用《大学英语》(全新版)和《大学英语》(修订版)。这两套教材都配有《阅读》分册,可以供教师单独使用。教师可以利用现有的《阅读》分册布置阅读任务，检查阅读进展，开展阅读方面的项目研究，为培养学生的阅读能力提供了方便条件。但是，有些教材没有配套阅读分册，如《21世纪大学实用英语》（全新版，上海复旦大学出版社，2011），因为没有与精读课本配套的现成阅读材料，教师要开展阅读活动，就困难得多。如何合理获得经费购买阅读材料？如何使阅读教学获得合理的名分？如何评定学生课外阅读的成绩？如何计算教师花在阅读教学方面的工作量？有些困难对于普通教师来说很难跨越，所以我们在选择课本时要充分考虑各种因素。

二、阅读能力目标在历次大学英语教学要求中的演变

（一）对大学英语阅读能力的重视

大学英语教学的一个重要目标是培养阅读能力，要求学习者能够从材料中快速、准确地获得信息。对阅读能力的重视程度随着时代的变迁也在发生变化，体现在历次《大学英语教学大纲》或《大学英语课程教学要求》关于"教学目的"的表述中，如表4-1所示。

表4-1　英语教学目的的演变

时间	教学目的
1962	为学生今后阅读本专业英语书刊打下较扎实的语言基础
1980	为学生阅读英语科技书刊打下较扎实的语言基础，使学生具备较顺利地阅读有关专业的英语书刊的能力
1985	培养学生具有较强的阅读能力，为进一步提高英语水平打下较好的语言基础，使学生能以英语为工具，获取专业所需要的信息
1999	培养学生具有较强的阅读能力和一定的听、说、写、译能力，使他们能用英语交流信息，帮助学生打下扎实的语言基础
2004	培养学生英语综合应用能力，特别是听、说能力，使他们在今后的工作和社会交往中能用英语有效地进行口头和书面信息交流
2007	培养学生的英语综合应用能力，特别是听、说能力，使他们在今后学习、工作和社会交往中能用英语有效地进行交流，同时提高综合文化素养

从历届教学目标的比较中我们不难发现，听、说能力逐渐取代了较强的阅读能力，成为首要的教学目的。与此相适应，教材的编写理念也发生了巨大变化，听、说内容在教材中所占比重大大增加。

教育部2007年正式下发的《大学英语课程教学要求》，对阅读理解能力的要求如表4-2所示。

表 4-2　2007 年《大学英语课程教学要求》中的阅读理解能力要求

阅读层次	阅读要求	阅读速度	阅读内容
一般	能读懂一般性题材	70 词 / 分钟	能借助词典阅读本专业的英语教材和题材熟悉的英文报刊的文章，掌握中心大意，理解主要事实和相关细节；能读懂工作、生活中常见的应用文体的材料；掌握基本的阅读技能，如略读、寻读等
	篇幅较长、难度略低的英文材料	100 词 / 分钟	
较高	能基本读懂英语国家大众性报纸杂志上一般性题材的文章	70～90 词 / 分钟	能阅读所学专业的综述性文献，并能正确理解中心大意，抓住主要事实和有关细节
	篇幅较长、难度适中的英文材料	120 词 / 分钟	
更高	能读懂有一定难度的文章		能够理解一定难度的英文材料的主旨大意及细节；能比较顺利地阅读所学专业的英语文献和资料
	能读懂国外英语报纸杂志的文章		

（二）教学大纲对阅读能力的要求

教学大纲对阅读能力要求的变化直接反映在大学英语四级考试中的阅读理解部分的题型变化中。全国大学英语四级考试开始于 1987 年 9 月 20 日。1989 年 1 月开始第一次全国大学英语六级考试。以后每年举行两次四级和六级考试，分别在 6 月和 12 月进行。四、六级考试的内容和题型不断改革、变化，以便促进英语语言学习。

1995 年 7 月，四、六级考试委员会公布了英译汉、听写填空等新题型。1996 年 7 月增加了简短回答问题和复合式听写。1997 年 1 月设定写作部分零分卷面，整体不及格和 6 分以下倒扣分。1999 年实施四、六级口语考试。2006 年 6 月成绩满分设为 710 分，将考试合格证改为成绩报告单，报告考生的具体分数。2008 年 12 月，全国 56 所高校首次试行英语四级考试机考。2013 年 12 月四级考试，原快速阅读题被改为长篇阅读题，文章长度为 900～1200 词，题材为科普知识、社会文化和经济生活类文章。篇章后附 10 个句子，且每个句子一题，每个句子所包含的信息出自文章的某一个段落，要求考生找出每句话的匹配段落。有的段落可能匹配两个句子，而有的段落可能不匹配任何句子。试题文章多来自英、美主要报纸杂志，只做少量修改。这种题型对学生的阅读能力要求提高了不少，学生只有在有限的时间内概括总结出段落的主旨才能进行匹配。

大学英语四、六级考试对促进我国大学英语教学质量，普遍提升大学生英语水平，起到了积极作用。其考试结果已经为社会接受和认可，四、六级证书也逐渐成为用人单位录用大学生的一个重要标准之一，具有很高的社会效益。

四级考试在提升英语水平的同时也带来了一些弊端。四级考试逐渐演变成一种各个高校的大学生必考的考试，曾经和学生的毕业挂钩，如果考不过，就不能毕业或者拿不到学位证；四级通过率一度成为教师评估的重要指标，从而给教师和学生带来很大的心理压力。最近几年，一些院校将四级考试与学生毕业脱离开，给大学英语教师松绑，从而使教学环境得到优化和改善，师生不再忙于应付四级考试。大学英语四级考试题型重要改革情况如表4-3所示。

表4-3　大学英语四级考试题型重要改革情况

时间	总分	题型变化	阅读变化	备注
1987年9月	100	听力（10道对话题，3篇短文） 阅读理解（4篇，20题） 词汇结构（30题） 完形填空（1篇，20空） 作文（一篇） 改错	20题，占40%	除作文和改错外全部为选择题的形式
1996年1月	100	增加新题型：英译汉、简短回答，以及复合式听写		
2006年6月	710	其他题型相同	增加10%的快速阅读测试	考试采用710分成绩报告单的形式
2006年12月	710	写作占30% 快读占15% 听力占35% 完形占15% 翻译占5%		全面新题型，社会考生不再参加考试
2013年	710	听力占35%，由原来的复合式听写（单词及句子听写）改为短文听写（单词及词组听写）		
2015年	710	写作、长篇阅读、听力理解、深度阅读、完形（改错）、翻译	快速阅读改为长篇阅读的信息匹配题	

由历年的大学英语四级试题变化情况可以看出，社会对听、说的要求不断提高，阅读理解分值总体上降低了，并且试卷总体难度要求更高了。不断变化的题型是为了测试学生英语技能的方方面面，需要学生平时不断进行知识积累，要求学生拥有较为扎实的基本功。那种只靠碰运气"画钩打叉"过四级的时代已经过去了。其他各种非阅读理解题型虽然是考查学生英语技能的不同方面，但是哪一项都离不开最基本的阅读能力。所以，训练学生的阅读能力是一项一举多得的好方法，阅读的能力上去了，别的能力也能很快跟上。

三、大学英语课堂教学模式的变化

从教学模式看，大学英语教学主要可以分为传统教学模式（非多媒体教学模式）和多媒体教学模式。这两者的本质区别在于是否使用多媒体设备。

（一）多媒体网络之前的阅读教学

在普及计算机之前，大学英语课堂教学用具及设备主要是录音机、课本、粉笔、黑板和少量图片，多媒体和网络还没有出现。教师上课以精读为主，穿插听力训练，多数情况是大班上课教师主讲，教师讲单词、课文和语言点，组织操练，核对答案；学生以听讲为主，边听边记笔记，也有一些课堂互动。如果课堂需要进行听力练习，则多数情况下只能用录音机。放一遍后，要想反复听，还要倒磁带，有时倒带不准，要慢慢找。不像现在只要记住时间轴上的位置，就可以准确找到所要听的内容。当然，因为教室的线路问题且还要便于教师操作，所以只能将录音机放在讲台上，放到几乎最大的音量。前边的同学可能觉得音量过大，而后边的同学则勉强听到。听力设备无法与现在多媒体相比较。精读课上的一些重点单词的讲解，全部靠教师的声音和粉笔板书。一节课下来，教师的手上和身上都落了很多粉笔灰。这种依靠教师的经验、学识和个人魅力开展的满堂灌教学方式，尽管有很多弊端，但也培养了许多优秀人才。学生课下以阅读纸质材料为主，只有少量影音资料，没有电子书，也缺乏接触英、美剧的机会，练习听力使用录音机或随身听。这就是计算机普及之前，没有多媒体设备时大学英语教学的基本情况。那时师生普遍重视培养阅读能力。秦秀白老师在其回忆录中说道："许国璋先生曾亲口对我说，'你不读500本英文小说，就不算你学过英文'。"教师鼓励学生课下多阅读英语报纸书籍，重视阅读经典著作。课上教师还组织学生进行快速阅读训练（当时使用的教材附带有快速阅读活页，可供教师随堂使用），讲解快速阅读技巧。

多媒体网络教学模式之前，基本上执行的是2004年以前的教学大纲，从教师到学生都很重视阅读能力。虽然大部分高校没有专门设置大学英语阅读课，但是配套的课本都附有阅读分册，以方便学生阅读和教师监管。当时因没有普及计算机，没有各式各样的多媒体网络资源，特别是没有功能强大的智能手机争夺学生有限的课余时间，学生还可以静下来阅读一些书籍。书读多了，课堂讨论时他们自然能够发表一些有深度的见解。

（二）多媒体教学模式

1.多媒体教学模式的理论基础

多媒体网络教学的基础是建构主义。建构主义的最早提出者是瑞士心理学家让·皮亚杰，它是现代学习理论历经行为主义、认知主义以后的进一步发展。建构主义者认为，人的心理、思维和智力的发展过程是与周围环境进行同化和顺应的过程，而不是简单的外部刺激过程。学习是学生主动地、积极地认知思维的过程，学习过程是通过学习者与外部环境之间的交互活动而展开的。学习不是学习者积累越来越多的外部信息，而是越来越多的有关他们认识事物的程序。知识是学习者在一定情境下借助他人的帮助，利用必要的学习材料，通过个体自己建构的方式而获得的。

建构主义者认为，理想的学习环境要包含四大要素：情境、协商、会话和意义建构。学生要从外部刺激的被动接受者和知识的灌输对象转变为信息加工的主体和知识意义的主动建构者，在教师的指导下达到有效实现对当前所学知识的意义建构的目的。这个理论对现代网络教学产生了极大的影响。

建构主义强调学生是学习的主体，强调学生应该在教师的指导和协助下，利用情境、会话、协作、意义建构等学习环境要素进行学习，充分发挥自身的积极性、主动性，最终完成对知识的意义建构。多媒体教学模式为学生提供了更加优化的学习环境和更真实的语境。

2.多媒体教学模式的产生

多媒体教学模式的产生是社会和时代的产物。随着改革开放的深入进行，社会对英语的重视程度不断提高，特别是我国加入WTO之后，和世界的交往日益频繁，需要外语人才的单位和部门越来越多。用人单位把毕业生的英语水平作为是否录用的一个硬指标，希望毕业生不仅有较强的读、写能力，而且希望他们具备良好的听、说能力，以便雇员能用英语直接进行国际交流。因此，社会对英语学习普遍重视，形成了英语热。中小学也加强了英语教学力度。越来越多的小学从三年级，甚至一年级开始设英语课。很多家长为孩子报课外的各种英语辅导班，进一步提高了学生的英语水平。当这批孩子进入大学时，全国大学英语水平就有了普遍提高。这点从高考英语的平均分可以得到验证。因为英语教学资源在全国分配的不均衡，学生英语的两极分化程度也进一步加剧。

大部分大一新生是伴随着计算机、电视、网络成长起来的一代。他们视野开阔，不再把教师当作知识的唯一来源。他们不满足传统的教学方式，不甘被动接受，表现欲强烈。他们十分清楚英语的重要性，学习目标明确——考研、留学、找好工作等。他们主动学习英语，对大学英语教师的要求较高。传统的教学已经无法满足他们的个性化需求，一些学生花钱报校外辅导班，以强化英语。再加上近年扩招，班级容量增大，大班英语教学引起教学效果的下降，很多课堂活动无法开展。这些都引起学生、家长和社会对大学英语教学的不满，改革教学现状的呼声越来越高，多媒体教学模式应运而生。

随着计算机的普及，大学英语教学模式发生了巨变。我国大学英语界推广多媒体教学是从1999年开始的，随后大学英语教材配套的课件出现（包括学生用的光盘和电子教案）。各大学开始加大投资购置计算机多媒体硬件，计算机和投影仪首先进入教室。一个大的白屏幕被安装到教室的前面，占据了一部分黑板的位置。在计算机的帮助下，音频、动画、电影、MTV以及录像随之进入课堂，课堂教学动了起来，课堂中出现了美丽的风景、真实的场景、优美动听的声音。这些生动的影音刺激着学生的感官，使教学变得生动起来。

大学外语教学指导委员会曾经对全国345所本科院校的调查表明：传统单一的课堂教学模式比例明显下降。多媒体的开放性和共享的特点，使得媒体资源触手可及，这为外语教学提供了无限的教学资源。原汁原味的真实材料可以从网上下载，直接融入课程内容，成为教学不竭的源泉。各种资源库、语料库的形成为教学提供了海量的资源。教师、学生、媒体间的互动，可以启迪智慧，引发思考，为语言输入、输出提供了大量隐形资源。英语教学从强调读、写转变成强调听、说，因此教师花费大量的课堂时间训练学生的听、说能力。学生课下学习的资料一下子丰富起来，手机读物、网络课程、电子书籍、欧美影片、美剧、英剧等，真有一种令人应接不暇的感觉。

3. 多媒体教学模式的优点

相对于传统教学模式而言，多媒体模式颠覆了传统教学模式的内涵，开辟了教学的新天地。

第一，课堂趣味性增强，有利于调动学生学习的主动性和积极性。兴趣是最好的老师，只有学生感兴趣了，才能乐于学习，学起来就不觉得辛苦。多媒体教学模式把枯燥的书面文字变为由漂亮的图片、优美的声音、动听的音乐、吸引人的动画等组成的立体、多元、生动的全新英语教学环境,从多角度刺激学生的感官,极大地增强了学习的趣味性,提高了学生的学习效率。屏幕上出现优美的英语国家风土人情的画面,耳边传来动听的歌曲,眼前演绎扣人心弦的场景,所有这一切都在刺激着学生的感官,激发他们学好英语、掌握这种交往工具的决心。

第二,多媒体模式能够创造一种理想的学习环境。建构主义重视学习环境,认为理想的学习环境包括四大因素:情境、协商、会话和意义建构。多媒体模式可以创造出一种全新的仿真学习环境,同时呈现音频、图像、动画、文字等,图文并茂,声、光、影五彩斑斓,让学生置身于真实的语境中,刺激他们进行交流,拓展学生的感知空间,激发学生的思维和创造力,最终促进他们认知能力的发展。课堂上,课本和学生之间、师生之间,以及学生之间都通过计算机媒体增加了互动。这种互动比以往任何时候都丰富、有趣,不断刺激学生的求知欲,有助于学生主动探索、发现未知领域,有利于学生知识结构的建构。

第三,课堂教学呈现方式多样化。以前课堂的呈现方式只是由纸质课本、黑板、粉笔、录音机,外加教学图片组成的,单一而枯燥。多媒体模式优化了课堂呈现方式,给课堂教学增加了流动的元素。多媒体教学模式建立了声音、图像、文字、动画一体化界面,使教学方式出现了形象化、立体化、生动化的特点,从而提高了课堂效率。有学者经实验后提出,人们一般可以记住自己阅读的10%,自己听到的20%,看到的30%,自己看到并听到的50%。以大家公认的枯燥乏味的词汇教学为例,以前词汇教学偏重讲解构词法、练习读音,再由教师讲解该词的用法,做一些练习。

多媒体模式让单词在屏幕上动了起来,以不同方式呈现一个词的音、形、意,使学生的各种感官都参与到学习活动中,在其协同作用下迅速建立词汇各方面的联系。同时,多媒体课件可以利用声音、图像、三维动画以及影视作品等多种素材,大大提高了学生学习单词的兴趣。教师也可以使用与该词汇相关的歌曲,强化词汇的教学效果。使用课件介绍相关的构词法的速度是板书无法比拟的。教师可以通过引申帮助学生使用联想记忆法,使学生在头脑中形成网状的、发散形式的语义网,建立新单词与旧单词的联系,便于学生记忆整理。教师也可以运用图表扩展单词,展现单词之间的联系。

多媒体可以帮助教师充分展示某些单词包含的文化意义,这样学生在学习单词的同时也学到了单词中的文化。我们都知道,任何一个词都有一个从产生到消亡的过程,就像一粒种子慢慢长成参天大树,最后轰然倒下,归于尘土。

每个词都是一个故事，都包含了一段佳话，并且和当时的社会历史文化息息相关。讲解单词时穿插词汇的文化含义，可以加深学生对该词汇的理解，强化记忆并且提高课堂的趣味性。例如，"write"这个词的最初意思是"划""刮"，指早期的人用尖锐的石头或者其他有尖头的物体在桦树皮或者圆卵石上刮擦。"paper"这个词也有一段历史故事。早期在地中海周围较发达的地区，人们把一种叫纸莎草的植物的浆经过压缩后晒干，形成了取代桦树皮的一种纸，拉丁词 papyrus（纸）就最终演变成了 paper 这个英文词。词汇故事与枯燥的背记单词相结合，就能使记忆过程变得丰富多彩。在听力教学方面，多媒体也大有用处，与以前"只闻其声"相比，生动的场景更吸引学生，视听结合，使教学效果更好。

多媒体对学生的学习方式也产生了影响。多媒体可以最大限度地实现个性化学习。这种模式体现了人机互动的优势，突破了时空限制。学生可以在任意时间、地点按照自己的进度使用网络进行学习。教学软件可以无限次地对学生进行听、说方面的训练，可代替教师的部分职责。学生可按自己的水平、需要选择教学级别和学习资料，设计目标、计划和进度，进行训练，并能得到实时反馈。根据反馈结果，学生可以自由调整学习进度和目标，实现学习的自主。多媒体模式可以把名校课程引入课堂，让学生得到最好的外语资源，接受最好的外语专家指导，享受名牌大学的精品课程。

4. 多媒体教学模式的不足

多媒体模式也有不足之处，体现在如下几个方面。

第一，学校配套资金不足会影响多媒体设备的质量和数量。多媒体设备软、硬件的更新必须有大量的配套资金做保障。此外，计算机使用过程中会出现技术问题，造成课堂教学或者自主学习不流畅。学校只有配备必要的维修人员，才能够保证设备运转正常。

第二，学校要制订教师长期培训计划。好的设备需要人来操作，教师的计算机应用水平参差不齐会影响多媒体的授课效果。学校只有建立较为完善的教师培训体系，对教师进行新技术培训，时时更新教师的技能，才能使其更好地操作教学设备。

第三，学生自主学习的自律性差。很多学生已经习惯了按照教师的引导，跟着教师的节奏学习。多媒体模式让学生一下子面对如此多的学习资源，由其自己做选择，会使学生感到不知所措、顾此失彼。多媒体使用过多过滥，会喧宾夺主，分散学生的注意力，会使其过度关注娱乐元素，对授课的内容反而失去兴趣。教师的作用也会被削弱，成为多媒体的"奴隶"。师生的网络交流可能会比较麻烦，有时当面一句话就可以解决的问题，用网络书写很多次还是说不明白。学生网络学习的意识也还有待提高，例如，有些学生不重视上机学习，认为上机学习可有可无；有些学生初开学很愿意上机学习，学期中就完全忘记，期末为了成绩而盲目追求进度。这样学习的效果可想而知。此外，人机互动缺乏情感沟通，缺少人文关怀。一开始学生由于好奇心而觉得课件很有意思，但是时间长了就发现它并不像想象中那么有吸引力，会让学生感到乏味，不真实，没有亲近感，从而失去学习的激情。

第四，在多媒体教学模式下，阅读课程逐渐淡出了大学英语课堂教学，快速阅读活页也不见了身影。例如，很多大学使用的《大学英语》（第三版）不再附带快速阅读活页，快餐阅读取代了经典阅读。人们在潜意识里是否会觉得阅读材料丰富到触手可及的地步，学生的阅读能力自然而然就会随之相应提高呢？不争的事实是，丰富多彩的外部世界大量占用学生的阅读时间，学生很少能平心静气地阅读大部头的经典著作，他们读的书越来越少了。教师在课堂上引经据典，感受到的是学生不解的目光。与此同时，社会对英语阅读能力的要求随着高等教育国际化的到来变得更高了。越来越多的课程采用英文原版教材，国际期刊也只刊登用英文撰写的学科论文。英语阅读能力不足，会大大阻碍学生的专业发展。近年来，以蔡基刚教授为首的一批学者主张用学术英语取代大学中的普通英语，让英语学习更加贴近专业，更好地为专业服务。

5. 多媒体教学的实践

（1）大班教学

结合多媒体模式的优、缺点和学生的学习实践，我们应把多媒体模式和传统教学模式进行整合，继续发挥传统教学方法，如朗读、听写、背诵、复述、翻译等的优势。多媒体教学模式普及之后的最初几年，大学英语教学班的班容量依然很大。虽然大屏幕改善了部分坐在后排的同学看不清板书的问题，为课堂教学增加了声音、动画等视觉和听觉元素，提高了学生学习英语的趣味性和娱乐因素，但是依然无法解决语言教学上的互动问题。过大的班容量没有开展课堂互动的时间和空间，教师在授课时还不得不以传授语言知识为主，学生的语言应用技能提高不快。随着时间的推移，学生从最初对多媒体的新奇刺激中冷静下来。超量的信息令人头晕目眩，而一闪而过的语言点使得学生下课时觉得头脑空空，除了兴奋外，并没有记住多少知识。采用大班授课，学生水平差异过大，好学生和后进生同样不满意。好学生认为授课内容太简单，学习动力不足,学起来不够刺激;后进生上课如坐飞机,云里雾里转了圈后反而更加迷茫。在这种状况下,分级教学就应运而生了。

(2)分级教学

有关分级教学的分级原则学者间存在不同的争议。总体而言,核心问题是按照英语综合技能分级,还是按照单项技能分级。众所周知,总分高的学生不一定每个单项分都高,而个别单项分突出的同学也不一定总分很高。这说明学生运用英语的各种技能在发展上是不平衡的。如果按单项技能,如听、说、读、写、译分级,则分级过于复杂,不易操作,而且将来升级还会面临同样的问题。所以,目前大学一般采用按照综合技能分级的原则。

分级教学在各大学全面铺开后,给教学带来了很多好处。首先,在同一个班的学生的水平基本上接近,有利于教师统一安排教学内容和进度,不必既顾两头,又顾中等生,缩手缩脚。其次,教学内容的针对性更强了。再次,学生的自信心提高了,因为大家在同一个起跑线上,不用担心被别人笑话。

分级教学也有不利方面。通过分级,一个年级最好的学生被集中起来授课。如果教师教好班,则对教师的成长是个锻炼,有利于出成绩;但是教中等班和差班就不同了。中等班因为没有尖子生,很难出成绩,这会给教师带来一定的挫折感。很少有教师主动要求教差班,因为差班学生水平都不高,教起来很吃力。原来有好学生的时候,班里的学习氛围还可以被带动起来;现在学生水平一样,课堂氛围就会沉闷。对此,教师可以通过降低课堂活动的难度来激发学生的学习动力。看到学生在自己的教育下慢慢成长,每一名教师都会有成就感的。

分级教学开展之后,教师又面临另一个问题:如果学生在高中阶段英语足够好,语法、词汇等完全过关了,那么大学英语课又将如何开展呢?有学者提出案例式和研讨式教学模式。新的问题又出现了:可以把什么样的案例拿到大学英语课堂中使用呢?我们在课堂上讨论什么才能既有利于语言发展,又有助于专业学习?如何提高学生的阅读能力呢?……这些课题有待于进一步探讨。

四、英语教学法的变化以及对阅读教学的影响

从教学法的演变看阅读教学的变迁——外语教学法此消彼长、层出不穷,对阅读教学产生了不同的影响。

(一)语法翻译教学法

语法翻译教学法是具有最悠久历史的外语教学法,也是新中国成立以来我

国外语界一直争论比较多的教学法。在18世纪、19世纪欧洲外语学习的基础上产生了语法翻译教学法，当时欧洲人学习的主要外语是希腊语和拉丁语，他们希望借此阅读古典希腊文和拉丁文书籍，学习先人的思想，用这两种文字进行交流，并使用它们著书立说。因此，课堂上借助语法进行教学，通过翻译学习希腊文和拉丁文。18世纪、19世纪的语言学家把语言看作词类的划分，认为掌握了词汇，即掌握了所学语言。他们把语法看作一种黏合剂，认为语言学习者只要能够按照语法规则将词汇黏合在一起，就可表达思想。他们认为，书面语是语言的精华，并把它看成不变的经典。此类的划分和研究为语法翻译教学法的形成打下了重要的基础。希腊－拉丁语法体系的建立帮助语法翻译教学法完成了基本轮廓和基本框架。

1. 语法翻译教学法的特征

语法为中心是语法翻译教学法最基本的特点，教学过程以翻译为主要方式，重视培养学生的阅读习惯，提高学生的写作能力和词汇记忆能力，帮助学生更好地掌握语法规则。其特点有三点具体表现：①为了增加学生对语法学习的理解度和接受度，教学和语言学习必须以句子为基本单位。②对翻译者翻译语言的准确性进行评价反馈，逐步提高翻译者的翻译水平。③通过演绎法来实现语法教学，换句话说，就是呈现出语法规则，然后印证这些规则，印证的方法有翻译、练习等。

2. 语法翻译教学法的语言教学模式

以语法翻译教学法为基础的语言教学模式是"复习—阅读新课文—分析难点—翻译复杂句子—讲解语法—背诵经典部分"。具体来说，教师在进行课堂教学时，先安排复习学过的知识，以旧代新，然后阅读新文章。教师对课文、句型、重点难句进行语法分析，讲解句子结构，之后逐句翻译讲解，最后要求学生背诵经典段落，熟记所学词汇和语法规则。这几个步骤在课堂教学中不断重复，体现着语法翻译教学法的基本特征。初中英语、高中英语和大学英语的课堂教学曾经普遍采用这种方法。

3. 语法翻译教学法对外语教学产生的影响

这种教学法对外语教学产生的影响体现在四个方面：①语法是外语教学的核心。语言教学的方式和教学内容需围绕这一中心展开，强调语法规则的重要性，反复重点讲解语法要点。②词汇是语言的重心。语言教学重在词汇教学，教师上课应专门讲解词汇并进行反复操练。③翻译是外语教学的主要手段。语言教学实际上是两种语言的翻译活动，即通过翻译学习外语。如果学生能够翻译通顺，则表示该学生理解了原文。④教师在教学中起主导作用。语法翻译教学法认为教师是教学活动的中心，教师的讲解与分析应该主导课堂。学生是知识的接受者，课堂上重在领悟教师的讲解内容。很多老一代英语教师是在语法翻译教学法的培养模式下成长起来的，并且他们上课也在沿袭着这种方法。用这种方法培养的学生的最大优势是他们对语法规则非常熟悉，阅读、理解复杂的长句比较容易，善于分析句子结构，并且词汇知识扎实，基本能做到举一反三。此外，学生的语言基本功较扎实，特别是阅读能力较强。相比之下，语言交际能力比较弱，出现所谓"哑巴"英语，受到当今社会的一些质疑。尽管如此，语法翻译法确实培养了大批符合当时社会需要的人才。

4. 语法翻译教学法的优点

精细的语法分析和深入浅出的词汇讲解及操练，使学习者易于理解文章，可以准确地使用词汇。这种方法使外语学习者所接触的各种语言现象系统化，有利于学习者将语言的结构内化，从而提高其使用外语表达的能力。学习者可以明确知道他们语言使用上的对或错，降低歧义现象。教师从多角度讲解词汇，梳理相关联的词，有利于学习者理解和记忆，词汇学习效果远远好于学习者自己习得。该方法强调对文章的精雕细刻，注重对语言现象的详细分析。这样做有利于学习者对语言的深入理解和掌握。

①对语法的理解是语法翻译法所强调的内容。在英语教学中，语法教学占据着重要的地位，对英语语法进行系统的学习可以帮助学生很好地理解语法，为学生今后的英语学习打下坚实的基础。

②阅读能力的提高和写作能力的提高也是语法翻译法所强调的内容。对英语语法的理解可以使学生更容易理解英文著作，提高他们的阅读的能力，阅读的同时还可以进一步加深学生对语法的理解，从而构成一个良性循环。

③母语和英语对比的过程是语法翻译教学中必不可少的环节，这种对比可以帮助学生有效地了解汉语与英语之间的区别，更深入地了解两国文化的差异，为学生今后的英语学习提供文化基础。

5. 语法翻译教学法的局限

语法翻译教学法指导下的教学有其局限性，具体为：①过分强调教师的作用，以教师为中心，容易造成"一言堂"，忽视了学习者的主观能动性。学生上课以听课、记笔记为主，缺乏师生互动，不利于学习者自主学习能力的培养。②课堂形式单一，缺乏新鲜感，不能充分发挥现代多媒体的优势。课堂枯燥无味，无法吸引在网络时代成长起来的新一代大学生。③重语法、轻视口语。

这种教学理念与现代强调听、说能力的发展趋势不相符合。

随着社会的进步,语法翻译教学法也在不断地得到修正和完善。该教学法的百年历史证明了其符合外语学习的某些客观规律,在当今的课堂教学中依然占有一席之地,有其存在的必要性。

(二)直接教学法

语法翻译教学法的局限性推动人们对教学法进一步探索。19世纪末,法国拉丁语教师戈恩发表了《语言教学艺术》一书,提出了"直接法"的教学方法。

直接教学法的主要教学特点为:强调口语教学,重视训练和培养学生的口语表达能力;突出口语的实用性、流利性;教学过程强调真实性,鼓励学习者用外语思维,重视语言交流过程;强调语言教学活动和内容的趣味性,重视调动学习者的学习兴趣;教学实践中以听为切入点,对提高学生的口语水平效果较好。

直接教学法只能在整个教学中起到辅助作用。如果没有广博的知识做依托,直接法对口语教学的推动作用就会越来越弱。它不适合在中国这样的外语学习环境下大规模展开。

(三)听、说教学法

听、说教学法以结构主义语言学和行为主义心理学为理论基础,产生于第二次世界大战的美国。1939年世界大战爆发,很多国家被卷入战争之中。1941年的珍珠港事件迫使美国对日本宣战。战争期间美国派军队赴海外参战。美国绝大部分士兵没有掌握一门外语,并且他们发现缺少随军口译人员。美国政府在语言学家的帮助下,制定了一个军队特别培养方案,强化口语操练。

该方法的主要特征是以听说为先,兼顾书面语。对于语言材料,首先通过耳听、口说,之后再落实到书面文字;大量反复操练,形成习惯,达到自动化地掌握语言材料的目的;通过基本句型训练,培养学生根据句型类推出大量新句子的能力;教学中趣味性和实用性并重。我国在20世纪五六十年代以这种方式培养了许多外语人才,直到今天句型操练依然是语言基本功培养的一个重要组成部分。

(四)情境教学法

20世纪70年代,根据胡壮麟的观点,常用的教学法是功能主义的情境教学法,在侧重提高学生语言交际能力的同时,努力减少其语法错误。在此之前,阅读课普遍采用结构主义的句型教学法和替换操练法,这种教学法直接反映在当时课本的编排上。这种方法的缺点是过分强调语言天赋论和结构形式,而实际情况是语言教学离不开社会。儿童若离开社会环境，是会无法习得母语的。因此，情境教学法得到了学界的重视。

（五）交际法

交际法的基础是 20 世纪 70 年代海姆斯提出的交际能力的概念，海姆斯的交际理论从语言交际的角度向人们解释了交际的本质。他认为，交际是在特定语境中说话者和听话者、作者和读者之间的意义转换。交际能力包含了四个重要的参数：①形式是否可能；②实际使用是否可行；③根据上下文是否适宜；④实际上是否能完成。

海姆斯认为，语言是一种社会文化现象，所以对语言的研究不能仅仅局限在语言本身的句子结构上，还应该在真实的社会环境中对语言进行研究。他将交际能力分为四个方面：①语法能力；②社会语言能力；③语篇能力；④策略能力。

交际法认为，语言学习不仅要学习语言知识和技能，而且要培养交际能力。交际法主张使用真实材料作为教材，在教学过程中通过种种方式鼓励学生用目标语进行交际活动，让学生在交际中学习语言。

1. 交际法在教学中的特征

交际教学法具有以下特征：①强调语言教学过程的交际性，突出学习者运用语言在不同场合进行有效交际的特点。教学的重点已从关注语言本身转向交际内容，从语言知识的传授转向使用语言进行交际的过程。②强调语言使用的流利性而不是准确性。在交际过程中犯的小错误不必一一纠正，只要最后交际的目的达到了，就是成功的。③课堂教学以学习者为中心，教师起到指导和监督的作用。④强调课堂教学内容的真实性，开展以任务为基础的多种语言活动，如以解决问题为基础的语言活动，以专题为基础的语言活动等，创造各种条件开展交际活动。

2. 交际法的局限性

在实际的教学中交际法逐渐暴露出一些局限性。

第一，交际法强调以学生为主体，以活动为中心，将过多的精力放在训练学生的语言技能上，尤其是口语技能上，而不能保证语言知识积累的数量和质量。交际法不重视对语法的系统学习，因此不利于学习者深入理解和掌握该语言。成人学习外语的优势是逻辑思维能力强，抓住语法就是抓住了成人学习英语的长项。成人学习的内容复杂，要学习的知识很多。若整天"听、说、唱、游、做"，则时间不够用。此外，若没有深厚的语法支撑，阅读就无法顺利完成，从而导致英语无法作为一种语言技能帮助学生获取专业学习必需的知识。

第二，该方法忽视了口语的准确性，单纯追求流利度。如果谈话没有实质内容，也就失去了交际的真正目的。

第三，课堂上无法制造出交际法需要的真实语境。交际法对课堂实施条件的要求比较苛刻，即学生接触的对象最好是讲地地道道、原汁原味的目的语的人们。这些条件在现实中很难予以满足。很多高校很难做到大量提供用地道的目的语进行口语交流的师资，课堂不能提供真实、自然的语境，这些都是由学校教育的本质决定的。学校教育是"通过传递教育内容信息影响人的发展的活动"。大学英语教师本身缺乏地道的目的语交流能力、教学能力以及目的语文化的熏陶，学生的外语功底不足等都不利于交际法在课堂中的开展。大学外语教师和学生在使用外语时都会产生不同程度的焦虑心理。这种因素会使课堂活动难以活泼、持久地进行下去。

第四，交际法的过度使用会造成教学资源的极大浪费。

（六）折中教学法

在人们不断寻找完美教学法，以达到最好的教学效果的过程中，人们逐渐认识到最完美的教学法根本不存在。每一种教学法都有其利和弊，只能适应一定的情况。没有一种教学法是灵丹妙药，包治百病，任何一种教学法都要看它使用的具体对象和环境。

研究发现，许多教师认为他们是折中的。他们不仅仅使用一种教学方法，他们的教学思想也并不是建立在仅仅一种心理学或者语言学之上的。我国各地英语教学环境相差很大，学生的水平也参差不齐。一种教学方法很难满足所有人的要求。从实际出发，语言教师既不应该过多地偏爱一种教学方法，也不应该盲目地排斥另一种教学方法。

折中教学法使人们超越了教学流派的束缚，不限制教师必须采用某一种教学方法，主张教学方法应该服务于教学目的和学习者的实际需要。教师应综合各个教学法的长处，根据实际情况，博采众长，为教学服务。教无定法，教必有法，因材施教才是教学法的核心思想。在这些教学法之后又逐渐出现了认知教学法和建构主义教学法等。

可以设想，随着语言和教学研究的不断深入，还会出现各种新的教学法。外语教师要了解它们各自的优、缺点，根据不同的教学对象，选择使用。教学既是一门永远达不到完美的艺术，也是一门充满遗憾的艺术。不同教学法的演变告诉我们，在对待每一种新的教学法时既不要急于跟风，也不要故步自封。

我们需要了解不同教学理念的优劣，把理论和课堂教学实践相结合，实现教学理论的本土化，取其精华，使其为我所用。

五、目前阅读教学的尴尬地位

20世纪80年代以来，大学英语一直坚持"288学时"的基础英语的必修课程。只有在完成这"288学时"的基础英语后才能选修其他类型的英语课程。最近几年，各学校的大学英语都进入了一个压缩学分的时期，不仅范围越来越大，而且势头越来越猛。在这场大潮中，阅读的重要性虽然不容置疑，但是由于课堂教学时间有限，很多院校推行"阅读零课时"，把阅读完全变成了学生课下的自主行为，没有时间做保障，阅读效果大打折扣。

目前的情况是，很少有学生能够自觉进行阅读。这成了一项很少有人完成的作业，阅读任务也趋于形同虚设。阅读能力的提高需要时间的积累和保障。阅读的良好效果只有经过较长的时间才能显现出来。有研究者认为，至少需要一个学期的不间断阅读，阅读才起作用，并且要达到一定的阅读量才能发生质的变化。若没有阅读量为前提，就没有质的变化，所以，阅读不能急于求成。如果尝试短期阅读后，没有取得明显效果，就放弃阅读，则永远体会不到阅读的好处。浮躁永远是学习的大敌，而浅尝辄止则会一无所获。阅读不是一种立竿见影的学习行为，这点对学生和教师的毅力都是一个考验。

在大学英语课堂中，教学模式基本上还是以传授知识为主的，很少进行系统的阅读策略和技巧培训。教师使用规定的教材，每次课都有一定的进度要求。大部分课堂时间被用于解释单词、语块，分析复杂句式等方面，教师很少有时间进行直接的阅读训练。他们认为，教授这些知识就是在教学生如何阅读。有些教师对阅读策略并不熟悉，也就开展不了阅读策略教学。这种以教师为中心，侧重直接知识传授的课堂教学模式只是在鼓励学生背记事实性知识，对提高阅读效果作用不大。

长期以来，受传统的重精读、轻泛读，重质量、轻数量的教学思想的影响，我们的学生习惯于精读策略，也称研究型阅读策略，即弄清楚每个新单词的意思，分析每个复杂句子的结构，翻译每个句子等。但是如果所有的阅读都这样进行，不仅会耽误时间、降低阅读速度，而且会极大地降低学生的阅读兴趣，使他们失去学习英语的积极性，造成恶性循环。

现代社会中，因为单位时间所创造的价值不断增加，人们会有时间紧迫感，而阅读要求我们能够放松心态，沉下心来，平心静气、气定神闲地投入文字编织的语境中。这需要我们具有较强的自律意识，能够约束自己不受外物的影响，能够甘于寂寞。现代人在生存压力、学业压力、家庭压力等的多重作用下越来越力不从心。学生作为一个特殊群体，也变得越来越急于求成，再加上互联网、手机等的冲击和干扰，加剧了学生的浮躁心理，课堂之外他们很少能够坐下来，平心静气地阅读大部头的作品。如果教师在课堂上再不讲授阅读的策略，培养阅读习惯，学生课下又很少读书，他们的阅读能力如何提高呢？不爱阅读的学生很少有专业发展的后劲，而那些事业有成的人大多也是热爱阅读、学贯中西的人。

但是，教师把大部分课堂时间用于阅读实践，并不被多数人士看好，而且沉默的阅读课堂也不被大多数人认可。很多人不把它看作一种重要的教学方式。在这样的课堂上，没有教师慷慨陈词，没有学生睿智地回答问题，没有师生互动，也很少看到学生间的互动，只能看到学生个体与文本间无言的互动。观察者看不到学生的思考、抗争、纠结、努力和进步，而只能看到沉默和安静。这是一种不符合现代教学评估体系的教学方式。不但观察者觉得毫无兴趣，而且课堂中的教师有时也觉得有愧疚感，因为没能够做到传道、授业、解惑，好像学生并没有从自己那里学到东西，白白浪费了宝贵的课堂时间。这是阅读在课堂教学中的尴尬境地之一。

如果能够把阅读和大学英语其他的课程教学融合在一起，就可以给沉默的阅读课堂找到合理的理由，让阅读行为合乎教学常规。例如，教师在精读课中可以穿插泛读活动，课堂上对学生的阅读技巧进行详细的讲解、示范，给予充足的课堂时间练习这些技巧，将对学生阅读能力的提高起到极大的促进作用。单纯地讲解技巧并不能快速提高学习者的阅读能力，只有当场做一定的练习，才能使学生学会运用这些技巧。这些都需要占用一定的课堂时间，但是这是一件很值得做的事。研究表明，教师在课堂上对学生进行阅读指导有利于提高学生课下阅读的效率。

第二节 大学英语阅读与教学的现状分析

一、大学英语教学存在的问题

（一）理论研究薄弱

外语教学与任何一门学科一样，有其自己的规律。充分地认识教学对象、教学规律和教学方法是外语教学实践的建立基础。但不容乐观的是，关于诸如"适合中国人学习外语的规律是什么？在当前的语言环境和教学条件下应当怎样进行外语教学？"等问题，到目前为止我们还没有答案，甚至缺乏对这些问题的认真、全面而深刻的思考和研究。毋庸置疑的是，为了取得对教育的"制控权"，就必须对教育规律进行深入的研究，否则就容易为风所动，为"情"所驱；容易按个人习惯和意志行事，缺少人才培养的底气；容易使鲜活的教育变成枯燥的说教，无法掌握育人的真谛。

我国外语教学理论研究薄弱的现状主要表现在以下两个方面。

1. 从事外语教学理论研究的队伍薄弱

外语教学理论研究因为权威的专业研究机构和专业研究人员匮乏，在很大程度上是自发的，缺少统一规划的。这些零散的研究不能互相协作，没有集体性的重点攻关。此外，传统的积累以及最低限度的学术规范同样匮乏，研究主题和结果不够具有系统性和前瞻性，并且存在许多低层次的重复性任务。

2. 外语教师的科研意识普遍比较淡薄

从整体上看，我国外语教师在外语类别的核心刊物上发表的文章数量非常少，平均到每所大学中就更少了；在其他外语类刊物上发表论文的篇数相对多一些，但平均到每所大学后数量同样非常少。一些外语教师甚至认为外语教学并不需要什么理论，他们认为在外语教学实践中，外语教学理论并不能发挥什么具体的作用，还有人认为搞教学研究不登大雅之堂。现在许多外语院系的研究生大都选翻译、文学或语言学作为自己的专业学习方向，很少有人愿意选择外语教学法，而他们中的大多数毕业后都将成为大学英语教师。甚至在一些师范院校，在英语专业的课程设置中，"外语教学法"也是一门可有可无的课程。在有些学校，即使开设了这门课，也没能给予应有的重视，故未能达到应有的效果。从已有的理论研究来看，关于课程设计、大纲制定、教材编写和选用等这些关系到外语教学方向等宏观性问题的题目很少有论文探讨。

（二）师资水平有限

在我国，学习外语的人数非常多，但相对而言，外语师资力量比较薄弱，外语教师一直是非常短缺的。本来就数量不多的外语教师队伍，整体的师资质量也不尽如人意。我们知道，我国老一辈的知识分子中大多数都有极好的国学和外语功底，这与他们在中学和大学所受到的良好教育是分不开的。这些学校之所以有这样的教育水平是因为他们拥有了一流的师资，特别是外语师资。后来成为我国外语界知名学者的许多人，曾经在中学教过外语。但是现在的情况已经不同，在大学，连自己都不能准确地用外语表达、交流以及不能流利地写出外语的大学教师不在少数。教师是这种状态，学生又怎么可能学得好外语，将外语运用自如呢？有很大一部分外语教师，从来没有接受过专业的教学方法培训，他们的上课经验完全来自对曾经教过自己的教师经验的沿袭，或者完全凭自己的感觉任意发挥。这就造成了外语教师对学生的实际情况和实际需求不考虑，也不重视。特别是近些年高校连续大幅度的扩招政策，使本来就很少的外语教师变得更加稀缺，教师的质量也更加难以保证。

（三）忽视文化的作用

文化遗产能够传承的一个重要载体就是语言，它与文化具有紧密的联系。文化的生存和发展必定要依靠语言的传播和交流，语言也依托于文化显现自己的价值和意义。因此，我们不仅仅要重视英语教学本身，更要对文化在教学中的作用充分地加以重视。

从当前情况来看，我国各大高等学校对文化在英语教学中的重要作用的认识还是非常缺乏的。这就直接导致了大学英语课程以及英语教师本身在教学过程中对文化作用的忽视。理论教学仍然是现阶段大学英语教学中的主要内容，大部分教学内容是英语词汇以及英语语法，对英语国家的文化很少进行讲授和介绍。这种做法直接导致了学生在学习过程中出现了很多因为只了解表面现象、不了解英语的本质而引起的问题。

（四）缺乏跨文化经验

英语国家的文化隐藏于英语语言之中。如果在学习英语时，缺少对英语国家文化的了解，就很难把握好英语文化与中国文化之间的相同点和差异点，也就很难取得真正好的学习效果。大学英语教师自身如果缺乏跨文化的经验，不能对中外文化的异同做出很好的判断，也就很难在英语教学当中生动形象地将英语讲授给学生，其教学成果是无法取得较大突破的。

现实情况是，跨文化经验在当前大学英语教师的教学中严重缺乏。在现阶段正在从事我国高等英语教学的教师当中，很大一部分没有海外留学的经验或者海外生活的经验。而具有海外生活或者求学经历的教师大部分集中在211及211以上层次的院校中，在非211院校中，只占很少的一部分。有的高校中甚至都没有具备海外留学或生活经验的教师，更不用说英语系的学术领头人。也就是说，从整体上看，具有海外生活和求学经验的英语教师本来数量就不多，在院校分布的比例上又是不均衡的。客观地说，大学英语教师普遍缺乏跨国生活经验，缺乏对跨国文化的直接体会，这是现实的情况。

(五)缺乏跨文化意识

欧美发达国家的跨文化交际学已然十分成熟和繁荣。我国的高等教育与国外相比,对跨文化交际的研究与教学不仅在起步上比较晚,而且发展的速度缓慢。我国在相关方面的发展过程中,虽然在学术界加深了对跨文化交际学的认识,但是在不同学科的教学实践中,能够被实际运用到教学中的实践经验却很少。现阶段,我国高等院校大学英语教学普遍缺乏跨文化意识,跨文化交际学理论无法有效运用到实践中是根本的原因。跨文化意识的缺乏直接导致了我国大部分高等院校的英语教学系统中,很少甚至没有专门从事跨文化交际学研究的人员。而即便拥有专门研究跨文化交际学的人员的院校,也很少能够将研究成果运用到实际的大学英语教学当中。这主要是由于人们对跨文化交际学理论的研究,与大学英语教学实践严重脱节,从而直接导致大学英语教学跨文化意识的欠缺。

(六)缺乏跨文化训练

任何技能被掌握的前提之一就是对这项技能进行必要的训练,大学英语教学同样是一门有模式可以遵循的教学艺术和技能。大学英语授课教师与大学英语教学能够取得的成果具有紧密的联系。大学英语教师如果接受过许多与教学手段和教学技能相关的训练,那么他的教学能够取得成果的概率也会增大。但是在现实情况当中,大学英语教师接受的相关训练非常少,从而造成大学英语教师的教学手段和技能普遍缺乏的情况,这成为大学英语教学的一个显著问题,更是一个急需得到解决的重要问题。

二、大学英语阅读存在的困难和障碍

(一)缺乏阅读技巧

大学生英语阅读中如果没有必要的阅读策略,也就缺乏相应的英语阅读技巧,主要表现在四个方面:①从头到尾认真、仔细地阅读英文材料。在做阅读理解的题型时,不会按照意群来处理和阅读文章,没有轻重之分。②重复阅读。由于对文章中的某一个段落、某些句子不能够彻底理解,就不断重复地阅读文章。③浪费时间的阅读。有些学生有一些不良的阅读习惯,这会导致在阅读中浪费时间。④没有跳读和查读的阅读习惯。对于大多数的英语文章,其主旨或中心一般都可以通过文章的第一段和最后一段来推断;而某一段的主旨和要义一般在第一句或者最后一句,由于学生缺乏相应的阅读技巧,不能够快速获取到文章中的主要内容,也就不能快速总结出文章的主要观点。

（二）词汇量的制约

学生的英语词汇量的多少，能够极大地影响学生的阅读速度，也能影响学生对整个英语语篇的理解程度。现阶段对于大学生的词汇量要求，从四级的4200个，到六级的5500个，再到更高阶段的6500个，这就是整个大学阶段大学生应该掌握的词汇量。但实际上，学生所掌握的词汇却远远不够，导致部分大学生在阅读中出现了"卡壳"的现象。词汇量不足会导致学生在阅读时出现无法正确理解和把握整篇文章，误解和曲解阅读理解的内容，甚至会导致学生失去继续阅读的兴趣和信心，给学生的阅读理解造成了较大的障碍。

（三）语法的影响

大学阶段学生应该有二十四项语法内容要学习，但是英语教学中会重视对学生的听、说、读、写、译等方面的英语综合学习，以提高学生的英语运用能力，提高学生运用英语语言进行交际的能力，因此就对英语语法的教学进行淡化。这样学生在阅读中就不能正确把握各种常用的英文句法结构，也就不能很好地把握篇章结构，尤其是对于文章中比较复杂的长句式、句群就更难理解了。这样在阅读中就会误解阅读理解的内容，做出错误的判断。

（四）缺乏语言文化背景

语言是文化的载体，语言和文化密不可分。由于语言是一种民族文化的表现与承载形式，不了解这个民族的文化，也就无法真正学好该民族的语言。外语教学不仅要介绍语言知识，更应该把这种学习与训练放到文化教学的大背景中进行，最终使学生具有语用能力。在英语学习中，部分学生可能会过多地强调词汇的学习，而忽视了对英语语言文化背景的学习，在阅读英语语篇时，可能就会对整篇文章的理解产生偏差。

（五）缺乏英语学习的动力

不仅仅是对英语阅读的学习，对于任何学科的学习，都要有学习的动力，才能激发起学生的学习兴趣，才能把学习当成一种乐趣、一种享受。大学生缺乏英语学习的动力，主要把英语作为考试中必考的科目之一来学习，只关注考试的分数，因此也就失去了学习英语的兴趣和动力，更不用说学习英语阅读了。

（六）阅读的储备和积累不足

大学阶段学生的学习负担比较重，而且还要参加各种社团类的活动。这就导致了大学生的阅读时间较少，阅读面较窄，一般仅限于教材和课堂中所学的材料。学生很少有时间去涉猎课外的优秀读物，更没有时间进行大量的课外阅读。这往往会使学生无法获得丰富的阅读经验和阅读技巧，同时学生的阅读速度也无法得到有效提升。

三、大学英语阅读教学中存在的问题

（一）教学观念落后

一直以来，我国的大学英语教学都以阅读教学为教学重点，但大学英语阅读的教学观念方面还存在以下两个问题。

1. 将阅读速度等同于阅读能力

部分英语教师片面地认为学生阅读速度的提高就是阅读能力的提高，并以此为依据开展教学活动。实际上，这种观点是错误的。一些学生虽然阅读速度快，但阅读能力并不强，一些学生虽然阅读速度慢，但是阅读能力也不强。由此可见，学生的阅读速度和阅读能力没有相关性。学生的阅读技巧和阅读题目在一定程度上决定了阅读速度的快慢。例如，题目要求只掌握阅读材料的大意时，可以只是浏览通篇材料，不必逐字逐句地仔细阅读。题目要求掌握阅读材料中的具体细节时，可先浏览全文确定具体细节的位置，再仔细精读这一部分。

2. 将阅读教学混同于词汇教学、语法教学

在大学英语阅读教学中，教师常常会重点讲授个别词汇的用法或讲授语法知识，阅读教学的教学模式通常是讲解词汇、分析语句和给出标准答案。这种教学模式不注重培养学生对阅读材料的整体理解能力和在阅读材料中提炼信息的能力。

形成这一问题的根本原因是教师不具备正确的阅读教学观念。教师对阅读教学的教学目标的认识比较模糊，导致阅读教学的内容主要是词汇教学和语法教学，学生不能通过阅读教学获得真正的阅读能力。

（二）教学方法落后

目前，我国大学英语教学的方法一般是由教师下发阅读任务，教师在学生任务完成之后，公布正确答案并进行详细讲解，这种教学方法已经成为固定的教学模式。这种教学模式不仅应试特点突出，而且比较僵化，不能培养学生的阅读习惯和阅读能力。这种僵化的教学模式也忽视了学生的主体地位，学生在学习过程中不能充分发挥主观能动性，阅读教学也无法达到理想的教学效果。

（三）课程设置不合理

在一些英语教师看来，阅读教学只是英语教学的附庸，因此不重视阅读教

学的教学目标和教学计划的制定。阅读教学的教学时间、课程设计和师资配备缺乏保障，从而直接影响了阅读教学的教学效果。

此外，阅读教学中的精读训练和泛读训练分配不合理。一些大学英语教学安排了较多的精读训练，而很少涉及泛读训练。这种侧重于精读训练的阅读教学使师生更加深刻地认为阅读教学就是词汇教学和语法教学，这是一种错误认识。因此，学生的阅读能力也无法得到相应的提高。

（四）阅读材料少

大学阅读教学中所采用的材料只有英语课教材。有的教师认为，教材是专家智慧的结晶，抓住教材也就抓住了各种英语考试的重点。事实上，除教材外，阅读一些适合大学的英语报纸、杂志，能根据需要从网络等资源中获取英语信息也是大学生提高阅读能力的重要途径。

有些教师在英语教学中，只注重对词汇和语法的讲解，再逐句逐段地分析篇章结构，却忽略了阅读训练。学生对词汇和语法的习题能够认真完成，但是对于阅读理解和综合填空等习题却不知如何下手，只有等着教师讲解，并给出答案。本来阅读材料就少，阅读范围又不广，再加上不详细的讲解，学生的阅读兴趣能有多大呢？

（五）阅读教学多采用翻译法

在有的英语阅读教学中，教师只注重对英语语言点的教学，把阅读材料逐词逐句地翻译出来，生怕学生错过任何一个单词或句子。虽然这样学生可以得到全面的讲解，但是他们的阅读障碍完全被教师扫除了，学生的阅读理解过程完全被教师替代，导致教师在讲台上费力地讲，学生在下面被动地听，使学生失去了学习探究的动力和兴趣，没有了英语学习的积极性。在有限的教学时间里，学生的阅读量、阅读速度、阅读技能和理解能力都受到了较大制约，又哪来阅读能力的提高呢？

（六）完全淡化了语言点

与上述阅读教学中采用翻译法相反，教师完全淡化了对英语语言点的教学，在给学生指定相关的阅读材料、提出阅读问题后，只要学生能够完成相应的习题，就认为阅读的目的达到了。这种对语言点的淡化教学，难以培养学生对语篇的理解能力，淡化了学生对于语言点的理解和内化的过程。这样的阅读教学也就不可能培养和提高学生的阅读能力。

（七）现有阅读教材设计不合理

教材是教学的重要指导性资料，在一定程度上影响着教师的教学内容、教学方向。但是纵观我国英语教材，其在设计上存在着不合理的状况、在整体上缺乏内在的连续性。具体来说，我国大学教材注重阅读技能的训练。虽然从表面上看，教材设计本着层层深入的原则，在教学的不同阶段侧重性和针对性都十分明显，同时也符合学生具体的学习和认知规律。但是却存在严重的过渡问题，也就是前一个学习阶段和后一个学习阶段缺乏一定的承接性。这种教材脱节的现象，在一定程度上影响了英语阅读教学效果。阅读教学过程中应该遵循循序渐进的原则，在不同的学习阶段，应该使学生接触到不同程度的英语阅读材料，但是由于教材的脱节，学生的阅读训练缺乏整体性，学生跟上原本的阅读进度已经感到吃力，更不用谈提高英语阅读能力了。

四、大学英语阅读的不良习惯

（一）边看边读

"出声读"即在阅读的时候读出声。"出声读"往往使阅读的速度等同于说话的速度，从而拖慢阅读速度。大部分人在阅读的时候普遍存在边看边读的习惯，即使没有读出声，也在心里默默诵读。在阅读速度上，无声比有声快，因为有声阅读是眼、脑、口、耳四个器官一起活动，而无声阅读只是运用眼和脑，省去了口的发音和耳的监听，所以速度要快。

（二）逐字逐句阅读

逐字逐句阅读在很多情况下虽然能够增加学生对阅读材料的理解程度，但是往往会把意思完整的句子分裂成单个的单词，学生的注意力也因此而分散，从而减慢了阅读的速度，削弱了获取信息的能力。要改变这种习惯，应从"单词、词组阅读"改变为"意义阅读"，即在阅读过程中注重文章的意义流动、转折、补充、加强等，而不是对具体单词或是词组的关注。从思考问题的模式来看，逐字逐句阅读模式是侧重于微观的思考问题模式，但是在一个特定的阅读过程中应注重宏观思维和微观思维的结合。

（三）指读

指读就是阅读时用手指着句子，手指指到哪里就读到哪里。指读是一种相对初级的阅读习惯，不利于快速阅读。要改变这个习惯，就必须强制自己将手拿开，只靠眼睛的移动来阅读。

（四）回读

回读，是指在阅读过程中学生总是认为自己漏读或是没有弄清楚已经读过的内容而不断返回阅读的习惯。毋庸置疑，回读也是影响阅读速度的主要因素之一。在阅读过程中不断地回读，不但会影响阅读的速度，而且很容易造成一种心理暗示，进而形成一种阅读过程中"不自信"的心理，总是认为自己没有完全理解读过的内容。因此，在快速阅读的训练过程中，一要强化注意力，二要增加自信心，从视觉和心理两方面进行练习与调整。

（五）潜在翻译

潜在翻译是指学生在阅读时把读到的英语在心里翻译成母语以帮助理解。实际上，英语和汉语属于不同语系，在文化习俗、生活习惯、语言表达方面存在很大差距。因此，要把一篇英语材料在短时间内对等地翻译成中文，对阅读者来讲是件费力不讨好的事，这样做势必会减慢阅读速度。

（六）频繁停顿

在阅读中，一些学生一遇到生词，便会习惯性地终止阅读，停下来查字典，或者过多地分析段落、句子、语法等。这些频繁停顿会打乱阅读的节奏，减慢阅读速度，打断阅读思路，妨碍完整地理解和消化所读信息。在阅读时，学生应集中注意力，一气呵成地完成整个阅读过程。

（七）不利的思维习惯

不利的思维习惯也是影响学生英语阅读理解水平的重要因素。常见的不利思维有：①语料输入严重不足。②对语篇没有连贯反应的能力，无法在把握主旨的基础上清晰透彻地理解全文。③基本功不扎实，对语言点的掌握不牢固，不能根据上下文和语境来推测不熟悉的词语的意义。④文化视野狭窄，对英语国家的风俗习惯、历史传统不够了解，影响对文章的理解。

第五章 大学英语阅读教学与理论

大学英语阅读教学是建立在一定的语言学习理论基础之上的,阅读理论与技巧对大学英语阅读教学具有很重要的启发与指导作用。本章分为图式理论、关联理论、互文性理论、阅读模式理论、建构主义理论五个部分。主要内容包括:图式和图式理论的定义、图式理论的发展、关联理论对阅读教学的影响、互文性概述、语篇的互文性分析、阅读模式理论概述、阅读教学模式、建构主义理论的概述、建构主义理论下的探究式教学模式等。

第一节 图式理论

一、图式和图式理论的定义

(一)图式的概念

对于图式的概念,从柏拉图到现代理论之父鲁梅尔哈特都有自己的观点,学者们对于图式的概念主要有以下几种。①柏拉图——"理念论",他认为"理念"是心灵的眼睛能看到的东西,是人的理智所认识的外在理智中的存在。②伊曼努尔·康德——图式是先验想象力的产物;先验的时间规定性是将知性概念与感性经验统一起来的关键所在,是沟通概念与对象的媒介物。③巴特利特——图式被引入心理学,他指出图式的核心特点是对过去经验的活跃组织和反馈。④库克——图式是形成于大脑长期记忆中的有关于人对世界的认识。⑤鲁梅尔哈特——人类获得的所有知识都可以被划分成为细小的单元,从而形成一定的组织和结构,而这样的组织和结构就是图式在人脑中的具体呈现。

综合以上学者和语言学家们对图式概念的研究,图式被广泛应用到各种研究领域,也被运用到各种情境之中。图式能够帮助人们理解各种信息的基本框架,对人们的认知组织和建构有着重要的作用。图式能够调动人大脑中的信息,根据已知的信息预测未来的、外界的信息。在英语阅读理解中，学生也能够利用大脑中的图式信息，顺利完成阅读任务。

（二）图式理论的概念

图式理论产生于 20 世纪 60 年代，是伴随着认知科学的发展而产生的。图式理论主要强调的是存在于人们大脑中的已有背景文化知识，能对人们的认识起到根本性作用。图式理论常常被用于解释语言习得的过程，很多学者都把图式理论用作阅读的理论基础。

在总结各种学科如心理学、语言学等领域研究的基础上，图式理论的研究者们又不断地完善现代图式理论，他们认为图式是头脑中存在的结构性知识或知识单元，是事物和语言的中介，是一种代表人对世界的理解和认识的结构性网络。

二、图式理论的发展历程和类型

（一）图式理论的发展历程

图式理论的发展从康德提出图式的概念，到格式塔心理学家巴特利特对图式理论的发展，以及人工智能专家鲁梅尔哈特对其理论的完善，再到现代各领域、各学科的广泛研究，已经有二百多年的历史。图式理论的发展如表 5-1 所示。

表 5-1　图式理论的发展历程

时间	代表人物	图式理论内容
20 世纪 20 年代至 30 年代	巴特利特	记忆不是对过去的简单重复和再现，而是对过去经验的一种积极建构
20 世纪 30 年代至 60 年代	皮亚杰	同化——通过原有图式吸收外界信息从而进行归纳和总结，促进图式的扩展 顺应——当原有图式无法同化新信息或外界环境发生变化时，感知者必须建立新的图式
20 世纪 70 年代后期	安德森	为吸收篇章信息提供了心理框架；有助于注意力的分配、推导性发挥、在记忆中有条不紊地搜寻信息、编辑与总结、推导性重构
20 世纪 70 年代至 80 年代		被广泛应用到应用语言学的研究中，尤其是 ESL 领域；国内教师把图式理论运用到英语阅读教学中
20 世纪 80 年代		形成图式阅读理论——阅读者已有的知识图式与阅读的文本信息互动的阅读过程，也是信息的双向加工过程，即"自上而下"和"自下而上"，实现高效的阅读理解

（二）图式阅读理论的类型

图式阅读理论的三种类型，如图 5-1 所示。

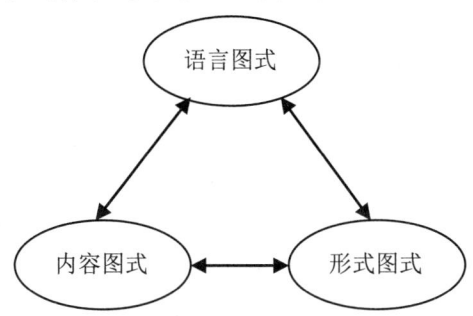

图 5-1　图式阅读理论的类型

1. 语言图式

这是指阅读者要掌握所阅读语言的文字知识，包括语言的语音、词汇和语法等方面的知识。对语言图式知识的学习，是保证阅读者对语言文字信息进行解码、获取文字意义的基础保障，对语言图式的熟练掌握能提高阅读理解的程度。

2. 内容图式

这是指阅读者在阅读过程中，还要了解文章的题材、主题内容以及文章所涉及的语言文化背景知识。只有牢固掌握了阅读中的内容图式，阅读者才能容易、准确地获取文章信息、理解文章内容和文章意义。

3. 形式图式

这主要是指阅读文章的体裁、篇章结构等方面的知识。不同体裁的文章具有不同的结构特点、不同的要素和不同的语篇风格，阅读者在阅读文章时，首先要能分辨出文章的体裁。这样才能把握文章的内在逻辑关系，更快更准确地理解文章所表达的思想，体会作者的写作意图。

图式阅读理论中的三种知识类型的图式，在阅读过程中是相辅相成、缺一不可的。语言图式是基础，是人们进行阅读的基础。阅读者首先要具有语言图式的知识，才能跨越阅读语言的障碍，激活更高层次的内容图式和形式图式，才能实现对阅读文章的全面理解。

三、图式理论的主要观点

（一）图式定义的多元化

图式可以是一个符号、一件事物的相关性质，或是某个抽象的概念。图式的基本特征为：①具有变量；②可以嵌套；③抽象水平上的知识；④所表征的不是定义而是知识；⑤一种主动的过程；⑥一种认知的单元。

从以上图式的特征可以看出，图式的这种认知单元能够评价认知事物的匹配程度，认知具有多元化概念。我们在对"英语"这个图式进行分解时，既可以理解为英语教材，也可以理解为英语课程，还可以理解为一种语言。同时，"英语"这个概念还具有动态性的特点，英语的受教育程度或英语的综合运用水平，都会随着学生年龄的增长而产生变化，呈现出不同的教学要求。

（二）图式的层次性

图式理论中的图式具有层次性，如简单－复杂；抽象－具体；低级－高级的层次之分。例如，我们说的"高校教育"，可以包含有多个子集层次：①高校里面的学生具有差异性，可以形成简单－复杂的层次差异；②学校和学校的院、系、班级之间具有明显的上下级层次关系。

阅读者建构新知识的基础是已有的知识体系和对阅读文本的理解。阅读者头脑中已有的图式能够匹配到阅读文本的新信息，阅读者就能够得到正确的理解和有意义的建构。面对同样的阅读文本，不同的阅读者因为背景文化知识的不同，对阅读文本的理解也有所不同，这样在阅读过程中输入信息与阅读者已有图式之间的互动就会产生不同的反馈。

图式理论主要用于人们对于客观事物的不同理解和知识建构。图式理论的基本功能包含三个方面：①建构。根据学习者已有的经验和背景文化知识，通过实践建构新的知识体系，形成新的意义理解。②推论。学习者可以利用图式变量间的内在联系，推测隐含和未知的消息。③整合。学习者把新信息与原来的图式框架、相应的变量结合起来。

第二节 关联理论

一、基本理论观点

（一）明示－推理过程

作为认知语用学的交际理论，关联理论将传统符号学的编码模式与格赖斯的推理模式相结合，提出了基本观点之一：明示－推理过程。这是对交际的深入理解。从交际者的角度来看，交际是一个明白无误的示意过程，即用明白无误的语言来表达自己的意图；从交际对象的角度来看，交际是一种推理过程，即交际对象需要根据明示手段提供的信息来推断说话人暗含的意图。关联理论关于交际的定义具有进步性的意义，因为从亚里士多德到普遍被接受的现代符号学的编码解读，再到格赖斯的推理模式，尽管这些理论在解释交际过程中都发挥了各自的作用，但是都不够全面。因此，这些理论对交际的定义都不能令人满意。

根据关联理论，交际的科学定义应该是解码和推理的结合，因为解码过程是言语解读和推理的起点，没有解码，我们就无法进行下一步推理。换句话说，没有解码，推理就丧失了基础；推理意味着在解码基础上认知的深化。只有当以解码为基础、以推理为方向进行言语解读时，说话者的意思和意图才能被准确地解读。明示和推理是交际中不可或缺的两个部分。

（二）语境假设

在关联理论中，言语的语境指的是"心理建构体，即听者关于世界假设的关注"。根据这个定义，语境不是交际双方外部环境的某个部分，而是指他们对世界或环境主观认识的一部分。一个人的认知语境由许多变化多端的信息组成，可以是周围的物质环境或直接说出的言语，可以是对未来的期望、科学设想或宗教信仰，也可以是一般文化假设、对说话者心理状态的看法等。因此，听话者应该能够从所有这些认知环境中筛选出说话者实际的意图。根据这个对语境的定义，这种也被叫作"上下文"的环绕言语的文本被认为是语境中特殊的一种。认知语境指的是影响人们内部认知的各种各样的因素，包括人们不同的经验、信仰、思想和期望等。它是关于世界的一般化、类型化和内化的语用知识。这种对世界概念化的表征以图式和块状形式存储于大脑中，被言语激活后被运用在交际中。因此，在阅读理解中完全由读者决定选择合适的语境假设来解读文本。

（三）最优关联

1. 实现最优关联的条件

促使交际成功的主要因素是交际双方追求的最优关联，而不是最大关联，因为如果听话者要找到最大关联，他就必须类比所有可能的解释，这在交际中是不可能和不现实的。因此，就语言交际而言，只有满足两个条件，它才是最优关联的，具体为：①交际能产生引起听者关注的足够的语境效果；②听者无须付出更多心智上的努力就可以获得这些语境效果。

2. 假想的最优关联

然而，在实际交流中，我们不可能总是期望对方的话语具有最优关联性。事实上，对方仅仅能够自然清晰地传达以下假想的最优关联：①用于明示的刺激信号是相关联的，从而值得听者付出努力去处理这些信号。②鉴于说话者的能力和偏好，用于明示的刺激信号是最相关的。

也就是说，话语本身可能并不能达到最优关联，但说话者想让听话者认为他所说的是有最优关联性的。换句话说，假想的最优关联使听话者一方对最优关联产生精确的、可预知的期望，从而引导听话者接近说话者的意思。鉴于此，一个理性的听者应该选择一种最能满足这些期望的解读方式，而且这种解读正是交际者想要传达的。

这种关联理论是认知科学的基础理论，主要涉及认知和交际两个方面。人类认知往往追求关联的最大化，假想的最优关联会被明确表达出来。人们会注意相互关联性大的刺激信号，然后对此加以处理，以达到关联最大化，也就是用最小的努力获得最大可能的效果。因此，人类对认知效果的追求使得我们可以了解他人的心理状态，并采取相应的行动。这也是影响人类信息处理过程的最一般的因素，其决定了我们要注意什么信息，在记忆中提取哪些背景知识用于语境，以及能得出何种推断。这种普遍的对关联性最大化的追求从某种程度上使得我们可以预知和掌握他人的心理状态。

然而，很显然，交际者并不总是能够给出最大关联的信息，或用最简单的方式呈现出来。就内容而言，说话者可能没有或者不愿给出听者要的最相关联的信息，或者当时未能想到；就形式而言，缺乏时间、能力或文采，使得说话者不能用最经济的方式表达自己，而且说话者所能想到的最相关的话语可能仍然不能满足听者的关联性要求。这时就需要听者降低对关联性的要求，这样反而会保证交际的成功。

二、关联理论对阅读教学的影响

关联理论虽然不是专门的阅读理论，但是既然阅读是交际的一种，那么关联理论就可以很好地阐释阅读这一认知活动。

（一）阅读是一种推理过程

关联理论中的明示-推理过程一定适用于阅读。读者认为作者所写的是有关联性的，并力图用最高效的方式把新接收的信息与既有的背景知识联系起来，以解读文本。对新接收的信息的解读是一个演绎的过程，假设总能从读者已有的知识中得到印证。

明示-推理过程强调作者和读者的作用。从认知角度看,作者会自主地保证所写内容的相关联性,否则就失去了交际的意义。那么,从读者角度来看,为什么推理在阅读中如此重要呢?因为书面交际如果失去阅读过程中不断进行的推理,就不可能成功地、充分地交际。很多时候,由于读者和作者之间有一种不成文的协议,即作者无须把所有的意义都写到纸面上,所以文本本身并不能保证读者一定可以从中得出其意义。这时,读者应该能够根据自己内化的知识推理文本暗含的意义。每个读者的推理都具有唯一性,这也同时解释了为什么不同的读者对同一个文本会产生不同的理解,会得出不同的结论。读者的这种推理能力以他们的背景知识为基础,他们会利用作者提供的文本线索,再结合自己的已有知识和经验,得出对文本意义的结论。这个过程就是推理的过程。听者或读者通过一系列步骤得出说话者或作者的真正意图,这个意图是被暗示的、未被直接说出的。读者的认知环境极大地影响其对文本的推理结果和理解水平。

(二)阅读是追求最优关联的过程

在阅读这种交际活动中,作者的任务是选择他所认为最合适的方法,根据自己的目的、对读者理解能力的假设以及当前交际环境的知识进行写作。但有时为了达到某种目的,作者可能会故意地用一种迂回的方式表达自己的意思,选择一些看似不相关联的表达方式,但是在当前的情况下,这种表达可能是最好的选择,也可能被认为是最优关联的。有时为了达到作者本人的某种效果,作者可能不会只选择表达那些关联性信息,还会选择与当前情况最优关联的表达方式。

我们阅读文本的主要目的就是要找到满足最优关联的一种解释。书面交际的前提是读者认为文本具有最优关联性。为了达到最优语境效果,读者不断追求与作者真正意图相符合的最优关联的过程就是书面交际的过程。这个过程涉及连续不断地推理、确认和修正。读者的任务是运用相关知识去推断,得到进一步的信息,以此发掘作者或直接或间接表达的意图。这种意图可能是清晰的,也可能是模糊的。读者只有找到了已有信息和语境中的最优关联,才可能成功推断出暗含的意义。

(三)阅读是选择语境的过程

同一个句子被不同语境假设激活,就会导致不同的理解。也就是说,每一句话语都需要某一套特定语境假设来解读。然而,认知语境不是提前设定的,而是在推理过程中被选择或激活的,而且随着交际的进行,原有的语境不断被修改、补充和完善,为下一步交际和推理打下基础。当新呈现的信息与语境假设相互作用时,新的语境效果就生成了。

因此,阅读过程就是为成功达成交际而选择语境的过程。成功交际的关键问题是读者如何从自身认知环境包含的所有假设中选择出实际符合作者意图的假设。有些信息在一定场合下可能是很容易获得的,也无须付出多少努力,但在另外一个场合下就需要付出较多的努力。例如,当闻到房间中有煤气的味道时,你就会想到可能阀门漏气了,而不会想到煤气价格在上涨。有些语境假设容易获得,而另一些则不容易获得。这就意味着语境假设的可获得性是由在某一交际行为中得到这一假设所付出的努力决定的。

以上比较详尽地评述了关联理论的基本观点和其对英语阅读的影响,这些概念为我们分析阅读理解提供了综合的语用方法。关联理论建构了一个交际模式,英语教师可以从中获得很多启示和帮助。

第三节 互文性理论

一、互文性概述

(一)互文性的概念

"互文性"这一概念是在 1960 年被法国符号学家克丽斯蒂娃·艾伦提出来的。对于互文性的概念,他并没有给出一个明确的定义,因为互文性在批评词汇中使用的比较广泛,但是又被列为"错误的运用"最多的词汇之一,因此他对于互文性的定义没有办法做出根本性的概括。要正确给出互文性的概念,就要从"互文性"这个术语的历史发展、互文性的意义及其运用中获得。

互文性的出现要追踪到语篇研究的历史中,互文性在语篇中表现为两种不同的现象。一是无意识的意义创造。阅读者利用已有的文化背景知识阅读语篇,把阅读的语篇当作大脑中已有的语篇网络之一,进行无意识的意义创造。阅读者阅读的每一篇文章都存在于其他语篇结构中,语篇的构造是读者的互文性建构。二是有意识的理解语篇。阅读者会利用已有的相关语篇知识,有意识地理解语篇,以便更好地完成阅读。阅读者在作者所生成的互文性基础上,正确理解语篇中作者所使用的修辞手法,有意识地形成特定的阅读者的阅读理解。

（二）互文性的分类

不同学者对于互文性的分类，有很多种不同观点，如表 5-2 所示。

表 5-2　互文性的分类

学者	分类		互文性描述	分析
克丽斯蒂娃	水平		一段话语与一连串其他话语之间的具有对话性的互文关系	强调发话人根据别人的话来组织自己的话语；一个语篇充满其他语篇的片段，人们在试图理解该语篇时必须具备一定的关于这些语篇的知识；分类比较宽泛，难以区分
	垂直		构成语篇较直接或间接的语境	
詹妮	强势（显著）		语篇中有明显的相关话语存在于语篇的表层特征中	
	弱势（构成）		语篇中有能引起联想的语义；语篇中的体裁、语篇类型具有复杂性	
摩根	后结构		强调基本的符号关系的模糊性和意指的无限回归性	
	结构		通过描述基本单位以及单位之间的系统性和循环关系来确定文本的意指行为	
热奈特	互文性		文本中的相互关系	处于构成单个文本的要素间的实用的、可确定的互文关系；分类具体有可操作性；分类有重叠性
	副文性		正文与只能称其为"副文本"的部分所形成的关系	
	元文性	附文本	诸如标题、前言和注释等	
		外文本	文本之外的相关文本	
	超文性		一篇文本的派生，通过简单或间接转换把一个文本从已有的文本中派生出来	
	统文性		同一类文本的结构和规范	
现代学者	具体		语篇中的话语有具体来源	这种分类涉及某一社会阶层或群体
	体裁		语篇中融合不同体裁、不同风格的话语	

二、语篇的互文性分析

（一）分析的困难

依据学者们对于互文性的分类，可以看出互文性在语篇的话语分析中占有重要的地位，能够在语篇的相互关系中对语篇的结构、功能、意义等方面进行分析和评价，但是这种分析也存在一定的困难。

1. 不稳定的语篇互文关系

对于某些语篇之间的关系，可以利用互文理论建构一种可信的语篇互文关系，然而面对不同的阅读者、不同的阅读时代、不同的知识背景、不同的阅读目的、不同的阅读兴趣，就会建构不同的互文关系。

2. 复杂的语篇表现形式

互文性是一种文化形态，不一定局限在特定语篇的特定的表现形式上，复杂的语篇反映形态，也就表现出不同的性质和不同的语篇实现形式。这种不明确的语篇空间，不利于人们有效利用，人们也有可能翻出以前的相关语篇进行互文性研究。因此互文性只有具体到某一语篇中，才具有可操作性，但是刻意地缩小语篇范围也就减弱了语篇的互文性能力。

（二）英语阅读教学中的互文性分析

从互文性分析英语阅读教学，涉及的面非常广，笔者只从以下三个方面来分析。

1. 细节

互文性分析的一个重要要求就是注重语篇的细节，要找到一篇引文作为阅读语篇和源语篇的关联，通过语篇之间语境的转换建立起互文分析的关键点，然后对比语篇之间的意识形态、语篇中的语义和张力，通过丰富的联想增强互文的效果，达到语篇互文的目的。

互文的细节性还表现为通过回声、明引、暗引等修辞手法，使语篇之间产生关系，依据语篇作者的写作意图和表达的情感，实现自己的交际意图。这种运用修辞手法的语篇互文，能够引发阅读者丰富的联想。

互文的细节性还表现在语篇所反映出来的文化背景中。在英语阅读中，学生要积极利用已有的英语国家的文化背景，进行语篇互文性比较，这样更容易接受语篇中的词汇、句子。

2. 体裁

语篇的基本特征之一就是体裁互文性，不同的社会意识形态不断地发展变化，也就产生了不同的语篇。不同体裁、不同题材的语篇之间互相借用不同的风格、不同的语域，相互交融，这就是所谓的语篇体裁的互文性。阅读者借助不同体裁的语篇风格实现自己的交际意图。

在英语阅读教学中，教师需要教授学生分析阅读文章的方式方法，不仅要分析语篇的语言风格，还要分析语篇的类型，还要注意语篇的多样性。在这种阅读教学中，教师就要充分利用语篇体裁的互文性，将各种体裁和题材的语篇融合在一起，这样的互文性阅读过程让学生感到很新鲜，也就提高了学生英语阅读的兴趣。

3. 媒介

媒介互文性主要体现为通过各种文字、声像等物质媒介来创造互文性的效果。现代社会多媒体技术与网络信息技术的高度发展，为大学英语语篇的互文性表达提供了广阔的空间。多媒体教学极大地调动了学生学习的积极性，适应了"00后"大学生的心理特点和差异化的个性发展特点，他们伴随着互联网成长，互联网已经全面嵌入他们社会生活的方方面面，对他们获取知识和人际交往有着重要的影响。当代大学生对外界事物的认知开放性更高、怀疑性更强、好奇心和求知欲更浓烈，这些特性导致他们更有主见、更不受束缚、更喜欢创新。

（1）多媒体环境下的师生关系

多媒体技术也给英语课堂教学中的师生关系带来了转变。多媒体技术的应用改变了传统教学模式下的师生关系，如图5-2所示。

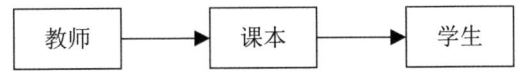

图 5-2 传统教学模式下的师生关系

信息技术、计算机辅助下的师生关系如图5-3所示，教师、学生、教学内容和计算机是四个基本的要素，他们之间相互联系，是一种科学、合理、和谐的关系。

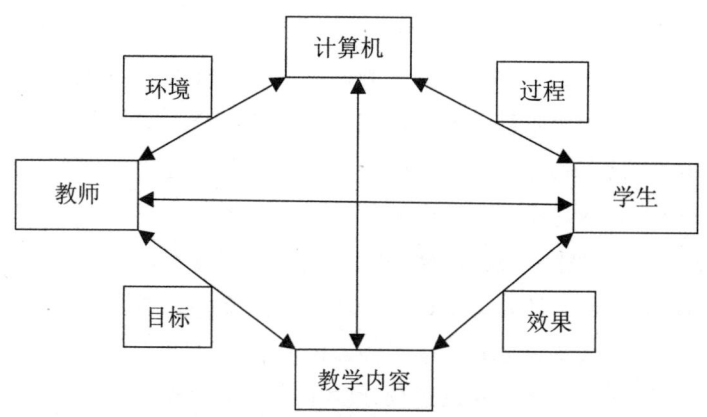

图 5-3 多媒体环境下的师生关系

教学中以学生为中心，学生是课堂的主角，教师指导着整个教学活动的过程，同时也是教学活动的组织者。教师要积极研究融合优质课程资源，要学会用多媒体、教学平台、人工智能来进行教学，注重能力教育，改变教育方式、教育环境。

（2）互文性对英语教学的启示

媒介互文性运用于英语教学中，主要体现在以下两个方面。

①英语教材。传统的英语教材虽然图文并茂，但是对于声音和图像的需求就没有办法做到了。教材的编写与设计也不能适应学生的个性化需求。随着网络信息化时代的到来，多媒体英语课件实现了英语教材的互文性。

②英语教学手段。多媒体课件也创新了高校英语教学手段，多媒体技术下的英语教学可以充分利用现代信息技术的优势，完成高校英语教学任务，培养大学生英语人才，推动大学生素质教育。教师利用教学平台或多媒体教学手段，用形象生动的英语情境教学激起学生学习英语的兴趣。

第四节　阅读模式理论

一、阅读模式理论概述

阅读模式理论是随着心理学、语言学和教育学等相关学科的发展逐步演变过来的。人们获取信息的重要方式之一就是阅读材料，阅读者能够从认识和理解阅读材料的语言符号中，识别文章中的词汇、句子和语篇传递的信息，了解文章所要表达的意义。人类知识的大量获得也是通过阅读活动来实现的，阅读也是人类传递信息的主要途径。

在这样的背景下，学者们广泛重视对阅读理解的研究，各种阅读理论和阅读模式也逐渐被研究出来。阅读模式理论的确立和发展为人们能深入地认识和研究阅读理解过程提供了理论依据。

二、阅读教学模式

阅读教学中我们常采用的教学模式主要有以下三种。

（一）自下而上模式

这种教学模式下的阅读教学，从介绍生词和新的句子结构开始。在学生记住了生词、了解了新的句子结构之后，教师带着学生逐句逐段地理解文章。接着，教师让学生回答阅读理解问题，朗读课文。这种模式的教学过程基本是从理解单词开始，到理解词组、理解句子、理解段落，最后是理解全文。

（二）自上而下模式

自上而下的模式认为人们的背景知识在阅读理解中起着更为重要的作用。如果读者能够充分运用已有的背景知识，则能够更好地理解文章；相反，如果读者对阅读的文章话题毫无了解，即便认识文章中的每一个字，也不一定能理解文章的意思。因此，自上而下模式的教学通常先介绍相关的背景知识，以便于学生在阅读时更好地猜测文章意思，从而促进理解。

（三）互动模式

现在的教学理论认为，阅读是一个读者和文本之间交互的过程。阅读时，读者从文章中获取、理解并重组信息。阅读的过程中文本和读者共同起着作用，两者相互影响、相互补充。如果读者对文本的话题没有任何背景知识，那么他的阅读理解就要更多依靠于语言知识和阅读策略；如果读者没有掌握丰富的语言知识和一定的阅读策略，那么他的阅读理解就要更多依靠相关背景知识。也就是说，语言知识和阅读技能是阅读理解的基础，读者的背景知识是阅读理解的重要影响因素。基于这个模式，阅读教学过程可以分为如下三个阶段，在这三个阶段里，自下而上和自上而下的教学模式可以相互结合运用。

1. 读前阶段

读前阶段的活动是指在学生仔细阅读文章之前进行的活动，这些活动可以引入话题，分享相关背景知识，激发学生的阅读兴趣，让学生做好必要的语言准备。这些活动的目的是帮助学生更好地完成读中阶段的活动。

2. 读中阶段

读中阶段的活动是指学生在阅读过程中进行的活动。这些活动旨在促进学生对文章的理解，提高学生的阅读技能。特别要指出的是，一些常见的阅读活动，如做单选题、判断正误题，以及翻译句子等，其实是对阅读理解结果的检测。而事实上，读中活动要关注的是阅读理解的过程，而不是阅读理解的结果。

3. 读后阶段

读后阶段的活动是指学生在阅读过程结束后进行的活动。这些活动既要与所读的文章相关，也要适合学生的水平。读后阶段的活动要让学生把在阅读中学到的东西与他们原有的知识结合起来，让学生基于所学运用语言。

三、阅读模式理论对大学英语阅读教学的启发

（一）培养综合分析的能力

阅读的过程就是认知的过程，阅读理解就是阅读者已有知识与阅读材料中的信息相互作用的过程。大学英语阅读的过程就是大学生运用学到的已有的英语语言知识和非语言知识对阅读材料进行认知、判断、分析等综合的思维活动的过程。英语阅读不要仅仅停留在英语单词、词汇的语言符号的认识层面上，而要运用相关背景文化知识理解篇章意义，进行猜测、推断、概括等综合分析，提高学生的英语综合分析、运用能力。

但是在很多情况下，由于学生对英语语言的获取有限，不能真正理解文章中英语国家浓厚的文化特色、风俗习惯和宗教信仰；再由于英语的专业特色，学生在英语阅读理解的过程中出现了阅读障碍，不能从篇章中获取有效的信息。

因此大学生要培养积极有效的阅读技巧，储备丰富的英语国家文化背景知识，这样就能在语言信息和背景知识的相互作用下综合分析英语文章，深层次理解篇章意义，全面提高自身的综合素质。

（二）培养获取信息的能力

在大学英语阅读教学中，还要培养学生的各种语言技能，使他们在阅读中获取各种文化信息。学生获取信息的能力要从以下五方面进行培养：①获取英语单词和句子的短时记忆。②整合短时记忆中的信息，并将信息相互联系、整合，来获取篇章的整体意义。③加大英语信息输入的数量和速度，扩大学生的信息容量。④大量阅读各种题材和体裁的英语文章，建立英语语感，培养自动化辨认词汇、语法和篇章等语言技能，理解语篇意义。⑤加大课堂教学中英语语言

材料的输入,将词义、句法教学和语篇教学融合起来,培养学生的语篇阅读能力。

(三)培养自主阅读的能力

在英语阅读教学中,教师要充分发挥学生的阅读主体作用,进行阅读指导,教授学生阅读策略和阅读方法,让学生主动参与到阅读活动中。教师要根据学生的个体学习需要明确英语阅读教学目标,优化英语阅读教学内容,合理安排英语阅读教学过程,适应高校英语教学的总体目标。

英语阅读涉及的内容应该和社会热点以及科学技术新进展等紧密相连,题材多样化,范围广泛,有益于促进学生思维的发展。另外,阅读内容也可涵盖现代生活等方面,让学生在阅读中适当地了解异域文化。同时,选择一批优秀的外国文学著作以及各类体裁的阅读资料进行辅助阅读。这样才能调动学生阅读的积极性和主动性,实现阅读感知—阅读理解—阅读运用的过程,帮助学生自主建构英语知识体系,提高学生自主解决问题的能力,活跃课堂教学氛围,培养学生良好的英语阅读习惯,提高学生的自主阅读能力。

第五节 建构主义理论

一、建构主义理论概述

(一)建构主义理论内涵

建构主义理论内涵主要包括以下几方面的内容。

第一,建构主义认为学习是学习者主动学习建构的过程,具有主观能动性,不是强加的、简单的信息输入。

第二,学习者的学习因人而异,由于他们各自的学习背景不同、获取知识的渠道也不同,学习者对不同的事物会有不同的理解,甚至对同一事物在不同的时期也会有不同的见解,所以学习者的原有知识和经验是有差别的。

第三,在对新知识进行学习建构时,有的学习者在原有知识的基础上对新知识进行理解;有的对自己原有经验进行改造和重组;有的主动学习建构新知识信息;有的则通过对新知识的认识与原有的知识经验相互作用。

第四,建构主义强调学生学习的积极主动性,学习者获得知识的过程取决于学习者独特的知识背景、原有知识结构、心理结构、经验的多少和学习者自身对学习的信念和坚持,而不是取决于学习者对教师教授的知识内容的简单记忆和背诵。

第五,建构主义针对在过去传统的教学中学生学习知识的片面性,提出了缩小学习与现实生活的差距、广泛而灵活地运用知识的观点。建构主义作为学习者的一种认知方式在欧美国家存在。

第六,建构主义和行为主义及认知主义都是互相联系而又有区别的,建构主义是行为主义的基础。行为主义的学习是通过不断的刺激(教师把知识传递给学习者)进而产生反应(学习者理解并学习教师所传授的知识)的一个过程,完全忽略了学习者接受知识的心理过程;认知主义的学习是在已有知识的基础上获得新知识的过程;而建构主义学习的过程是教师引导学生积极主动地学习建构新的知识和经验的双向互动的过程。

随着教育国际化脚步的加快,国家需要优秀的国际型人才,而传统的课堂教育因为缺少乐趣,对学生没有吸引力,学生的创新能力也不能被有效发掘,因此,无法满足社会的要求,一种新型的教育理论和教育方式亟待发现。自20世纪90年代,建构主义理论的提出得到了重点关注,传统的教育理论逐渐被这种新型的理论所替代。

(二)建构主义教育理论的主要观点

在国际教育领域的理论和实践中,建构主义理论具有至关重要的作用。在新一轮课程改革中,它作为现代教育理论的依据之一,是对传统教育理论的挑战。建构主义认为知识的获得并不是依靠教师的传授,教师在教学中的角色只是组织者和帮助者,知识是通过学生的主动建构来获取的,学生才是学习的中心。

建构主义教学中包含的内容,如图5-4所示。建构主义的知识观、学习观的指导作用和实践意义是非常重要的,其不断地引发教育工作者在教育的道路上进行思考和探索。

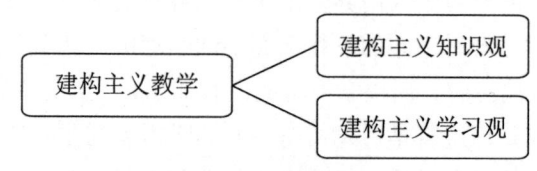

图 5-4　建构主义教学

1.建构主义的知识观

建构主义者强调知识的动态性,知识是人们对客观世界的总结和概括,而不是事实本身。因此我们在面对具体的问题时,要根据问题所反映出来的实质来分析解决,根据现有的知识结构进行再加工创造。

知识的建构是指人在面临新的事物、信息、现象、问题时，在这种特定的情境中，会根据其中的一些线索，将自己头脑中以前的经验调动出来，用于解释这些新信息，对这些新问题进行解答，并赋予它们意义。在建构主义看来，课本知识只是较为可靠地解释或假设某种现象，并不能作为"绝对参照"来解释现实世界。学生在学习过程中不仅要理解新知识，而且要分析、检验和批判新知识。

这种知识观对教师和学生都提出了新的要求，这反映到我们的英语学习中，就是学习英语不能死记硬背单词和课文，不同的学习者根据自身知识水平的不同就会有不同的英语学习方法。教师对学校英语课程的教育教学方法要不断地研究和探索，英语教学是对语言知识的传授和学习。建构主义知识观认为语言学习是学习者主动建构知识的过程。它提倡教师要将学生放在中心位置，并且能善于运用各种教学手段和方式来组织和引导学生，比如情境教学、问题教学、协作教学等，以帮助学生在学习英语知识的过程中更具有有效性和灵活性。

建构主义知识观主要阐述的内容为：①知识性。人对客观特质世界的假设和推测。②情境性。学生的学习应该在真实情境下进行。对于英语学习而言，尤其强调学生要亲身参与到课堂活动中，讲究实际运用、自我体会和实践。③群体性。建构主义知识观认为社会互动的过程即为学习。

2. 建构主义的学习观

在教学过程中，学生获取知识并非通过教师的传授，教师在其中只是扮演指导者和参与者的角色，主体还是学生，在一定的情境下，他们运用学习资源，借助各种学习策略和学习方式，通过意义建构的方式来获得知识。

每个人对知识的理解因其所处的学习情境和已有的经验不同而存在着一定的差异，并且具有多元性。受到社会性相互作用的影响，学生的知识建构也会发生变化。同时，学生间的互相交流能够发散学生的思维，知识的建构也能从多个角度得到开发。教师在进行跨文化传播的英语教学时，不同语言和文化相互交融，能够让学生的知识体系、文化体系和价值体系在建构过程中吸收这些知识，并通过对不同真实情境的模拟教学来掌握正确应用英语的能力。

建构主义的学习模式可以用如图5-5所示的模式图来表示。

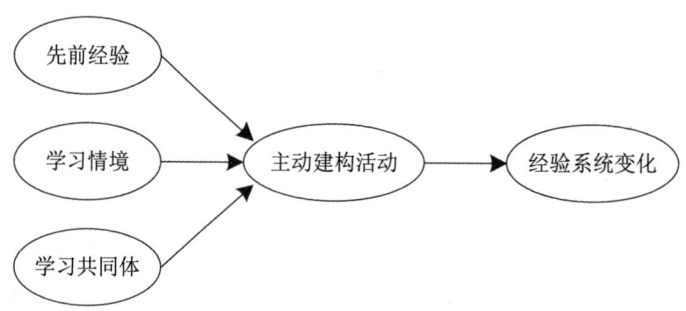

图 5-5 建构主义学习模式

（1）学习是认知结构的改变过程

建构主义认为个体的学习过程是一个双向建构的过程。学习过程主要涉及两种机制：同化和顺应。在这个过程中，新旧经验之间相互作用，而并非简单地输入、存储和提取知识信息。学生在学习新知识时，要从旧知识中提取与之一致的相关知识来同化新知识，同时要关注新旧知识之间的联系，如果出现冲突，要想方设法进行调整、解决，并做出改变。

（2）学习是个体主动建构自己知识的过程

虽然不同的建构主义者有着不同的倾向，他们对学习也有不同的关注，有的对个体与物理环境的交互作用重点关心，有的则对个体与社会环境的相互作用较为关心，但是在他们眼中学习都是一个意义建构的过程，知识建构都是以新旧知识经验的相互作用来进行的。

（3）学习环境设计的四大要素

学习环境设计有四大要素，如图 5-6 所示。建构主义认为，学习者获取知识是在社会文化背景即一定的情境下，利用一些学习资料，在教师和学习伙伴的帮助下，通过意义建构的方式而获得的，而不是由教师的传授获取的。

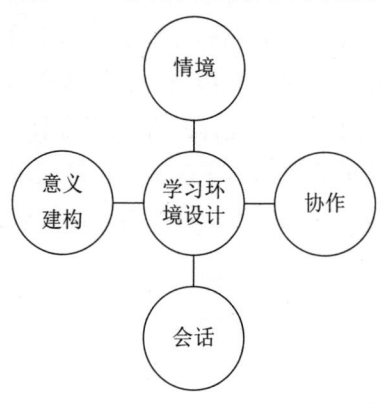

图 5-6 学习环境设计的四大要素

语言环境对于英语学习也是非常重要的。一门语言的学习，必须要在语言环境中进行。在英语教学过程中，教师要努力创造英语学习的环境，用高科技媒体把英语教学通过动画、影视等动态逼真的形式展示给学生，使学生身临其境地感受英语语言的魅力。

（4）建构主义学习观在英语教学中的体现

建构主义学习观在英语教学中得到了比较好的体现，特别是多媒体技术的广泛运用，使得教师能够创设良好的英语语言环境，有利于学生的知识建构。大学生已经建立了自己的学习观，他们在进行英语学习和理解英语学科时，都会根据自身的文化教育背景和自己的经验来理解和建构新的知识和信息。也就是说，在学习中学生不是被动地建构知识信息，而是主动地去学习和建构自己的英语知识信息。学生对新的英语知识进行建构是建立在新旧知识经验相互作用的基础上的。

在课堂教学中，教学内容能够通过多媒体的运用，得到多层次、多维度的展现。对学生的语言运用能力的培养是英语教学应该关注的内容，而在教学中加入多媒体进行辅助恰好为学生的学习创设了合适的情境，能够让学生建立自信心，主动地进行英语知识意义的获得和建构。建构主义学习理论指导下的英语教学可以用图 5-7 表示。

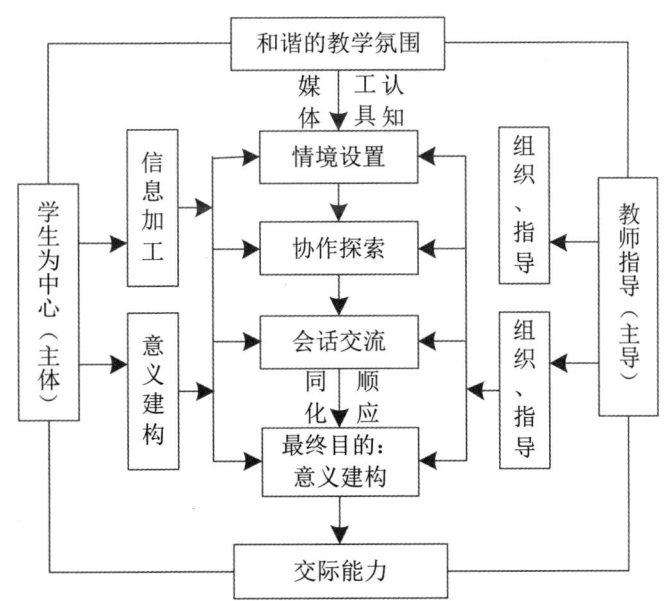

图 5-7 建构主义学习理论指导下的英语教学

二、建构主义理论下的探究式教学模式

（一）探究式教学模式的内涵

建构主义是在儿童认知发展理论的基础上产生的，是以学生为中心的知识意义的主动建构过程。学生是积极的知识建构的个体；教师在这个学习过程中要组织和引导学生的学习，帮助学生建构知识。这种理论思想和传统的学习理论是完全不同的，因此它要求教学过程也要逐步改进，形成新的教学理论，开展探究式教学模式。

在现代化教学中，教学已经转变为教师、学生、教材和多媒体四大要素。这四个要素在教学过程中互相联系但又发挥着完全不同的作用，这就构成了建构主义的探究式教学模式。传统教学是以教师讲解课本为中心的，学生被动地接受知识；而建构主义倡导的探究式教学模式以学习者高效、主动地在情境中学习为中心，教师在教学过程当中主要起指导和帮助的作用。

在2007年的《大学英语课程教学要求》和2010年的《国家中长期教育改革和发展规划纲要（2010—2020年）》中都提到高校要充分利用现代信息技术，改进英语教学模式，体现出英语教学的实用性、知识性和趣味性；要调动教师和学生的双向积极性，在教学过程中以学生为主体、教师起到主导作用；要深化教育体制改革，创新人才培养模式。探究式教学模式也成为高校教育教学模式改革创新的主要途径，被运用到多种学科课程教学的实践中。英语教学中也积极倡导和推广这种教学模式，并取得了一定的成功经验。

探究式教学是以"自主、探究、合作"为特征的教与学的方式，学生对将要学习的课程内容知识在课前进行自主学习，在课堂上教师组织学生以小组形式深入地对问题进行探讨、研究、沟通、交流，对知识进行巩固和理解，从而实现英语课程教学目标，达到学生认知方面和情感方面的双重提高。这就是高校探究式教学模式的内涵，具体体现在如下两个方面。

1. 认知目标的探究

英语课程课内认知的目标，就是在我们的英语教学和学习中，教师在讲授英语新课程新知识的时候，要以学生现有的英语知识水平为基础，建构学生有效学习英语的基本知识框架，把学习内容引入某个具体的问题情境中，引导学生独立自主地学习英语。

2. 情感目标的探究

高校情感目标的探究，是要培养学生健康的情感、科学正确的价值观、优

秀的思想道德，培养能适应现代化建设发展的具有综合素质的人才。我国现在正处在信息化和经济全球化的时代，网络信息化已经融入我们社会生活的各个方面，深刻地影响了人们的认识观念和生产生活方式。作为高校的学生，思想政治道德建设要与信息化时代相适应，贯彻执行"四个全面"战略思想。学生思想道德教育是与时俱进、紧扣时代脉搏的教育，必须要坚持正确的政治方向，强化马克思主义的价值引领，坚持"立德树人"的教学方向，培养具有中国特色社会主义现代化强国意识的大学生接班人。学生不仅要掌握必备的基础知识，还要掌握专业的知识和技能，具有健康的职业理想、良好的职业道德，具有开拓实践创新能力和创业能力。

（二）探究式教学模式的特征

在深入了解探究式教学模式内涵的基础上，笔者总结出了探究式教学模式的基本特征：发挥学生在学习过程中的主体地位和教师在教学过程中的主导作用，提高教与学的质量与效率。

1. 教师的主导作用

在高校英语课程教学的过程中，采用"自主、探究、合作"的探究式教学模式，要全面发挥教师在英语教学过程中的主导作用。在学生自主学习和探究的基础上，教师要激发学生的学习动机、指导组织学生学习、创设良好的课堂氛围并对学习过程进行探究性评价。

（1）激发学习动机

学习中的知识点是教学的中心，教学过程也是围绕知识点进行的。知识是人们对客观世界的总结和概括，而不是事实本身。因此我们在面对具体的问题时，要根据问题所反映出来的实质来分析解决，根据现有的知识结构进行再加工创造。

这种知识观对教师和学生都提出了新的要求，这反映到我们的英语学习中，就是学习英语不能死记硬背单词和课文，不同的学习者根据知识水平的不同就会有不同的英语学习方法。教师要根据教学目标和进度来激励学生主动参与到教学过程中，根据个性化的学生需求进行个性化的学习指导，使得学生在相互信任的学习气氛中投入学习中去。

（2）组织学生学习

大学生已经建立了自己的学习观，学生在进行英语学习和理解英语学科时，都会根据自身的文化教育背景和自己的经验来理解和建构新的知识和信息。也就是说，在学习中学生不是被动地建构知识信息，而是主动地学习和建构自己的英语知识信息。

建构主义始终强调个体学习者的重要性，他们认为协作学习的重点是要以学生为中心，在学习获取新知识的过程中，学习者之间进行必要的沟通协作，形成共同学习的知识建构，并进行最终的学习评价。

（3）设计学习环境

教师应当利用英语情境创设出有利于学生学习英语的环境，调动起英语学习者的热情，使学生能够主动积极地参与英语教学活动。

（4）探究评价过程

在英语课程探究性学习之后，教师还要进行评价和反馈。教师要积极引导学生在英语教学会话中进行平等的交流学习，帮助学生提高自己的认识，全面透彻、深入细致地学习和把握英语课程的内容。

2. 学生的主体地位

在实际的课内教学过程中，学生可以体现出主体地位的学习体验有以下几方面。①自主学习英语课程相关的知识内容。②探究发现英语学习的方法、技巧。③在团体合作中体验学习的乐趣。④积极参与课内学习。⑤进行英语学习的自我评价。⑥分享自己在英语学习中的观点和经验。⑦知识总结。

（三）探究式教学模式的实施步骤

1. 创设情境

知识是在社会活动、文化背景等不同的情境下产生的，知识也会随着社会经济、科技的进步发展不断地升级，因此我们在学习过程中对知识的学习要在相应的情境中进行。情境也具有学习材料生活化、学习环境社会化的特点，只有在情境中获取的知识才能有效地解决实际问题。

教师要通过各种方法创设出与当前英语学习内容相关的情境，切入教学的主题，这样才能够激发学生的自主学习和自主探究的兴趣。创设情境包括设置用当前所学知识能够解决的问题；利用多媒体播放英语学习主题的学习视频；在教学中引入典型的案例；设计与学习内容相关的生活情境。

2. 启发思考

学生进入教师创设的情境中进行学习的时候，教师要针对当前学习的知识点提出有启发性的问题，给出解决问题的学习资源、具体建议和认知工具，指导学生认真分析、思考这些问题，结合创设的情境深入学习和掌握基础理论知识和英语学习技能，形成对当前所学知识的初步探究方案。学生在这样的课堂教学中，明确了当前的学习任务，提高了解决问题的能力，能够有效地完成课堂学习。

3. 自主学习

学生的自主学习是英语学习中的核心内容。在信息化背景下，学生可以利用多媒体信息技术获取相关的学习资源，自主探究与知识点相关的问题。随着互联网信息化时代的到来，各种网上教育培训也层出不穷地出现在我们的视野中，高校学生也有了更多的认知工具可以进行选择，如远程教育、网络课程、微课、各种App学习资源等。学生的自主学习与探究活动一般包括以下步骤：利用网络认知工具收集信息；分析、加工和评价获得的信息；完成对所学知识的自主建构；记忆和深入理解所学知识；总结探究所学知识。

4. 协作交流

在学生自主学习与探究的基础上，教师要组织学生进行集体讨论或者分组讨论，共享学习资源、学习策略和学习成果，这时候教师还要提供协作交流的工具，指导和参与学生的讨论和交流，共同解决学习中出现的分歧。学生要进一步深化认识，理解当前所学的知识，掌握更多的学习方法和技巧，增强学生的集体团队意识和集体荣誉感，增强合作意识，增强相互间的了解和认识。

协作交流教学过程是师生互动的过程，是学生之间共同学习、共同进步的过程。协作交流可以培养学生自主学习、合作学习的良好习惯，提升学生的整体素养，增强学生的社会责任感，形成正确的理想信念和良好的道德品质。

5. 总结提高

对课内学习的总结提高，是探究式教学模式实施的最后一个步骤。教师和学生都要对所学的知识和技能进行总结探究和提高认识，补充遗漏的知识点，达到教学目标的要求，提高学生的学习效果。

（1）教师总结内容

教师要点评学生的学习情况、拓展知识内容、创设拓展知识的相关情境并提出拓展问题，让学生利用已经学习的知识去解决具体的实际问题。

（2）学生总结内容

学生要对所学知识进行总结；总结在小组讨论中的问题；进行反思和自我评价；完成同学之间的相互评价；完成教师布置的拓展知识的问题、作品；完成教师布置的临时任务。

三、建构主义理论对英语阅读教学的启示

英语学习中阅读是主要任务之一，同时，人们获取知识的主要途径也是阅读。一个人的听、说、读、写等能力的发展会受到阅读理解能力的影响。读者在阅读中并不是简单地接收信息，处于被动状态，而是将文中的各种信息和个人的经验和知识相结合，形成一种推断或者期待，然后在阅读中努力证实或否定这些推断或期待。因而阅读的本质也正是建构意义，阅读的过程正是建构意义变化的过程。

教师在英语阅读教学中应该对不同的文章进行有针对性的联系，帮助学生总结各种阅读策略和技巧，让学生能够把握文章的主旨大意，建构文章主题，同时对学生进行针对性的训练，培养他们总结、概括和综合理解的能力。

第六章　大学英语阅读教学与方法

在大学英语教学中阅读教学是非常重要的一部分内容。随着学生词汇量的上升，英语阅读的难度也在逐渐增加，英语阅读教学方法也就变得十分重要了。本章分为体裁教学法、任务型教学法、语类教学法、支架式教学法四个部分。主要内容包括：体裁教学法概述、体裁教学法在大学英语阅读教学中的应用、任务型教学法概述、任务型教学法的理论基础、语类教学法概述、语类教学法在大学英语阅读教学中的应用、支架式教学法概述、基于支架式教学法的双向模块阅读法等。

第一节　体裁教学法

一、体裁的内涵

"体裁"一词最早被运用在文学和修辞学等语言学研究领域。根据专业语言学和职业交际的发展，人们对体裁的研究越来越多，在研究体裁和体裁分析的基础之上，逐渐出现了体裁教学法。

对于体裁研究和体裁分析，不同的学者和学派有不同的观点，如表6-1所示。

表 6-1　有关体裁的不同观点

学派	代表人物	观点	体裁本质的共同之处
斯维尔斯学派	斯韦尔斯	体裁是包括具有共同交际目的的一组交际事件	①交际目的决定体裁的存在；②体裁的常规性和制约性；③同一体裁的语篇之间存在差异性
	巴蒂亚	对斯维尔斯的体裁观点进一步阐述	
	秦秀白	①体裁是一种可辨认的交际事件，交际目的是区分语篇体裁最重要的标准；②体裁是一组内部结构特征鲜明，高度约定俗成的交际事件；③建构语篇时要遵循某种特定体裁所要求的惯例；④在体裁规定的框架内传达个人的意图或交际目的	
澳大利亚学派	马丁	①体裁与语场、语旨和语式这三个变量配置所产生的总体目标密切相关；②体裁是一种有步骤的、以交际目的为导向的社会过程；③语域和体裁本身都是隐含的符号系统，语域是情境语境，包含语场、语旨、语式三个变量；体裁是文化语境，由语域实现，语域又由语言实现	
	哈森	①体裁是语篇的类型，体裁的确定主要取决于语场；②可以交换使用体裁、语域和语篇类型	

二、体裁教学法概述

（一）体裁教学法的定义及特点

体裁教学法是建立在对语篇体裁分析的基础之上的，在课堂教学中运用体裁和体裁分析理论、围绕语篇的图式结构进行教学活动。基于体裁教学法的定义，这种教学法有三个特点：①体裁不同的语篇，有着不同的篇章结构，有着不同的交际目的。②语篇是一种社会意义的建构。③语篇的图式结构和建构过程，能够帮助学生理解语篇意义，从而达到语篇写作要求。因此，教师要在课堂教学过程中让学生充分了解和认识语篇的体裁分析。

（二）体裁教学法的流派

体裁教学法在国外主要有三个流派，如表 6-2 所示。

表 6-2　体裁教学法的流派

流派	主要内容
ESP 和 EAP 领域	引导学生掌握语篇的文体特征、语篇的谋篇、语篇的布局、语篇分析的出发点
新修辞学派	帮助人们了解特定体裁的使用场合、社会功能
澳大利亚学派	师生共同参与教学活动，指导学生的写作实践

（三）体裁教学法在阅读教学中的运用

把体裁教学法运用到阅读教学中，可以引导学生分析特定阅读体裁的语篇结构，在阅读理解的教学活动中充分利用体裁分析的方法，增强学生的阅读技巧，提高学生的阅读速度。

体裁教学法运用到阅读教学中，其主要教学步骤如图 6-1 所示。

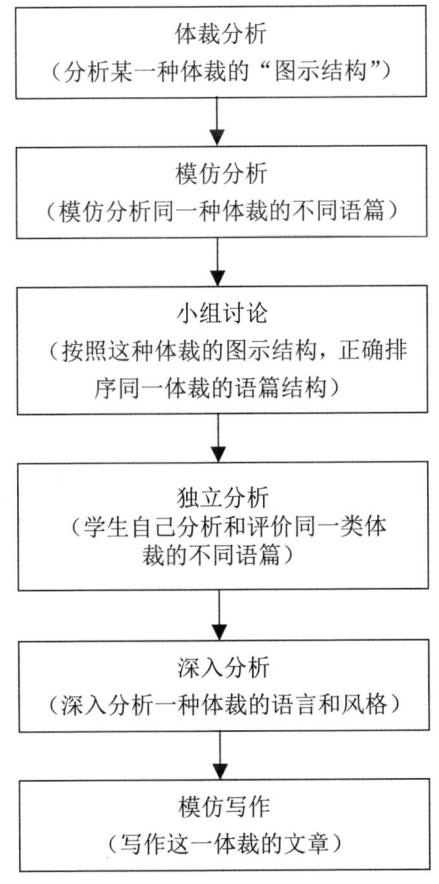

图 6-1　运用体裁教学法的阅读教学步骤

大学生已经具备了一定的英语词汇、语法知识和基本的语篇结构知识,因此在对大学生的英语阅读教学中,应该充分运用体裁教学法,使学生能分辨出阅读文章的体裁,了解不同体裁的文章有着不同的要素、不同的语言风格、不同的语篇结构和不同的交际目的。这样学生在阅读同类型体裁的文章时就会有这种体裁的图式结构,可以充满自信地进入阅读状态,提高英语阅读效率。

运用体裁教学法进行英语阅读教学,能使学生掌握相对稳定的、可以借鉴的语篇模式,从而增加其阅读同类体裁语篇的信心,提高其阅读理解能力及阅读速度。

第二节 任务型教学法

一、任务型教学法概述

(一)任务概述

1.定义

基于对任务的不同理解,学者们对于任务的定义也有不同的观点,如表6-3所示。

表6-3 任务的不同定义

学者	观点
努南 (语言学)	产出或互动,其关注点主要放在意义而非形式上
威利斯 (语言学)	任务指为了达到某一结果或学习者出于交际的目的而运用语言
斯凯恩 (外语教学法)	任务是一种活动,在这种活动中,意义是首要的,有某些交际问题需要解决,与真实的活动有某种联系,以结果作为任务的评价
J.李 (教学法)	任务是一次课堂活动或练习,包括:①一个只有通过参加者之间的交际才能达到的目的;②组织和编排交际的自然过程;③注重意义交流;④当学习者实施某一套学习计划时,需要学习者理解、操练和使用目的语的一次语言学习尝试
斯凯恩和斯温 (应用语言学)	任务指需要学习者在注重语言意义的基础上运用语言来达到目的的一项活动
伊利斯 (二语习得)	任务是指以意义为中心的语言运用活动

续表

学者	观点
庞继贤 （应用语言学）	所谓任务，简而言之，就是做事

综合以上不同的学者对于任务的不同理解，在高校教学中的任务就是学生为了完成某项学习、实现某项语言学习目标而进行的有目的的语言学习活动。任务的共同点为：①目标性；②一种学习活动；③任务的设定和完成，有一定的语言使用意义和一定的标志性结果。

2. 特点

任务的特点主要体现在五个方面：①接近现实生活中的各种活动；②完成有意义的活动；③解决某个实际问题；④通过"做事情"来完成任务；⑤既看结果更看过程的绩效评定。

3. 任务设计原则

（1）真实性

任务的设计不能脱离真实性，要以客观现实为参照物。在高校教学过程中，任务设计首先要体现出真实性，要与学生的日常生活紧密结合，在学生的社会交际活动中也能接触到的任务；任务设计的场景也要贴近学生的真实生活；任务过程中学生个体或者任务小组成员之间可以通过交流沟通的方式进行学习；任务过程中也要伴随着真实性评价，鼓励和监督学生任务的顺利、按时完成。

（2）过程性

教学中要重视任务的过程性，注意学生在完成任务过程中的表现方式、完成方法，这样就可以调动学生完成任务的积极性。

（3）趣味性

有趣的课堂交际活动能有效地激发学习者的学习动机，使学习者主动参与学习。教师在设计任务型教学活动时，要注意活动的趣味性，活动的内容也要丰富多彩，要体现鲜明的时代特征和生活气息，使学生乐于参与到课堂当中来，最终达到完成任务的目的。当然，设计的任务也要具有一定的挑战性，这样才能激起学习者持续学习的兴趣，使其语言能力在交际中不知不觉地得到锻炼和提高。

（二）任务型教学法概述

1. 概述

任务型教学法（Task-based Language Teaching）是20世纪80年代有重要影响的教学理论。这种教学理论把语言应用的基本理念转化为具有实践意义的课堂教学模式，这是理论与实践的一个重要结合。采用任务型教学法就是要设计各种各样的活动，为学生提供尽可能多的机会，使学生尝试使用真实的、有意义的语言，在完成任务的过程中使学生的语言能力得到不同程度的提高。

2. 任务型教学活动的分类

任务型教学活动可以分为三大类：①信息沟通活动，即信息的传递功能。②观点表达活动，即在完成任务的过程中，学生的喜好、兴趣、个性特征能够表达出来。③推理活动，即学生从任务教学活动中，获取到有效信息，锻炼学生的逻辑思维和推理判断能力。

这些活动的设计都要遵循从简单到复杂、从易到难、循序渐进的原则。其中，推理活动最能体现创造性，最受欢迎。

3. 任务型教学法的环节

一般来说，任务型教学法主要包括以下环节：①导入。导入环节主要是对英语学习氛围的创设，通过播放英文歌曲或与英语相关的视频将学生的注意力吸引过来，从而引入教学内容，让学生明确自己本节课所要学习的内容。②前任务。在前任务环节中，教师要将学习任务中所需要的语言知识呈现给学生，对任务要求、任务实施步骤进行系统的介绍。③任务环节。在任务环节中，教师可以让学生以个人或小组的形式解决教师给出的各种小任务，学生在解决这些任务时要合理地运用自己所学的各种语言知识，从而对所学知识进行熟练地掌握。④后任务。在后任务环节中，各小组要将任务结果展示给全班同学，学生运用自评或小组互评的方式对这些任务结果进行评价，最后由教师进行总结。⑤作业。这是教学的最终环节，教师以课堂任务的内容为依据布置相关练习，学生可以采取个人形式或小组形式完成练习。

二、任务型教学法的理论基础

（一）输出驱动假设

1. 理论概述

输出驱动假设是我国英语教育专家文秋芳提出的。该理论以斯温提出的输出假设为重要的理论基础，但又有所突破。众所周知，20世纪80年代中期出现了三个重要的二语习得理论：克拉申的输入假设、斯温的输出假设和迈克尔·朗的互动假设。

克拉申的输入假设认为二语能力的获得取决于学习者的输入信息，同一时期，朗提出的互动假设强调语言习得中的互动，即意义的协商是第二语言习得中的一个必要条件。

而斯温提出的输出假设则对克拉申的输入假设提出了挑战，指出了输出在语言习得过程中的重要作用，认为输出可以检验和提高学习者的语言流利性和自动化程度，增强学习者的语言意识，培养学习者对元语言的反思。

输出驱动假设理论以斯温的输出假设为理论基础，但两种假设又有明显的不同。输出驱动假设对斯温所提出的以输入促进输出、学习者的听说读写译能力全面均衡发展的教学目标都提出了挑战。输出驱动假设的观点包括：①输出需要外语学习者有更多的内驱力，可以激发学生学习语言的兴趣，还能促进对语言知识的灵活应用。②培养学生的听、说、读、写、译等英语语言技能作为教学的显性考核目标，更能符合社会对外语人才的需求。③输出作为外语教学设计和教学活动的目标。④与先输入后输出的理论相比，输出更能激发学生学习语言的积极性，能取得更好的教学效果。⑤培养学生将来的就业能力，选择性的学习自身需要的语言能力，而不一定面面俱到地同时发展各种语言能力。⑥提出输入能为输出提供思想内容、语言知识和语篇结构知识。

2. 英语阅读教学案例

例如，"英文影视教程"这门课程是基于美国课程之父拉尔夫·泰勒提出的课程四要素——教学目标、教学内容、教学流程和教学评价的基础之上的，教学设计中的各个环节也关联着教学系统中的教师、学生、教材、环境等关键因素，对学生的学习过程和学习效果起到了关键作用。

（1）教学目标

①借助多媒体英语教学手段，结合英语课程的课堂教学内容，建立起在线教学管理平台。②借助多媒体教学手段，丰富了学生的英语听、说、读、写、译的学习资源和学习环境，在重点掌握英语说、写的语言技能基础上，培养学生的语言综合运用能力，培养高质量的复合型人才。③通过观赏各个英语国家的英文电影，丰富学生对西方国家的社会、文化、民族等多元化知识的认识，了解不同时空、不同地域的语言文化，提高学生的电影艺术鉴赏能力、综合素

质、文化自信、跨文化意识和人文素养。④提高学生分析问题、解决问题的能力，增强学生进行语言学习的自觉性和主动性。

（2）教学内容

教学内容根据教学主题而定，根据每一部教学电影中涉及的社会文化主题确定课程的教学内容，每个教学单元会安排不同的电影片段，也会设计不同的学习主题，会根据电影主题内容学习国内外重要的社会问题、国际社会关注的热点问题，也会有关于中外哲学、历史文化以及伦理道德方面的电影主题教学，提高学生运用英语知识和英语学习技能，开展跨文化交际的能力，培养具有国际视野的创新型英语人才。

（3）教学流程

"英文影视教程"的教学流程是针对教学目标和教学内容的要求，实施教学的过程，全面提高学生英语听、说、读、写、译的能力。教学流程中主要包括以下四个教与学的环节。

①输出任务。信息技术的高速发展，使得教师在教学中可以通过多媒体教学手段创设电影教学的学习情境，针对当前学习内容选择有针对性和有现实意义的学习输出任务，如电影片段赏析、经典对白配音等。教师可以根据需要组织学生进行电影主题的讨论、描述和分析剧中人物，还可以组织学生写出英文的电影观后感、英文的影评等。

②输入材料。教师根据上面的输出任务，提供设计相应的输入任务，如观看电影片段、阅读相关的电影剧本、搜集本部电影的影评或与电影主题相关的文献资料等。教师可以在课堂教学中或者在线教学平台上输入这些材料或有关资料的电子链接等辅助性的教学资源。

③输出帮助。教师在教学平台上创建学习内容、学习任务和学习资料的链接、学习路径等教学内容，学生可以按照教师的指导准备学习与阅读主题相关的资料。教师也可以在教学平台上组织师生之间、学生之间的沟通交流，了解学生的学习情况和进度，及时地给予指导和帮助，共同完成教学任务。

④反馈。在完成对教学内容的学习后，学生提交各种输出成果，教师要对学生在教学平台上提交的口头报告、作业、在线测试等的完成情况进行有针对性的评价和反馈，并针对不同的学生给予不同的指导。

（4）教学评价

教学平台中设有教学评价这个模块，是用来对学生运用英语知识和英语技能完成教师输出的任务的考核和评价的。评价可以在课堂教学中口头评价，也可以在教学平台上进行书面评价，考核学生说、写的显性输出技能和听、读的隐性输入性技能，完成对学生在教学目标中指定的考核目标。对学生的考核要注重学习过程中的"形成性评价"考核。

（二）情境认知理论

情境认知理论认为学习、实践、意义建构、情境是相互影响的，在互动和协商中产生了学习的动机。传统的教学活动中，往往忽视了情境和认知之间的相互作用，这样就不能有效地调动学生的学习积极性，教学也就脱离了现实生活。

情境认知理论的观点主要包括：①真实的情境教学是学生认知、学习的基础。②知识是一种应用工具和社会建构，知识表现在人们的真实活动中。③学习共同体积极参与到学习和实践中，学习和实践是互动的过程。④强调认知工具、资源的运用和知识的协作与社会性建构。⑤能够正确表达自己的思想、反思自己的学习过程。⑥发挥教师的主导作用。⑦注重真实性评价。

在语言教学中，创设情境进行教学，能够有助于学生掌握所学的语言知识，并及时地进行运用。脱离了情境的语言，其意义就难以表达。所以，学生只有把所学运用到表述意义的情境中去，才能使语义更加明确。外语教学质量的提高离不开对学生兴趣的培养，在英语课堂中，教师要发挥自己的组织作用去设计语言环境，让语言学习能够在轻松、欢乐的氛围中进行，同时，让学生积极参与到语言实践活动中，以达到预期的教与学效果。创设和渲染情境气氛可以借助多媒体、音频、实物等多种教学手段来进行，调动学生的各个感官，让他们能够自然地融入情境中，从而达到运用语言的目的。

广义上讲，情境是指作用于学习主体，产生一定的情感反应的客观环境。狭义上讲，情境则指在课堂教学环境中，作用于学生而引起积极学习情感反应的教学过程。创设情境可分为以下几类，如图 6-2 所示。

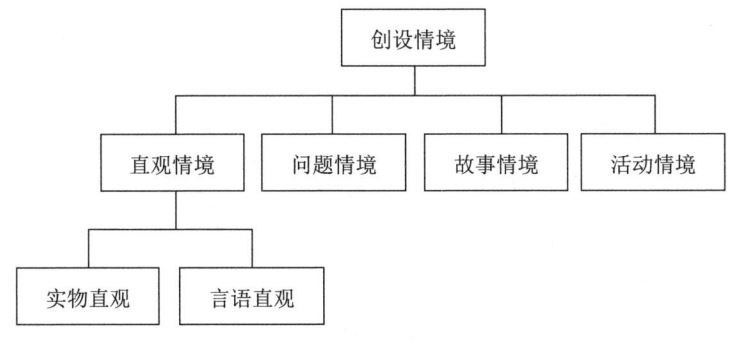

图 6-2 创设情境的分类

1. 直观情境

这是一种将理论和实际联系在一起的方法,即教师将教学内容通过创造性劳动变为具体、可感的东西,教学的直观性原则在其中得到了体现,同时还能提高教学效率。

直观情境可以是"实物直观",也可以是"言语直观"。前者是指运用实物、图片等实际事物或其模拟形象来进行教学;后者是指教师充分运用言语引导学生更多地感知和理解课文,如声调、节奏等,使学生身临其境。

2. 问题情境

创设问题情境是培养学生解决问题能力的重要方法和有力手段。因此,教师在整个英语教学过程中,应该对不同的教学内容进行区分,创设不同的问题情境来达到培养学生解决问题能力的目标。

值得一提的是,英语教学中创设问题情境前教师应当深思熟虑,而且教师要有较强的应变能力,因为在课堂教学进行中,学生的想法会不断更新,产生新的问题。教师要根据学生的变化不断进行调整,根据学生的思维方式去引导他们,让教学效果能够更好。

以英语中时态为例,问题情境的创设可以大致分为四个步骤:首先,以不同时间的活动为例,因其中涉及大量时态的问题,教师向学生提出问题,学生的回答可能会出现很多错误;其次,对学生进行引导,让他们回答出正确的答案;再次,让学生对各种时态规律进行归纳,教师做补充;最后,让学生自己设计场景和时间,互相交流,教师做修正。

虽然这个过程需要花费很大的精力,但是能够激发起学生的学习兴趣,因为这种以问题情境为主所创设的学习环境中教师所提的问题和日常生活学习紧密相关,便于学生的理解,教学效果也会很好。

3. 故事情境

故事情境是指教师通过生动、有趣的故事场景,有目的地将学生吸引到故事情节中,而学生在这些具有一定情绪色彩的、以形象为主体的故事场景中扮演主人翁的角色,从中探索新的知识。教师引导学生进行思考,不断地结合书本知识进行思索,以帮助学生达到自主学习的教学目的。

情境的创设能始终抓住学生的注意力,还能让学生对以前的经验产生感触,体会其中的内涵,让学生对学习产生兴趣。所以,在创设故事情境时,要和学生的生活以及兴趣相贴近。不同年龄段的学生兴趣各有差异,教师必须分年龄段来创设，否则故事情境的效果会大打折扣，甚至会起反作用，对后续传授课程内容产生不好的影响。

4. 活动情境

活动情境是指教师主要通过游戏、短剧、英文歌曲、演讲等活动来激发学生的主动性，引导学生灵活运用所学知识，开拓学生的思维，活跃课堂气氛并让学生的协作能力得到发展。活动情境是将合作和竞争融合在一起，两者相辅相成、共同作用，这样才能调动学生的积极性，同时让学生有集体荣誉感，相互之间团结、分工合作，让学生的主体作用得到充分发挥。

激发学生的学习兴趣是英语教学中提高学生英语学习的重要条件，学生有学习的兴趣，才会有学习的主动性，自然接受学习，变被动的知识学习为一种需要。近年来，很多教育机构号召"学生应该建构自己的知识"，要想实现这种号召，我们可以通过创设语言学习情境来进行，同时，让教师和学生能够在快乐教学的氛围中自然地学习到知识。

三、任务型阅读教学实验设计

（一）实验概述

在大学英语阅读教学中采用任务型教学方法在提高学习者的阅读水平及综合能力方面比传统的教学方法更有效。①本次实验的教材——《大学英语精读》（第一册）。②实验时间——大约5个月（一个学期）。

（二）实验对象

对英语系商务英语专业的学生进行分班——实验班和控制班，两个班人数大体接近，在三十三个人左右。分班的依据是第一学期期末考试中，两个班的英语成绩分数接近、学生的基本情况相似，可以随机分为两个班。以下是实验班和控制班的分班前学生成绩，统计如表6-4所示。

表6-4 实验前英语阅读成绩统计表

分组	样本人数	平均分数	标准差	标准误差
控制组	31	60.48	10.83	1.94
实验组	33	61.21	8.75	1.52

上表说明两个班的英语阅读测验成绩无显著差异（即两个班的英语阅读水平相当），也就是两个班为平行班。

（三）实验方法

采用对比实验法和问卷调查法：对比实验中实验班采用任务型教学方法并进行阅读训练，控制班采用传统的英语阅读教学方法，实验结束后对学生的英语阅读成绩进行比较，看实验班的学生平均阅读成绩是否提高；问卷调查法主要针对实验班的学生，在实验前后对学生的英语阅读学习方法、学习态度等方面进行问卷调查。

（四）实验过程

在一个学期的实验中，实验班对于任务型阅读教学的方法进行详细的介绍和说明，而控制班还是按照传统的英语教学方法进行阅读教学。两个班均由同一个英语教师进行授课，教学进度和上课的次数都相同，教师会布置基本相等的课外作业。整个学期的实验流程，如图6-3所示。

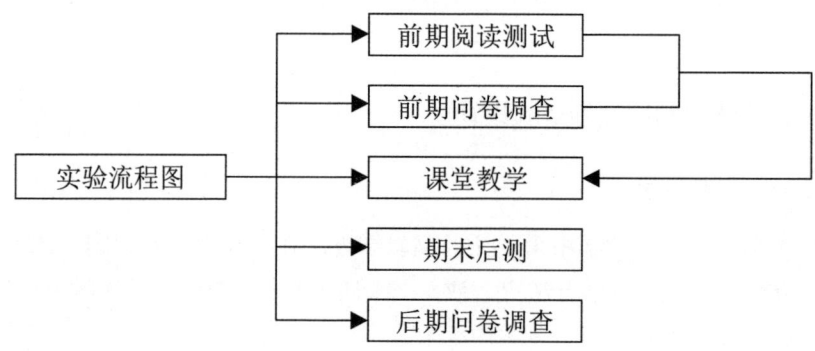

图 6-3　实验流程图

实验的前期，两个班都要进行英语阅读测试，检验两个班学生的英语阅读水平是否在同一水平线上，同时进行前期问卷调查，对学生的英语阅读基本情况有一个了解；从课堂教学中对比两个班的上课效果、学生学习情况等。实验班的课堂教学中采用任务型教学实验步骤，如图6-4所示。实验后期也就是一个学期的期末，对两个班的学生再次进行英语阅读测试，并进行后期的问卷调查，了解学生对于任务型教学方式和传统的教学方式的接受程度，了解任务型教学在大学英语阅读课堂的整个实验效果，以及学生对任务型教学的评价和感受。

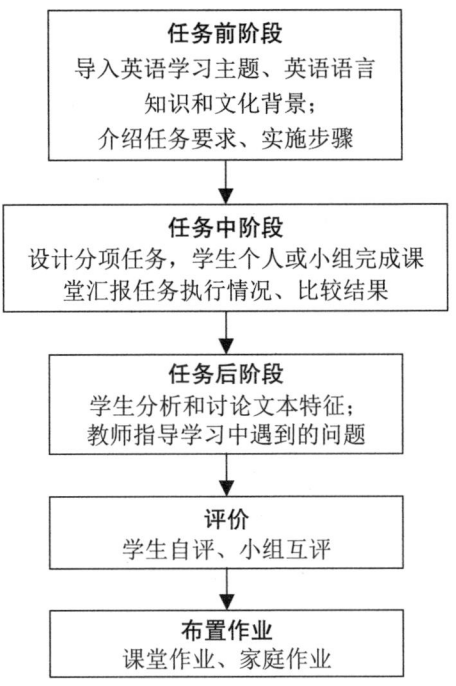

图 6-4　课堂中的任务型教学实验步骤

（五）实验结果

经过一个学期的实验教学，两个班采用同样的考试试卷，进行英语测试。两个班的成绩统计结果如表 6-5 所示。

表 6-5　实验后英语阅读成绩统计表

分组	样本人数	平均分数	标准差	标准误差
控制组	31	63.39	11.36	2.039
实验组	33	70.00	11.73	2.041

通过考试成绩，可以看出实验班学生的英语成绩明显高于控制班的学生，充分说明了任务型教学法在大学英语阅读教学中的应用对学生的阅读成绩的提高是有帮助的。从任务前期和后期的调查结果来看，任务型英语阅读的教学观点主要有：①绝大部分学生认为英语学习和英语阅读训练还是很重要的。②学生的自主学习能力不够强，因此要改善英语阅读教学模式，改善目前的英语教学方法，改善学生的英语学习环境。③任务型英语阅读教学模式能够提高学生学习的兴趣。④任务型英语阅读教学模式改变了传统英语教学沉闷的课堂气氛，

使学生能够真正参与到课堂教学中去，培养学生的合作精神。⑤学生的文化背景知识不断增加，增强了学生的英语阅读理解能力，提高了学生的英语阅读技能和英语语言的综合运用能力。⑥在提高学习兴趣的基础上，增加了学生课外英语阅读的兴趣，增强了学生的英语阅读量。

四、任务型阅读教学案例

（一）案例概述

教材中有一个教学单元的学习主题是美国影片《十二怒汉》，我们就以这个影片的教学实施过程作为教学设计的案例，针对此部电影的教学目标、教学内容、教学流程和教学评价等教学环节做详细的介绍。

影片取材于作为陪审员的作者一次真实的审判经历。电影主要讲述了一个男孩如何在"有罪"的情况下经过8号陪审团的努力被判定为"无罪"的过程。这个男孩的亲生父亲被谋杀，而男孩被陪审团的大部分成员指控是凶手，在8号陪审团成员和整个陪审团之间的据理力争、激烈争辩后，最终男孩被释放。这个剧本在1954年发表的时候就获得了很大的反响，获得当年的"艾美奖"，该剧本在1957年被拍成了电影上映，票房爆满。影片由当时美国著名演员亨利·方达主演，他也获得了巨大成功，该影片获得包括最佳影片和最佳剧本等多项奥斯卡奖项的提名。1997年，好莱坞又重新翻拍了该剧，让观众再次领略了大师的经典之作。

（二）教学过程

本教学单元使用的教学影片是1957年版的《十二怒汉》。在阅读教学系统设计的过程中，教师根据当前的教学目标和教学内容的不同阶段任务，设计教学的流程，课程设计的出发点和教学目标通过课前、课堂、课后三个阶段的输出任务来逐步实现，也适应了学生学习的需求。

1. 课前任务

为了更好地学习电影中的法律相关的英语语言环境和教学内容，让学生在课堂中能顺畅地看懂电影中的法律用语和法律相关条款内容，了解影片中的主要人物、人物关系、主要的剧情，课前要求学生要完成如下的任务：利用互联网网络信息阅读了解影片的故事梗概和简介；观看教学平台上的教学影片；认真阅读教师布置的作业，并及时完成书面作业；阅读影片相关的文本材料，如经典电影台词、电影创作的背景、作者简介和电影主题相关的报道等。

学生要在规定的课前任务时间内上交书面作业或者在线提交,教师要对提交的作业完成情况和作业质量做出评价,给出反馈意见,并在一定的时间内公布输出任务的答案,方便学生更好地学习影片的专业英语知识,了解法律的常用语。

教师可以布置如下几项作业:

A. List those words and expressions frequently found in court trial (first in English, and then translate them into Chinese).

(列出在法庭上常见的词汇和短语,并完成英译汉。)

B. Identify and classify the evidence that has been presented in court against the boy charged with murdering his father.

(识别并分列出男孩在法庭上被指控谋杀父亲的证据。)

C. Work out, according to the order of time, the list of the numbers of those jurors who gradually changed their vote to "not guilty"; And figure out the major reasons for their changes in the votes.

(按照时间顺序,列出陪审员审判男孩"无罪"的证据和理由。)

D. Give character sketches of the twelve jurors for the trial of the boy.

(提供为男孩陪审的十二位陪审员的人物简介。)

以上面的第一项作业为例,教师在学生总结出电影中有关庭审的常用词汇和短语之后,可以在 Blackboard 在线教学平台上发布以下文字参考材料,帮助学生在观看中掌握电影中的语言。

有关庭审的词汇:

a criminal court 刑事法庭

a civil court 民事法庭

children's court 少年法庭

a criminal case 刑事案件

a civil case 民事案件

reform school 感化院

jail/prison 监狱

the prosecutor(刑事案件)原告人;检察官,公诉人

the plaintiff(民事案件)原告人

the prosecution 原告及其代理律师;代表原告的律师

the lawyer/counselor/attorney 律师

the accused/defendant 被告人

the defense lawyer 被告辩护律师

the injured party/victim 受害方，被害人

the judge 法官

to hang the jury 使陪审团无效

to declare a hung jury 宣布陪审团无效

witness/eyewitness 证人 / 目击者

the eyewitness to the murder 凶杀案的目击者

coroner 法医

testimony 证词

evidence 证据，证物

to commit a crime 犯罪

to accuse sb. of certain crime 控告某人犯某罪

to charge sb. with certain crime 控告某人犯某罪

to prosecute sb. for certain crime 控告某人犯某罪

to bring a prosecution against sb. 对……提起诉讼，控告某人

to be on trial 被审判

to defend sb. 为……辩护

to testify 作证

to present testimony 作证

to give/present evidence 呈上证据

to conduct a cross-examination 进行交叉盘问

to identify the death weapon in court 当庭指认杀人凶器

to present the verdict （陪审团）呈送裁决

to give the sentence 宣判量刑

to be guilty of 犯……罪

to be innocent of 没有犯……罪

to be set free 被无罪释放

to be acquitted 被无罪释放

to be sent to prison 被判入狱服刑

to serve a jail term 监狱服刑

to be sentenced to death 被判处死刑

to be put in the chair 被判处死刑（以电椅处死）

manslaughter 一般杀人罪，过失杀人罪

first-degree murder 一级谋杀罪，故意杀人罪

2. 课堂任务

在课堂上，教师引导学生对电影的内容和主题展开讲解和讨论，课堂上课形式包括对电影片段进行分角色配音和表演、有准备的口头报告等。例如，口头报告的内容可以有三个方面：一是介绍电影的主题和创作背景；二是介绍美国司法体系中的陪审团制度；三是以"疑罪从无"的法律适用原则为切入点，评价陪审团制度的利与弊。

教师可以指导学生完成口头报告，可以要求学生在教学平台上观看事先录制好、上传的多媒体音像资料，也可以按照口头报告的具体内容阅读相关的英文文本资料。学生也可以通过多元化的网络资源自己查找一些相关的背景知识，更好地了解影片中的法律专业术语和行为。

口头报告的设计可以由学生自己完成，也可以小组的形式协作完成，因为报告的主题只有一个，围绕主题可以展开一系列的小标题、小主题，进行分工搜集资料、分工完成，这样就能调动学生学习的主动积极性。分工协作的方式也可以让学生在其中找到自己存在的价值，培养集体主义精神。

在分头搜集阅读资料、协作完成整个口头报告的过程中，学生们就会对美国的司法体系有所了解，还有司法体系中陪审团制度的形成过程、主要形式、主要工作内容，分析认识陪审团制度的优势和弊端，从而对美国的陪审团制度、司法体系的形成进行系统、全面、深刻地认识和了解。

例如，为了系统了解美国的陪审团制度，学生首先就以下问题进行了输入性的学习。

a. Selection of jurors in the U.S.

b. Major principles of the U.S. court system.

c. Interpretation of the principle—"The accused is deemed innocent until and unless proved guilty beyond a reasonable doubt".

在此过程中学生了解到作为刑事案件中的陪审团成员必须具备的基本资格，包括如下内容。

a. Be a citizen of the United States.

b. Be at least eighteen years of age.

c. Not have been convicted of a felony.

d. Be able to understand and communicate in the English language.

此外，学生还了解到美国司法程序中的重要原则，包括如下内容。

a. The accused is deemed innocent until and unless proved guilty beyond a reasonable doubt(疑罪从无).

b. The burden of proof is on the prosecutor(主张者举证).

c. In most cases, the verdict has to be unanimously reached among all the jurors, and the majority of a jury is not sufficient to find a defendant guilty of a felony(在重大案件的审理过程中陪审团成员只有达成一致意见时,即一致认定被告"有罪"或"无罪"时,陪审团做出的裁决方为有效).

d. A trial does not aim at finding who committed a particular crime, but rather the innocence or guilt of the accused(陪审团就案件只做有罪/无罪的判定,不判定犯下何种罪).

在此基础上,学生重点了解和认识了美国法律体系中一个重要的法律适用原则,即"The accused is deemed innocent until and unless proved guilty beyond a reasonable doubt(疑罪从无)."。

3. 课后任务

在课堂上完成教学任务后,教师在课后还要督促学生做进一步的分析和反思,回忆电影中的情节和细节,对电影主题反映出来的美国法律条文和陪审团制度进行反思。学生在 Blackboard 教学平台上参与在线讨论活动,完成教师发布的在线写作任务。

在本单元的教学课后习题中,有一个英文写作,以影片中体现出来的"疑罪从无"原则为切入点,比较和分析中国和美国司法体系的不同之处。教师和学生在教学平台上阅读了以下的文字材料。

Before turning to the specific provision(条文,条款)of Chinese criminal procedure, it is worth noting some fundamental differences in approach between Chinese and American jurisprudence(法学,法律学). First, from the Chinese perspective, whether or not someone has committed a crime is a matter of ascertainable(可以查明的)fact.

In contrast, the American system acknowledges the inherent weakness of human beings to ascertain objective truth. The goal of our system is to create a set of rules that help us come as close as possible to determining the truth, but we acknowledge that some measure of uncertainty is inevitable. Thus, we have determined that all reasonable doubt should be resolved in favor of the accused.

In the American experience, there is a difference between factual guilt or innocence and legal guilt or innocence. Someone may be factually guilty of an offense but, unless twelve jurors unanimously agree that the prosecution has proven guilt beyond a reasonable doubt, the defendant is not guilty under the law. In some cases, the evidence may seem as plain as a video tape, but we leave it to a properly instructed jury to decide what facts have been proven.

From the Chinese perspective, at least as reflected in China's criminal procedure code (法典,法规), the facts are ascertainable and the rules of criminal procedure are simply a means by which those facts will be disclosed. Any rule that promotes conflict or detracts from the tribunal's (法庭的) ability to render an uncontested (毫无疑义的) verdict is discouraged. This bedrock (基本的) principle colors (影响) every facet of Chinese criminal justice.

在学生对以上的文字材料深入学习、了解和掌握之后，学生围绕下面的两个问题展开叙述，完成课后写作。

a. Do you think the police and judges can objectively know someone is guilty? Or is there always some doubt when people disagree? Why?

b. Please make comments based on the reading material given to you on the difference between the U.S. and the Chinese legal systems from the perspective of the principle—"The accused is deemed innocent until and unless proved guilty beyond a reasonable doubt".

学生在阅读完文字材料后，在上面两条问题的指引下，就可以轻松地完成课后的写作，这个单元的教学任务就圆满完成了。但是，为了更好地完成上面的写作任务，也为了在此基础上进一步拓展对上述问题的认识与思考，教师还向学生推荐了其他拓展性的在线阅读材料和多媒体数字音像资料，供学生自主地学习和使用。这样一来，就使得那些对这一主题颇感兴趣、又有时间和精力的学生可以在这个问题上做更深入的探究和思考。

（三）任务型教学法在阅读活动中的注意事项

在阅读活动中采用任务教学法要注意以下几个方面。

第一，在教学目标上，阅读任务应以获取信息为主要目的，而不是以学习语言为目的；要求学生基本理解阅读内容，能够运用适当的阅读技巧；告诉学生阅读是一个享受语言的过程。

第二，在输入方式上，学生主动进行阅读，强调学生的主体作用；阅读是学生和作者的心灵沟通，学生要在阅读的过程中学会阅读。

第三，在活动形式上，学生是阅读的主体，而教师则通过阅读任务的设计和布置，组织学生开展阅读活动，并在适当的时候给予学生指导和帮助，让学生感受到阅读的乐趣。

第四，在教师与学生角色定位上，学生是阅读活动的主体，是知识的建构者，是阅读任务的完成者；教师起到布置任务、帮助学生完成任务的监督者和帮助者的作用。教师布置的阅读任务既包括课上当堂完成的任务，也包括课后学生自己完成的任务。

第五，任务的形式要多种多样，可以从不同的角度布置阅读任务。人的注意力是有限的，枯燥单一的任务容易引起疲劳和厌倦情绪。任务只有丰富多彩，才能吸引学生，激发其兴趣。例如，教师可以从不同角度布置阅读文章的任务，可以从以下方面考虑任务类型：课上小组或双人专题讨论、学生课堂演示、角色扮演、改编剧情、口头续写等。不同的任务有利于培养学生综合运用语言的能力，有利于培养其批判性思维，有利于激发其创造力。所以，阅读课任务的设计要丰富多彩，要遵循从简单到复杂的原则，满足学生的多种需要。

第三节 语类教学法

一、语类教学法概述

这种英语阅读教学方法是在研究语篇分析的基础上，对语篇语类分析的一种方法。语类教学法在美国和澳大利亚的写作和阅读教学中运用广泛，可以在学生的写作教学、口语教学、听力教学中对学生进行语篇特点的分析和指导。运用到阅读教学中，可以帮助学生分析语篇的文化背景知识、情境语境，还能从微观上把握语篇的结构、语篇的语义，提高学生的阅读速度和阅读质量。

（一）语言理论基础

语类的研究始于韩礼德，他认为语类是语式的一部分。韩礼德是系统功能学派的代表，他认为语言的基本功能是用来交际、交流和沟通的，语言研究要在研究形式结构意义的基础上，系统性地研究词句、语言与社会文化背景、环境等的情境意义，要对语义从功能上系统分类。

系统功能语言学认为不仅要学习语言基础知识，还要重视语言的实际运用功能，运用具有社会符号系统的语言认识社会，重点研究特定语言环境中的语篇，通过语言行为人们可以进行正常的交流与沟通，能够进行文化的传播。

系统功能语法包括系统语法和功能语法两个组成部分。

1. 系统语法

系统语法功能重视语言的社会学功能和特征，重视个别语言和变体的分析和描写，依靠对语篇的分析和观察进行语言研究和系统的语法研究。他们认为语言是人们的社会行为模式，要将整个语言作为一个完整的系统进行研究，建立一个网络系统。

系统中存在着由连锁系统和选择系统组成的系统语法轴线。通过语言组合的连锁轴，处理句法结构等语法的表层结构；通过聚合和对比关系处理和辨别系统语法的意义，通过语法的系统选择，促使人们进行语言的交际。系统语法里面的所有系统都是互相排斥且互相依赖的。

在英语语言的系统语法里，笔者对不同类型的过程、参与者和环境的及物性选择系统进行分类，如图6-5所示。

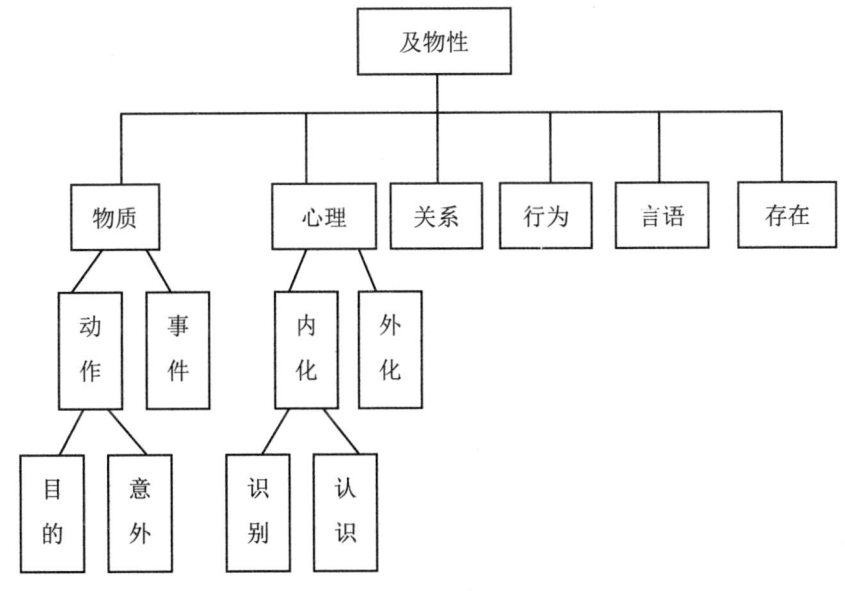

图6-5　英语系统语法结构图

2. 功能语法

功能语法也包含在系统语法里，语言的功能是指语言作为社会交际的工具，社会对语言的要求也促使语言机构的形成。韩礼德区分出儿童语言的工具、调节、交往、个体、启发、想象和信息这七种功能；成年人的语言应该在儿童语言的基础上根据高度的符号化和抽象化总结出更多功能，如成年人的语言概念、人际交往和语篇三种语言元功能。

语言的概念功能，是用人们现有的语言经验，用逻辑思维表达出语言的信息。语言表达的及物性和语态是概念功能的两个主要部分，通过对语义的有效选择，体现出语言结构的本质。语言的人际交往功能充分体现出语言的社会功能性，说话者根据语言环境选择说话的某种语气、说话的某种情态来表达自己的思想，人们通过语言表达增进彼此间的认识和了解。语篇功能是根据语言使用的实际情况、实际的上下文语言结构、语言前后关联的要求等，将口头或书面的话语组织成系统完整的语篇。

（二）语类的内涵

基于语类的内涵，不同的学者有不同的定义，主要有以下五种：①语类就是语篇的类型。②语类是在一定的语境下建构的语篇意义，因此语篇都是有阶段、有目的的意义模式。语类是语境的语言表现形式。③语类是语言中有步骤、有目标的活动类型，社会文化、社会行为也决定了语类的存在。④语类具有常规性，语类步骤具有规律性。⑤语类是一种社会文化的象征，存在于不同的言语社团中，不同的语类有不同的规则和语义结构。语类也能表现交际活动中的一定行为、活动和事件的类型。语类是在一定语境中的语言交际方式。

（三）语类分析理论

1.哈森的语类结构潜势

这种分析是基于哈森的"语类结构潜势"理论，即在同一类型的语篇结构中，语类的要素包括文化、意义和情境，如图6-6所示。

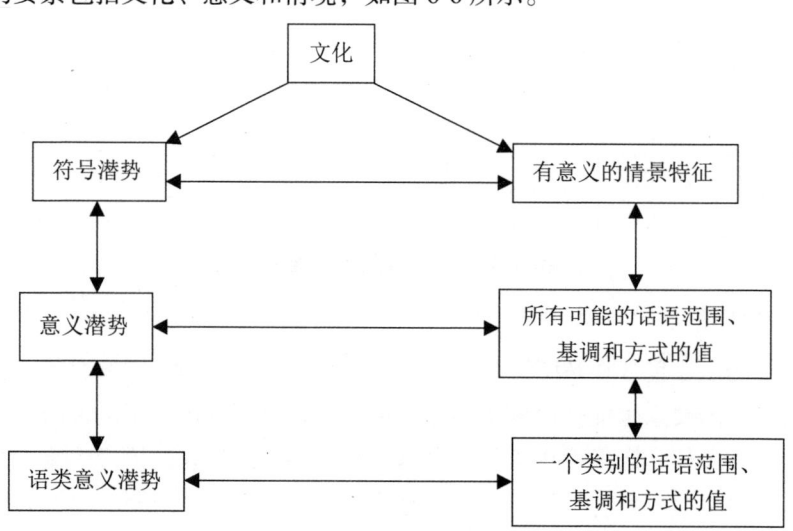

图6-6 文化、意义和情境

这种对语类分析的理论，基础是文化语境，这也能决定语类分析中的符号潜势，即我们在平时做事、说话中的语言行为和非语言行为。符号潜势的语言体现方式是意义潜势和语类意义潜势，它们都能体现出语言交际中的价值、情境语境中说话的方式和说话的意义。

这种分析理论认为语类只包含语言行为，而不包括非语言行为，语篇、语域基本在同一个范围之内。而在语义层面上，框架中的意义潜势和语类意义潜势都在人们交际的话语范围之内，这些都属于语义的范畴。这就构成了一个语类：人们说话的范围、话语基调和说话方式，就构成了一个话语语境，也就构成了一个语类的结构潜势。在这个结构潜势中，有语篇产生的源泉，也就构成了一个语类结构中的成分系统。如果话语的必要成分和各个成分之间的顺序发生改变，语类的结构也会产生变化，那么新的语类就会产生。

2. 婉托拉的语类分析框架

婉托拉在哈森语类分析的基础上，提出了自己的分析框架，如图6-7所示。

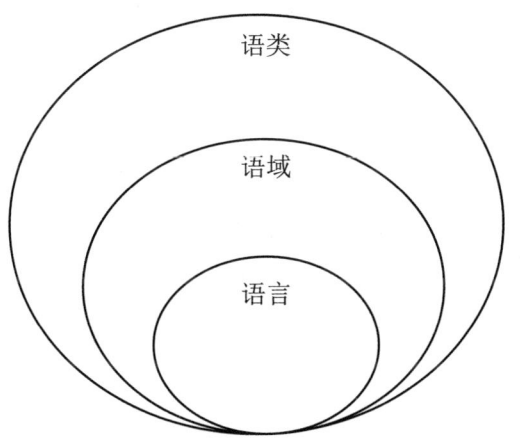

图6-7　语言、语域和语类

这种语类分析框架中的三个层次，又都有自己相应的结构。但是在这个框架中，并没有表示出语义的层次，而把语类看作一个动态范畴。

3. 马丁的语类分析

马丁在前面学者研究的基础上，又形成了自己的语类分析模式，如图6-8所示。

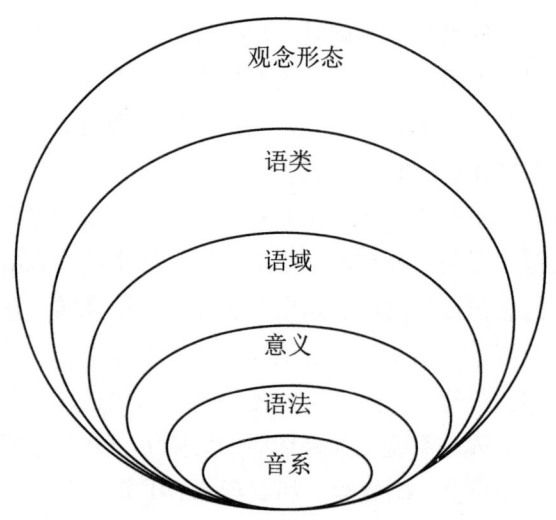

图 6-8 语言及其符号环境

马丁又加入了一个新的分析要素——观念形态,因此马丁的语类分析理论中包含了四个层次。语类是在文化语境下产生的,而语域是在情境语境中产生的,语类和语域都是游离于语义之上、语言之外的。

语篇中的语类是在一定的社会文化背景中产生的,是在人类社会活动中共同作用形成的,具有一定的语言图式结构。语类的体现形式是情境语境,人们在共同的社会生活中,同一语类在不同的文化语境中也会有共同之处。但由于语言存在文化差异,同一语类的语篇也存在语类结构差异。

具有意义的语类结构也是影响语篇中语类分析的一个重要因素,语类结构由一定的文化语境和情境语境决定,如人们说话的语调、话语表达的方式等。

二、语类教学法在大学英语阅读教学中的应用

语类教学法的理论基础是系统功能语言学,因此在大学英语阅读教学中,也要在系统功能语言学和语类教学法两种理论有机结合的系统指导下进行英语阅读教学和学习。

语类教学法指导下的大学英语阅读教学,要注重五方面的教学实践:①让学生理解单词的发音及词义的解释、词汇量的积累及词汇的固定搭配,还要掌握英语语法的结构。②从宏观上引导学生了解语篇的文化背景知识、语篇的情境语境。③重点帮助学生了解语篇的社会交际功能。④综合学习语篇中相关的语音、词汇、语法等结构特点。⑤引导学生进行语篇分析、语类分析,分析语篇中影响语类的要素。

第四节 支架式教学法

一、支架式教学法概述

（一）理论来源

1. 维果斯基的"最邻近发展区"理论

支架式教学思想来源于维果斯基的"最邻近发展区"理论。支架式教学的主要目标就是为学生在学习过程中提供一种概念框架。这种教学方法将概念知识用框架的方式展示给学生，能够帮助学生更直观形象地理解所学的知识内容，在情境中发现问题并能运用所学知识解决问题，这样一个循环过程使得学生能够更深入地理解学习内容。

教师在这一教学过程中，要重视学生的两个智力发展水平，即自身发展水平和潜在发展水平，逐步提高学生的智力发展水平。

这一教学方法，应用到我们的英语教学中，就要求教师在讲授英语新课程、新知识的时候，要以学生现有的英语知识水平为基础，建构学生有效学习英语的基本的知识框架，把学习内容引入英语实用的某个具体的问题情境中，引导学生独立自主地学习英语，进而使学生可以根据一定的概念知识框架对英语知识进行有意义的建构。

2. 布鲁纳的认知发现

布鲁纳是美国当代著名的认知心理学家，是美国认知学说的倡导者。在1959年美国科学院召开的中小学数理课程改革会议上，布鲁纳发表了《教育过程》的会议总结，提出了课程改革和有关学习的理论观点，为世界许多国家的教育教学改革提供了宝贵的借鉴意义。

布鲁纳的认知发现学习理论是特别值得重视的一种学习理论，它强调主动学习中对新认知结构的建构、重视对学科的基本层次结构的建构、对独立学习能力的培养，这种学习理论对现代教育培养自主学习型人才是有积极意义的。

支架式教学是一种幼儿或新手在更有能力的人的帮助下解决问题、完成任务或达到他们在没有支持的情况下不能达到的目标的教学过程。

（二）支架式教学的内涵

基于学者们对支架式教学的不同理解，其内涵包括以下几方面：①支架式教学是一种帮助、支持过程，是教师或者学习能力强的学生帮助其他学生解决实际问题的过程。②支架式教学系统可以为教师改善教学内容、教学任务等提供支持。③支架式教学在教师的引导下，培养学生的知识技能，提高学生认识活动的水平。④支架式教学中的支架是一种情境，是为参与知识学习的新手创造的一种支持条件，帮助提高新手的现有知识和技能。⑤支架式教学中的支架是学生需要提供帮助时的支架，可以在学生的能力增长到一定程度时撤销。⑥在孩子语言习得的过程中，成年人要提供不同的支架支持，帮助孩子建构有效的语言交流，增加孩子语言学习的动力。⑦支架是指学习者和专家在学习者最邻近发展区领域内的合作。

虽然人们对于支架式教学的界定，没有统一的说法，支架式教学被认为是一种教学模式、教学思想，抑或是一种教学策略，但是所有这些对支架式教学的理论基础和内涵研究，都是建立在建构主义理论基础之上的。支架式教学能够为学生提供个性化的帮助和支持，教师也要基于这样的教学思想，对学生提供差异化的学习建构支持。另外，支架式教学也被广泛应用于问题解决当中。目前，支架式教学在英语课堂教学中发挥着重要作用。

二、基于支架式教学法的双向模块阅读法

这种建立在支架式教学理论基础之上的阅读方法，是通过有目的的教学过程，帮助学生快速找到文章的主题句，理解文章的主要内容，使学生能快速地在"从问题到文章""从文章到问题"的双向阅读中获取有效信息。双向模块阅读法适用于英语测试中的阅读理解的考核，能够帮助学生快速地找到答案，提高答题的正确率和答题速度。

（一）建立模块概念

双向模块阅读法中的模块，就需要在教师的引导下，帮助学生对于常见的文章进行合理分类，按照文章的结构特点、语言特点和外在形式，形成各种类型的文章都能够反复利用的模块，不断丰富文章的模块类型。常见的文章模块主要有以下四种。

1. 独段型

独段型考试中的阅读理解题目就一个段落，这种题型在高校的等级考试中很少见。独段型阅读理解有两类两极分化的类型：①独段型阅读材料中的信息

量较少，而且整段中就有一个主题，属于比较容易的阅读理解题型。这种考核没有难度，学生一般没有阅读障碍。②独段型的阅读题目中没有主题句，描述不清楚，很难让人抓住文章的脉络，这种独段型就属于比较困难的题型了。对于这种阅读理解的考核，不需要读懂文章中的细节，要尽量找文章中表示感情色彩的词语，抓住作者所要表达的情感。

2. 三段论型

这种类型的阅读文章，是我们常见的阅读题目类型。三段论型的文章结构一般是总—分—总，学生能够比较容易地找到文章的主题。每个段落的第一句话一般都是点明主题的句子，文章的最后一段是对全文进行总结的段落。这类型题目的答题技巧有三种：①如果题目中有关于文章主旨的问题，一般在文章的第一段和最后一段中找答案；②如果题目是关于文章细节的问题，就要在文章的中间段落找到主题句，在主题句前后找答案；③寻找文章中出现的高频词汇、主题句、关键句，这样也有助于学生更快地找到问题的答案。

3. 平行段落型

这种类型的考试题目一般出现在难度较高的考试中，如在英语雅思考试的阅读理解题目中，多出现平行段落。所谓平行段落，就是文章的每个段落长短都差不多，一般会说明一个事物的多个方面，或者事物发展的几个阶段，或者论述一个观点的多个方面。这样阅读起来就需要每个段落都要关注，注意其中的细节和主题句。这种题型的解答就要抓住每个段落的关键词、关键句子，还要注意高频词汇的出现，注意他们之间的前后关系、因果关系等，才能在答题的时候做到心中有数。

4. 大头型

大头型的阅读文章，也是一般出现在高等级、难度较大的考试中。这种文章的段落长短不等，第一段容易出现长段落，在第一段中出现全篇的引语，用细节性的描述亮出文章的开始，但是不容易找到主题句，这样学生在看完第一段后就感觉有点晕了。大头型的文章的最后一段，一般是文章的突破口，要注意最后一段文章中的具有抽象概念的词汇、一些有总结性意义的词汇和句子。那么文章的主题句在哪里找呢？一般在第一长段之后的一个段落中，这种短段落，一般都能起到承上启下的作用，所以要高度重视这样的段落。例如：

Patients have been saying it for years: Hospital food is poorly prepared and totally lacking in flavor. Now a distinguished nutritionist （营养学家） adds a more serious complaint. Dr. Charles E. Butterworth Jr., director of the nutrition program at the University of Alabama in Birmingham and chairman of the A.M.A.'s Council on Foods and Nutrition, charges that hospital diets are often inadequate to maintain a patient's health and sometimes so bad as to actually worsen it. "I suspect," writes Butterworth in *Nutrition Today*. "that one of the largest pockets of unrecognized bad nutrition in America exists not in the poor areas, but in the private rooms and wards of our big city hospitals."

The evidence for Butterworth's charge was gathered on visits to a number of hospitals and from a more intensive study in one of the institutions associated with the University of Alabama's medical center. He found that hospitals and doctors frequently slight nutritional needs. Some institutions allow surgery to be performed without first building patients up for the severe test, and then compound the error after the operation by ignoring good nutrition and relying solely on antibiotics （抗生素）to guard against infection. All too often, the postoperative neglect continues until the patient reaches an advanced state of malnutrition（营养不良）. Of 80 patients studied at the University of Alabama, 14 were put in hospital for more than three weeks without receiving vitamin supplements, although their symptoms suggested that they might have been undernourished.

One surgery patient in Butterworth's study grew steadily weaker, declining in a hospital for 50 days until the doctors realized that he was suffering from a severe protein deficiency; only then did they begin giving him the extra nutrition he needed to recover. He was more fortunate than another patient who received no vitamin supplements during 35 days in the intensive-care unit after open-heart surgery. He lost more than 30 pounds, developed irreversible malnutrition and died.

（1）Why Dr. Charles E. Butterworth Jr. accuse hospitals of their diets？

A. Because there is not enough nutrition in hospital food and the poor taste has aroused a lot of complaints.

B. Because the hospital diets lack necessary nutrition to maintain and restore patients' health.

C. Because hospital cooks lack the sense of responsibility and the food they cook worsens patients' health.

D. Because the diets vary hugely between private wards in big hospitals and ordinary wards in small ones.

【答案】B

【解析】题干内容是"Butterworth 博士为何指责医院的饮食"。原文第一段第三句说 Butterworth 博士指责医院的饮食不足以维持病人的健康(... charges that hospital diets are often inadequate to maintain a patient's health),有时甚至更糟糕。charge 和 accuse 的意思都是表示"控告,指责",所以选 B。

(2) How did Butterworth obtain the necessary evidence for his charges?

A. By pretending to be a patient in the hospital.

B. By doing a lot of research near the hospital.

C. By paying visits to hospitals and conducting research in a medical institution.

D. By seeking information from his own patients.

【答案】C

【解析】题干内容是"Butterworth 博士如何为他的指责获得必要的证据"。原文第二段第一句说 Butterworth 博士通过对一些医院的观察和对其中一个医护中心的仔细研究来为他的指责收集证据(The evidence for Butterworth's charge was gathered on visits to a number of hospitals and from a more intensive study in one of the institutions ...),所以选 C。

(3) How do hospitals and doctors respond to patients in terms of nutrition?

A. They ignore the provision of nutritional supplements for their patients.

B. They wait for their patients to ask for nutritional supplements after the operation.

C. They depend on antibiotics to strengthen their patients' immune system after an operation.

D. They provide vitamin supplements to their patients to protect them from being infected.

【答案】A

【解析】题干内容是"关于营养方面的问题,院方和医生是如何回应病人的"。从原文第二段第三、四句我们可知一些机构在给病人实施外科手术前根本没有先给病人补充营养来增强体质(... without first building patients up for the severe test),术后也忽视病人的营养补充,只是依赖抗生素来预防感染(... after the operation by ignoring good nutrition and relying solely on antibiotics to guard against infection),直到病人出现营养不良的严重状况才会引起注意(... the postoperative neglect continues until the patient reaches an advanced state of malnutrition)。总体来讲,院方和医生都忽视病人的营养问题,所以选 A。

(4) What happened to the surgery patient studied by Butterworth?

A. He was fortunate because he was treated for 50 days longer than another patient mentioned.

B. He lost 30 pounds and suffered severe malnutrition before he was sent to the intensive-care unit.

C. He received no vitamin supplements and died from serious protein deficiency after a heart surgery.

D. He was finally provided with nutritious supplements after along time of malnutrition.

【答案】D

【解析】题干内容是"作为 Butterworth 博士研究对象的外科手术病人怎么了"。从原文第三段第一句可知病人在医院待了 50 天,情况越来越糟,直到这时医生才意识到他严重缺乏蛋白质,才给他额外的营养来帮助他康复,所以选 D。

（5）What does the word "irreversible" probably mean in the last paragraph?

A. Uncorrectable.

B. Severe.

C. Complicated.

D. Fatal.

【答案】A

【解析】题干内容是"最后一段中 irreversible 一词的意思是什么"。结合语境,我们可知这位病人在接受心脏直视手术之后,体重减轻了 30 磅,直到最后死亡。由此说明他的营养不良状况已经到了最严重的程度,无法逆转。reverse 的意思是"反转,颠倒",加上后缀 -ible 表示"能够",再加上前缀 ir- 表示否定含义,与选项 A 的 uncorrectable（不能补救的）意思相近,所以选 A。

【全文大意】Butterworth 博士通过对一些医院的观察和对其中一个医护中心的仔细研究,收集了一些证据表明医院的饮食不足以维持病人的健康。他指出一些机构在给病人实施外科手术前,根本没有先给病人补充营养来增强体质,术后也忽视对病人的营养补充,只是依赖抗生素来预防感染,直到病人出现营养不良的严重状况才引起注意。接受调查的病人大多属于这种情况,更糟的是,有些病人永远失去了生命。

（二）教学环节

支架式教学法运用到阅读教学中，要充分发挥学生的主体作用，教师要为学生提供各种支架支持，充分发挥学生阅读学习的主动性和创造性，全面提高学生的阅读速度和阅读能力。

为了能把支架式教学法灵活运用到阅读教学中，教师要在不同的阅读时期和阅读环节中，对学生提供阅读相关的支架支持。支架式阅读教学环节如图6-9所示。

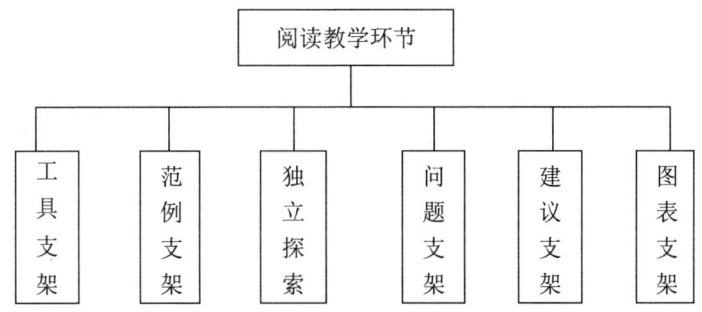

图6-9 支架式阅读教学环节

1. 工具支架

在网络信息技术飞速发展的今天，信息技术成为支架式教学环境的坚强后盾。由于信息技术的飞速发展，高校的信息技术教育水平不断提高，信息教育环境不断完善，高校教育信息化得到了社会和家庭的重视，我国的信息技术教育进入了快速发展时期。

信息技术运用到教学中，是以信息技术高速发展为前提的，信息技术的发展为教育教学提供了多元的教学环境，改变了传统教学的时空限制，给教学过程提供了更加丰富的资源和平台，更好地满足了教师的教学需求，也满足了大学生的个性化需求。随着我国教育事业的跨越式发展和全球经济一体化的发展，国际和国内环境对英语人才提出了新的要求，我国高校英语教育的主要目标也从提高大学生的英语知识水平转变为满足大学生从事英语学习研究和工作实践的需求。

在信息化背景下，教师要鼓励学生通过计算机网络查询文章的相关背景知识，包括相关的词汇、语法等知识，在教师设置的阅读主题的指引下，进入主题情境。教师要充分利用信息化网络作为阅读教学的工具支架，不断强化和丰富学生对阅读教学内容的了解。

2. 范例支架

在范例支架环节中，教师要讲解阅读模块的内容、形式和解题技巧，总结出这种阅读模块的"范例支架"。对不同模块类型的文章结构，要在基础模块范例的基础上进行对比和总结，不断充实学生的模块类型，不断总结同类型模块的范例支架，提高学生的阅读信心，提高其阅读效率。

3. 独立探索

教师在提供工具支架和范例支架的基础上，鼓励学生进行独立探索，引导学生完成对阅读技巧的掌握和巩固。这个环节中教师组织学生进行协作学习，先要抓住阅读文章的主旨，对文章的结构进行预测，快速扫描文章以获取重要信息，实现从文章到问题的阅读目的。

4. 问题支架

在独立探索环节结束之后，学生对阅读文章有了大概的了解，这时教师要适时地设计问题，引导学生解决问题。这个环节也可以让学生先阅读后面的问题，再进行文章阅读。其中涉及一些技巧问题，包括如何获取关键词、如何确定答案来源段落等。

5. 建议支架

建议支架也可以叫作评价支架，在学生阅读理解完成之后，教师要对学生在阅读过程中遇到的问题进行讲解和评价，给学生适当的阅读指导，鼓励学生进行下一阶段的阅读训练。

6. 图表支架

这个环节也是对阅读教学过程的总结，这种总结可以用图表或表格的方式，也可以用新颖的图形方式，提供给学生；也可以让学生自己进行归纳总结，对自己在阅读过程中的新收获进行总结；教师也可以提供表格或图表，让学生进行填写，更方便学生做出逻辑性强的总结，这样可以让学生对整个阅读过程做一个复习巩固，形成自己的知识模块。

在整个阅读教学过程中，教师要根据学生的个性需求、语言学习的实际水平、潜在的英语学习水平，适当地调整教学环节，提供和学生的学习需求相适应的支架支持。教师要循序渐进地进行训练，逐渐培养学生的阅读技能，减弱他们对各种支架的依赖，最终摆脱支架的束缚，提高学生的英语综合能力。

第七章 大学英语阅读教学与策略

本章分为阅读学习目标、《中国英语能力等级量表》之阅读理解策略、阅读教学中的策略意识培养三个部分。主要内容包括:阅读目标、阅读效率、《中国英语能力等级量表》中的阅读理解策略解读、《中国英语能力等级量表》在英语阅读理解中的运用、英语教学策略、学习策略与阅读策略等。

第一节 阅读学习目标

一、阅读目标

阅读目标是指学生通过阅读学习,能够达到的阅读水平和阅读能力。不同的阅读教学研究者对阅读目标有不同的看法。

(一)流畅读者

1.流畅读者应该具备的阅读技能

威廉姆·克拉布指出,阅读教学的目的是培养能够流畅阅读的读者。流畅阅读是指快速的、有目的的、交互的、理解性的、灵活的阅读。

公认的流畅读者所具备的阅读技能包括:①自动解识技能;②词汇和结构知识;③语篇结构知识;④内容和社会背景知识;⑤评价技巧与策略;⑥元认知知识和技能监控。

2.流畅读者的特点

根据诸多相关研究,王笃勤对流畅读者的特点总结如下。

(1)对上下文的依赖性小

流畅读者的第一个阅读特点,就是他们对于英语文章的解码过程比较快,不用联系上下文的意思就能很快地阅读文章,对上下文的依赖性较小。因为他们对文章中的词汇、句法和语篇的理解透彻,所以不需要联系上下文就可以顺畅地进行阅读。要成为流畅读者,就要不断地加强阅读训练,提高阅读水平,这样将会减小阅读中对于上下文的依赖性。

(2)流畅读者的无意识自动解码

流畅读者的第二个阅读特点,就是在阅读过程中靠自身的阅读经验无意识地自动解码进行流畅阅读。

(3)预测作者的写作意图

流畅读者的第三个阅读特点,是流畅读者能够根据自己的生活经验,利用自己已有的知识预测文章的发展和作者的态度,利用预测的信息评估已读信息,判断其是否有价值,从而对作者的写作意图做出自己的预测。

(二)有效率的读者

1. 有效率的读者需要达到的要求

雷格认为,学习者阅读学习的目标是成为有效率的读者。要成为有效率的读者需要达到以下要求:①理解作者的主要观点。②了解阅读材料的组织结构。③识别和使用文中给出的具体的事实性的信息。④保持对阅读中获取信息的记忆。⑤辨识作者的写作目的和语气。⑥能够在参考资料中定位所需要的信息。⑦分辨基于权威来源的、可靠的、有效的信息与不可信的信息。⑧依据所学领域采用不同的阅读理念和技巧。⑨当不需要全文理解时可以略读不重要的或不必要的信息。⑩根据阅读目的和材料的难度变换阅读速度和方法;根据作者论述做出推论和结论;有广博的词语意义知识。此外,好的读者还能够采用有效的方法迅速高效地完成这一切。

2. 有效率的阅读者的特点

王蔷指出,有效率的阅读者具备以下特点:①阅读时有清楚的目标。②养成默读的习惯。③一个词组一个词组地读,而不是一个词一个词地读。④集中阅读重要信息,略读其余部分,跳过无关紧要的部分。⑤根据阅读任务的不同,采用不同的阅读速度和阅读策略。⑥在目标语言中感知信息,而不是在头脑中翻译信息。⑦根据语境猜测生词词义,或者直接无视生词。⑧拥有并运用背景知识来理解文章。

二、阅读速度

(一)计算阅读速度

阅读速度是衡量读者阅读水平的一个非常重要的指标,通常用每分钟所读的词语数量来计算。可以通过以下步骤计算阅读速度,如图 7-1 所示。

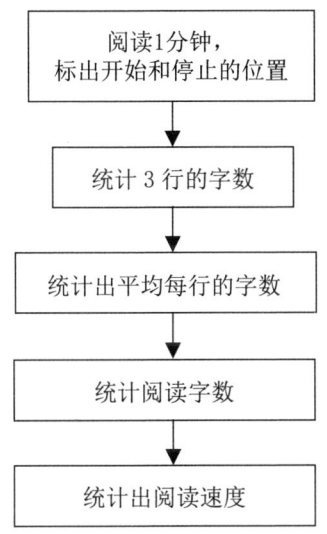

图 7-1 计算阅读速度的步骤

其中,平均每行的字数统计公式如下:

$$平均每行的字数 = \frac{3\ 行的字数}{3}$$

阅读速度用公式可以表示为:

$$阅读速度 = \frac{所读页数 \times 每页平均字数}{阅读的分钟数}$$

(二)理想的阅读速度

那么理想的阅读速度是多少呢?首先我们看一下,以英语为母语的英美人士的一般阅读速度为多少。《朗文语言教学及应用语言学词典》给出了典型的阅读速度,如表 7-1 所示。

表 7-1　典型的阅读速度

速度	目的	要求
慢（Slow）	细读，用于难度大的或要求透彻理解的材料	每分钟读 200～300 个单词，理解率为 80%～90%
一般（Average）	用于平时读报纸杂志等	每分钟读 250～500 个单词，理解率为 70%
快（Fast）	略读，用于要求快速阅读，有意识地降低理解程度的材料	每分钟 800 个单词以上，理解率为 50%

三、阅读训练

（一）训练眼睛的移动

阅读首先是基于视觉运动规律的活动。在阅读时我们用眼睛接收文字信号，眼睛在阅读过程中不是静止的，而是有间歇地、快速地移动。训练眼睛的移动应该做到：①会阅读的人在阅读的时候，对于一行字的阅读，眼球只移动一次到两次，因此他们具有较宽的阅读认知度。②训练眼肌，使其能够灵活自如地运动。③阅读的时候目光随着手指的移动而移动，跟着图形的快速运动而移动。④训练眼睛达到最佳的快速滑动的阅读状态。

（二）巧用视线余光

在按照意群阅读的过程中，读者应每次将凝视的焦点落在每个意群的中心词上，用视线的余光掠过其他功能词或修饰语。假设在阅读的每页书中间都有一条垂直线，读者的视线就逐行以这条垂直线为凝视的焦点，用余光摄取这条线左右两旁的文字。在开始阶段，可以用铅笔在文章的每一页中间画一条垂直线进行练习，直到能够将这条线隐形在脑海中。

（三）快速泛读

对于阅读训练来说，不仅仅是英语阅读，其他科目的阅读训练也一样，要使读者养成快速泛读的良好习惯。英语阅读也需要其他不同领域的知识作为基础，所以要广泛阅读大量的书籍。快速泛读就是要求读者阅读的速度要快，能够大概理解和掌握书中的主要内容、作者的写作意图即可。

（四）计时阅读

计时阅读也是养成良好阅读习惯的一个重要方法。①在对大学生进行阅读训练时，可以进行计时阅读的训练，每次 5～10 分钟。②在进行计时阅读时，学生要能够保持高度集中的精力，记下阅读开始的时间和阅读结束的时间，再统计出阅读的字数，这样就可以计算出本次阅读的速度。③教师要鼓励学生不断地超越自己的阅读速度，提高阅读效率，养成良好的阅读习惯。④阅读训练的活动要坚持进行，才能收到效果。

（五）选择适当的阅读材料

阅读需要动力，这种动力最初往往来源于兴趣，因此阅读材料的选择有决定意义。阅读材料的选择应注重知识性、趣味性和覆盖度，除专业阅读材料外，还可以通过图书、报刊、互联网等媒介广泛涉猎自己比较生疏的领域，了解英语国家的文化、历史和社会背景。阅读太难的材料会挫伤读者的阅读积极性。一般来说，阅读材料中所包含的生词不宜过多，应控制在10%左右，但词汇量则不妨多一些。

（六）提高语言文化水平

首先，要掌握一定的词汇量。如果词汇量不达标，势必造成阅读障碍，使阅读难以顺利进行。其次，必须正确掌握词语的搭配关系。再次，要掌握英语的语法和习惯用法，牢固掌握多重复合句、被动句、插入成分等，并能够熟练运用。最后，英语国家的文化背景知识是培养英语阅读能力的重要基础。在学习中，学生应当主动学习、吸收相关的文化背景知识和专业英语知识，这样在阅读过程中就可以运用已具备的背景知识，根据上下文来预测和理解文章。

（七）加强对语篇层次的理解

在阅读训练中，要加强对英语文章语篇层次的理解，总结出文章的主要内容和中心思想，了解文章中的逻辑关系。阅读过程中，不要纠结在每个单词、每一句话的意义理解上，要掌握文章的逻辑结构、了解作者写作的逻辑思维、了解作者的写作观点和写作态度。

（八）熟练运用阅读技巧

在阅读的过程中，读者如果能够掌握并熟练运用一些阅读技巧，就能够根据材料进行一定的推理和判断，从而掌握所读材料的主旨和大意、了解事实和细节，在理解上下文逻辑关系的基础上对所读材料进行有效理解。

（九）进行必要的阅读实践

阅读学习是一项终身的活动，学生不可能在短时间内全面掌握各种阅读技能，应该进行有计划、有目的的大量阅读实践，在阅读实践中掌握正确的阅读方法，提高阅读技能。只有通过广泛的阅读实践才有可能实现阅读能力从量变到质变的飞跃。

综上所述，学生不仅要有良好的阅读习惯和恰当运用英语阅读方法和技巧的能力，而且也要长期坚持阅读实践。只有这样，才能尽可能地克服英语阅读中的障碍，更快更好地提高英语阅读水平，增强英语阅读能力。

第二节 《中国英语能力等级量表》之阅读理解策略

一、《中国英语能力等级量表》中的阅读理解策略解读

《中国英语能力等级量表》将阅读策略定义为：学习者有意识地利用已有资源通过某种手段达到自己的阅读目的。其中，"手段"既指不可视的思维活动，也指可视的行为；"已有资源"既指语言知识，也指非语言知识。基于教育目标分类学中关于策略性知识的分类，策略能力由规划方案、执行手段和评估/补救办法构成，其中执行策略既涉及元认知策略，也涉及认知策略，具体如下。

（一）规划

规划是指在正式阅读文本前，为完成阅读任务而设计开发出的一套阅读计划或列出一系列可以实现阅读理解目标的方法。在规划阶段，阅读者首先要明白阅读的目的或目标，并根据阅读目的或目标建立子目标或将阅读任务分解为需要完成的子任务。

（二）执行

执行是指阅读者在阅读中启动和运用图式知识解释书面文字、理解作者意图的过程，同时运用策略完成阅读目标和任务。图式知识又可以分为形式图式和内容图式，前者指语言知识和语言学规范，后者指背景知识和主题知识。图式不同就会产生不同的理解，图式的运用过程就是对事物的理解过程。当在阅读过程中出现信息差或信息空环时，就需要用到头脑中储存的经历、经验等进行映射。

（三）评估/补救

评估/补救是指运用图式知识对书面文字做出解释时，对文本的内容、形式、风格和作者的写作意图进行反思并做出合理性评价，如检查语言风格是否一致，

论证是否有谬误，文本是否具有清晰性、有效性、可接受性等，同时反思、评价自己阅读策略的使用情况和对文章的理解程度，或提出自己的见解。当出现难以理解的地方或发现对作者意图的理解不合理的时候，读者要采取一些策略，如重读、解释、讨论、查询等。

（四）阅读策略

阅读策略主要从方法/手段和目的两个维度进行描述，即采取利用某种方法/手段达到某种目的的描述方式。虽然采用条目式描述，但策略的有效性体现在其组合使用上，因此在策略的学习及教学中，还需根据学生的实际情况组合使用。阅读理解策略表从第二级开始进行综合描述，第九级包括了对前八级的能力要求，如表7-2所示。

表 7-2　阅读理解策略

等级	内容
八级	能通过研读多篇同类型的阅读材料，综合评价作品的语言风格
七级	能通过浏览目录，预测全书（文）的主要内容；能在阅读前根据阅读目标，规划阅读速度和阅读重心；能通过分析修辞手法的运用，更好地理解阅读材料的内涵；能通过阅读不同材料中的相关信息，帮助检查阅读的准确性
六级	能借助索引，快速检索目标信息；能通过分析阅读材料的选词、修辞方式等，分析作者态度；能利用已有的体裁知识，帮助理解阅读材料；能利用文中的例子等细节信息，帮助理解；能以意群为单位阅读，提高阅读速度；能通过辨析词语在特定语境下的含义，理解材料的内容；能通过翻译成母语等方法理解晦涩的句子；能通过参考提要的方法，检验自己对原文的理解
五级	在阅读前，能思考自己了解多少与主题相关的知识；能在阅读中适时概括已读过的内容，加深理解；能利用阅读材料中提供的定义、举例、重复、同义词、反义词等信息，猜测生词词义；能通过阅读材料的体裁，推断作者意图，如广告用于宣传，说明文用于介绍。遇到生词时，能根据词汇的语法功能，如主、谓、宾等推测词性或词义；能边读边根据已读内容预测下文；能通过关注阅读材料中的重复信息，判断内容的重点；能通过自我提问，如"作者意图是什么？"寻找文章主题；能通过信息的呈现顺序，评判文章的逻辑性；能通过查阅书籍文献，了解阅读材料中的背景知识；能通过互联网平台查找所需信息，解决阅读中遇到的困难

续表

等级	内容
四级	能通过浏览文章，了解文章长度及结构等特点，帮助规划阅读过程；能通过比较、对比等方法分析文章的主要观点，帮助理解；能通过提炼提纲，梳理或记忆阅读内容；能通过分析构词法，帮助理解词义；能通过判断句子的交际功能，如请求、拒绝、命令等，帮助理解材料的内容；能利用略读、寻读、跳读等不同的阅读技巧，找出文章中的重要信息；能通过理清句子之间的关系，理解材料中的观点；能迅速找到与自己阅读目的相关的信息。在阅读时，能始终知道自己的阅读目的，清楚自己正在使用的阅读方法，并能根据理解效果做相应调整；能通过分析文章的写作手法，如对比与对照等，帮助理解。在阅读结束后，能通过提炼主题词，检查自己对文章的理解程度；能评估自己阅读策略的有效性，适时调整；能利用已有常识，评价内容的合理性
三级	能通过标题预测文章的大概内容；能根据阅读目的规划阅读过程；能根据阅读目的调整阅读速度和阅读方法；能通过背景知识帮助理解；能利用上下文线索预测故事情节的发展或结局；能利用一些标记词语，如 in fact、I think 等，区别事实与观点；能利用阅读材料中的衔接词，识别作者观点；能利用衔接词识别句子之间、段落之间的关系；能利用视觉线索，如大写、斜体字、下划线等帮助理解重点信息；能通过分析句子结构理解句子意义；能通过回顾故事情节帮助理解内容；能通过总结文章内容加深对文章的理解；能通过关键词或主题句帮助理解文章的主要内容；能借助母语材料理解同一话题的英语文章；能通过快速浏览获取文章大意；能通过画面联想帮助记忆所读内容；能利用上下文检查阅读理解的正确性。在阅读结束后，能通过回顾弥补阅读理解中的不足；能通过工具书或网络检索相关内容帮助理解
二级	能借助插图理解图文小故事；能通过放慢阅读速度或反复阅读，更好地理解所读材料的内容；能借助标点符号理解句子的意义；能借助语篇上下文关系推测词语或句子的意义；能利用关键词语快速找出目标信息

二、《中国英语能力等级量表》在英语阅读理解中的运用

（一）运用语篇教学

《中国英语能力等级量表》中对语篇方面的要求有：能借助语篇上下文的联系推测词语或句子的意思，能通过分析句子和篇章结构读懂语言较复杂的材料，能够理解意义之间的关系等。而在传统的英语语法翻译教学方法中，对于英语阅读教学只是重视对知识点的分析教学，而对英语语篇的整体理解教学比较轻视，这种模式下学生完全处于学习的被动位置，也就不能结合语篇的结构对英语文章做出全面的分析。

运用语篇教学就是要让学生在阅读中把英语文章作为一个整体来看，抓住文章的层次结构，注重文章中句子之间、段落之间的衔接和过渡，引导学生在分析语篇结构的基础上掌握全文结构，这样才能有效培养学生运用正确的阅读方法来进行阅读的能力，提高学生的阅读理解能力，从而提高阅读效果。在大学英语阅读教学实践中，语篇教学法的教学环节如表7-3所示。

表7-3 语篇教学法的教学环节

教学环节	教学内容
分析文章标题	预测文章内容、语篇类型、题材； 教师提出一些与文章标题相关的问题
分析语篇	导入相应的文化背景知识； 分析体裁，比较不同体裁文章的不同交际效果； 了解不同文体（记叙文、议论文、说明文等）的特点； 认识不同文体的结构； 明确语篇的整体形式
推理文章的意义连贯	找出文章的主题句； 把握语篇的中心段落和中心句子； 分析语法、词汇等衔接手段； 进行文章意义连贯推理； 向学生介绍篇章纽带、语episodic衔接与连贯的知识； 分析语篇模式及其英语语言的直线型思维
精讲语言点	讲解部分重要的词汇用法、语法辨析； 疏通语言知识点； 进行句型训练
概括中心思想	找出每段的主题句、概括段落大意； 推测语篇的主要内容； 结合主题句概括文章的中心思想

（二）重视学生的词汇量和阅读量

《中国英语能力等级量表》中，对学生词汇的掌握也有一定的要求：能利用阅读材料中的衔接词识别作者的观点，识别句子之间、段落之间的关系；能利用一些标记性的词语区别事实，了解作者的观点等。因此在学生的英语阅读理解策略中，还要重视加大学生的词汇量和阅读量，鼓励学生多读、多写和多记一些单词，教授适应学生个体差异的词汇记忆方法，讲授词汇学习方法，加大学生的英语阅读量，提高学生的阅读能力。

当学生读一篇文章时，必将会遇到一些生词，教师要教会学生从上下文中猜出生词的意思，如表7-4所示。

表 7-4 猜测生词意思的方法

猜测方法	具体内容
通过定义或重新陈述	在文章中直接给出单词的定义； 用一个句子进行解释并举出相应的例子
一般知识	根据一般的常识； 根据已有的经验
相关信息	联系上下文的相关信息
举例	通过举例子的方法给出提示
构词法	利用词缀扩充词汇量； 利用词缀的意义判断生词的确切含义

（三）科学合理地选择阅读材料

因为阅读是提供词汇、语法、句法等可理解性输入的有效途径，因此，英语阅读课的选材十分重要，教师应该选择那些有趣的阅读材料，使学生可以用很短的时间就能完成，也就容易获得成就感，而这种成就感又能促进读者阅读兴趣的提高。此外，还要确保学生能够进行大量阅读，教师应该准备尽可能多的资料供学生阅读，从而使他们的阅读量得到增加。

（四）科学评估和分类指导

网络多媒体辅助下的大学英语阅读教学的教学目标和评估标准应该更加明确，教师要能够设计出一套科学合理的教学评估方法，可通过对阅读素材的生词词汇量、语法难易度、句子长度等指标来衡量学生的阅读理解能力。因为电脑能够计算学生的上网时间，所以教师还能够统计学生的阅读时间和阅读效率。

除此之外，教师还要对学生的考核情况进行客观反馈，分析学生阅读技能的掌握情况。教师还应总结和评估学生的任务完成情况，分类指导相关的阅读技巧和阅读难点，并解释某些语法现象和难词、生词。通过以上手段，网络多媒体在大学英语阅读教学中的积极作用可以得到充分发挥，从而使大学英语教学的整体水平不断提高。

1. 培养学生的英语思维方式

通常而言，可以通过以下方式培养学生的英语思维方式。

（1）通过朗读课文的方式

朗读是一种将语言知识转化为语言能力的有效手段，特别是在将阅读知识转化为表达能力时，更能凸显朗读的作用。读者通过朗读课文，可以培养自身的英语句型模式感，可以通过语言的表达方式和句子结构外化句子所表达的意义。

（2）通过句型训练的方式

句型快速反应训练也能够培养学生的英语思维方式。由于英语的基本句型有限，扩展基本句型也必须有规则地进行，外语学习者要尽快熟悉这些句型及其扩展规则，从而能够尽快将已建立好的句型及其规则同化到语言感知的思维方式中。

（3）通过视觉感知训练的方式

通过阅读课文或进行句型训练，可以进行快速的视觉感知训练，以使学生的反应速度得到提高。在英语阅读训练中，教师不仅可以选择那些学生没有读过的文章，而且也可以选择那些超出学生阅读能力之外的阅读材料，以使他们的阅读能力得到锻炼。

2. 提高学生的英语阅读速度

学生要按照意群阅读英语文章，做到眼睛与大脑的相互协调。具体做法是把所读的句子分成意义完整的组群，进行快速阅读，减少目光的停顿，让目光在阅读的文字和大脑之间建立起直接的联系，提高英语阅读思维。在阅读过程中，也要避免出声阅读和心读，要把阅读看成是一种视觉过程，养成良好的英语阅读习惯，提高英语阅读速度。

（1）要讲练、讨论相结合

对于有效的快速阅读理解训练而言，不仅要限制时间，而且还要注重理论与实践相结合，并且要有一定的侧重点。根据这一要求，可以对大学生进行英语阅读材料快速阅读理解训练。具体做法是先对学生进行摸底测试，以便了解学生的实际阅读水平。摸底的试题应尽可能与学生的阅读速度和理解水平相符合，并告诉学生这是一次包括阅读和理解在内的英语阅读测试，学生必须以最快的速度完成这一测试，并记录自己完成这一测试所花费的时间。在对学生进行摸底之后，按照学生所反馈的信息，即学生现有的外语水平和发展潜力制定切实可行的教学方案和教学目标，然后定期对学生进行速读技能技巧、阅读方法等方面的训练。结果证明，这项训练既能提高学生对英语语篇的理解能力，还能培养他们的自主学习能力和批判性思维品质。

（2）让学生学会略读

所谓略读，是指用一个人能达到的最快的阅读速度去阅读，也就是用最快的速度理解作者的主要观点。当读者需要浏览一遍有关经济主题的英语阅读材料或需要获得国际商务方面的信息时，一般会采用这种阅读方式。除此之外，在不需要高度理解时，也可以选择略读的方式。然而，这并不表明略读时的理解率就会很低，它只是稍微低于精读或普通阅读的理解程度。

一般来讲，普遍阅读的理解率为70%~80%，而略读只需达到50%。所以，略读与普通阅读的不同之处在于，学生在进行普通阅读时，要一字不漏地阅读全部材料，而学生在进行略读时却可以选择不读某一部分材料。如果学生认为已经大致了解了这篇文章的大意，他就可以省略不读一个段落的四分之三，甚至一半。

进行略读训练可以在很大程度上促进学生阅读速度的提高。通过大量的略读训练，学生可以逐渐提高自己的阅读能力，以更好地适应信息时代的发展。现代社会的书籍资料琳琅满目，令人应接不暇，一个人为了从中获得有用的知识，就必须具备这种阅读能力，以便在相同的时间里可以比别人获取到更多的东西。当然，并不是任何时候都可以运用略读这一技巧，略读也无法完全取代普通阅读或精读。读者的需要在很大程度上决定着何时该进行略读，何时该进行精读。

总而言之，学会略读不仅有助于学生在丰富多样的资料中找到对自己有用的知识，从而能够获取相关领域的最新信息，而且也能够更好地提高学生的阅读速度和理解能力。

3.注意培养学生良好的阅读习惯

阅读习惯的好坏也直接影响着阅读的效率，好的阅读习惯可以在教师正确的指导下，在阅读实践过程中逐步培养。如今，学生的阅读速度和理解水平普遍较低，这主要是由错误的阅读习惯和方法导致的。学生在阅读时过多地依赖辞典，逐字逐句地分析，结果只读懂了只言片语，却看不懂整体，所以在很大程度上限制了阅读速度和理解水平的提高。

不良的阅读习惯也会在一定程度上影响学生的阅读速度和理解水平。对于那些阅读能力差的学生而言，他们身上通常会有很多不良的阅读习惯。例如，为了能够在阅读时集中注意力，一些学生通常习惯用手指、钢笔等指着一个字一个字地读，或头跟着摆动，以便让他们的眼睛集中在他们读的每一个字上。复视也是阅读中比较常见的一个问题。这意味着学生在读一个词或一个短语，而不是在对全句进行理解。特别是习惯性复视，更不利于提高学生的阅读速度。

要想克服这些问题，更好地实现快速阅读，关键在于培养学生良好的阅读习惯。首先，阅读时要默读，避免出声阅读。出声阅读的主要弊端是学生的阅读速度会受到说话速度的制约。其次，以意群或句子为单位进行阅读。教师可教学生采用略读的方式迅速浏览全文，抓住文章大意和主题句，明确作者的态度和意图。最后，在阅读过程中，不可避免地会遇到生词。学生要养成根据上下文猜测生词再去翻词典的阅读习惯，对不影响理解文章的生词要学会放手，只有这样才能保持阅读兴趣。

（五）注重文化知识的导入

语言不仅是文化的载体，而且也是文化的表现形式，本民族文化在一定程度上制约并影响着语言的产生、发展和变化过程，所以，任何语言包含的人文属性都很深刻，并且都带有所属文化系统的特征，这充分体现了其民族的世界观和价值观。二语习得研究发现，一种语言的习得和使用，不仅是学习和使用语言结构的本身，而且更必须要了解这门语言所表现的文化内涵，了解形成和使用这门语言的文化背景和底蕴。

由此可见，学生对文章所涉及的文化背景知识的掌握程度决定了学生对文章阅读理解的程度。在教授大学英语阅读课程的过程中，教师不仅要适当地介绍文化背景知识，而且还要通过对比分析来讲解文化差异现象。这样做有助于学生对阅读材料有一个更好的理解，从而更好地激发学生的阅读兴趣。大学英语阅读材料涵盖的内容十分广泛，其中包括政治、历史、人文等方面的知识。在教授英语阅读课的过程中，教师通过介绍阅读材料的相关背景知识，不仅能够激发学生的阅读兴趣，而且也对学生正确把握和理解阅读材料起到一定的帮助作用，从而能够更好地提高英语阅读课堂的教学效率。除此之外，教师可以通过视频播放的形式向学生介绍英美等国家的背景知识，这样不仅能够丰富学生的知识，提高学生的能力，而且还能拓展学生的视野。

总而言之，在大学英语教学中，阅读起着至关重要的作用。大学英语阅读教学应尤其注重培养学生的阅读兴趣，将培养学生的阅读能力作为第一层次的教学目标，促使学生形成良好的阅读习惯，加强训练学生的阅读技能，使学生可以实现轻松阅读，从而能够更好地促进学生自主阅读能力的提高。

第三节　阅读教学中的策略意识培养

一、英语教学策略

（一）教学策略的含义

关于教学策略的含义，各个研究者的论述各不相同。为了达到一定的教学目标，教师在教学过程中采取的一系列相对系统的行为就是教学策略。教学策略的内容主要有三点：一是解决教学问题的方法技术及其操作；二是操作中的要求；三是有目的、有计划的操作程序。

（二）教学策略的分类

教学策略依据不同的观点，其划分的类型也不尽相同。这里主要介绍以下英语教学策略。

1. 目的语参照－母语参照教学策略

19世纪，随着直接法的出现，目的语参照策略逐渐走入课堂教学。在英语教学中应当让学生浸泡在目的语之中，这是目的语参照策略的要求。随着第二语言习得的广泛研究和交际教学的进一步普及，在英语教学中应用目的语参照策略的呼声居高不下，如今，英语教学的主要特点就是目的语参照。

据调查，加强母语和英语的比较，用母语解释英语可以有效地促进英语初学阶段的学习。随着英语学习的不断深入，需要尽量减少使用母语参照，多应用目的语参照策略。但这并不代表初学者就不能运用目的语参照，正好相反，目的语参照应用于英语初学阶段具有一定的可行性。

母语参照教学与目的语参照教学没有好坏之分，两者的区别主要体现在三个方面：①两者适用于不同的学习者；②两者适用于不同的学习风格；③两者分别作用于不同的教学环节。同时，母语参照与目的语参照也是相辅相成、相互联系的。

2. 显性－隐性教学策略

（1）显性策略

显性策略是一种教学方式，它是有意识的。在英语教学中应用显性教学策略的方法有很多，如直接法、翻译教学法等。从显性教学的角度看，英语学习过程就是一个认识发展的过程，是一种常采用某些认知技巧的系统性学习，其特征包括分析、推理、问题解决、规则学习。为了检验语言的正确性，在意义交际中应当重视规则的使用。

（2）隐性策略

从隐性策略的角度看，英语学习过程是养成习惯的过程，行为主义心理学是隐性策略的起源。隐性策略强调通过刺激—反应—强化以达到"不假思索的回答"，强调通过接触实用中的语言及类比和模仿，对学生的英语感悟能力进行培养，使他们像儿童习得母语一样习得第二语言。隐性策略大体可分为三类。

①听说法教学策略。常用方法有重复（repetition）、死记（rote learning）、语音/句型模仿（imitation of sounds and sentence patterns）、对话记忆（memorization of dialogues）、句型操练（pattern practice）。

②体验型教学策略。该策略要求教学活动把学生的注意力引向话题（topics）、任务（tasks）、活动（activities）和实质内容（substantive content）。

③创造自然吸收环境的教学策略。常用策略技巧有催眠法、暗示法、罗扎诺夫法（该方法运用瑜伽以制造一种放松的状态）。

二、学习策略与阅读策略

（一）学习策略

学习者只依靠主观努力并不能取得学习的成功，提高学习效率必须要通过合理地使用学习策略。这种学习策略的理论，诞生于20世纪50年代，学习者在学习的过程中，主动掌握和使用学习策略。研究人员发现，对学习者进行学习策略的培训，可以在很大程度上提高他们学习的效率。

和相关理论一样，对于学习策略的定义国内外的学者并没有一个统一的观点。笔者通过阅读大量文献选择了四种比较典型的学习策略定义进行介绍，具体为：①学习策略是学习者的一种主动行为，为的是提高自己学习的效率和增加学习的兴趣；②学习策略是一种提高学习效率最理想的方法，被用来提高第二语言的学习水平，其主要是通过有效信息的获取来实现的；③学习策略是学生为了提高学习效率和对语言的形式和内容的记忆而运用的一种主动的技巧、方法和行动；④国内学者文秋芳认为学习策略是一种可以提高学习者学习效率的措施和主动行为。

学习策略的定义不同，导致其研究的范围也不相同，因此对于学习策略的分类，不同的学者也各不相同。根据策略包含的认知加工情况，学习策略可以分为认知策略、元认知策略和社会情感策略。认知策略指具体的学习任务，如对材料本身直接进行加工的方式方法，包括归纳、演绎、分类、记笔记、想象、关键词表达、语境化、说明、迁移、推理等；元认知策略是学生的自我意识和自我调控，包括自我计划、选择策略、自我组织、自我控制、自我调节；社会情感策略包括交际策略、合作性策略、移情策略、自我情绪控制策略等。

（二）阅读策略与学习策略的关系

根据策略涉及的内容，学习策略可以分为听力策略、阅读策略、语法学习策略、词汇学习策略、口语交际策略、写作策略等。学习策略包含阅读策略，阅读策略的实施需要以学习策略的具体内容为指导，在学习策略的基础上，实现阅读策略。阅读策略是读者用来理解各种文本的、有意识的、可灵活调整的认知活动计划，是指读者对阅读过程中的认知活动进行监控与调节的手段，是在阅读过程中为完成阅读任务而采取的一切有效方式与手段，包括对学习方法的选择以及怎样组合、操作使用等方面的决策。总之，阅读策略和学习策略是相辅相成的关系，阅读策略通过学习策略实现，学习策略通过阅读策略得到体现，它们都有共同的基础理论指导，是不可分割的。

（三）重视阅读策略意识的培养

作为一名英语教师，在英语教学中必须重视英语阅读课，要进行阅读策略的讲授、阅读策略意识的训练。英语阅读教学要以培养学生的阅读能力为主要教学目标，要教授学生英语课文相关的语言知识，让学生进一步了解英语课文所涉及的内容和文化背景，教授学生阅读方法和阅读技巧，提高学生的阅读速度和阅读理解的准确度，使学生不仅能够读懂意思，而且能够得到美学意义上欣赏能力的提升。

首先，发挥教材优势。大学英语课堂教学仍然是学生学习英语的主要方式，课堂阅读也就成为学生课外阅读的基础，课外阅读成为学生课堂英语阅读的延伸和扩展。在英语阅读策略的培养上，要充分利用教材的优势，培养学生课外阅读的兴趣。

其次，开展形式多样的英语课堂内外活动。在每次的英语课堂上，进行5分钟的英语口语小练习，通过分享同学们在英文阅读中的阅读心得、讲英文小故事等方式，调动学生学习英语的积极性；而在课外可以利用各种节日，定期举办英文诗歌朗诵会、英文辩论会等，丰富学生的英语学习方式，鼓励学生积极参与到英语交流活动中，体会英语阅读的乐趣。

最后，借助教育机制和教育手段激发学生的学习兴趣。

因此，大学英语阅读教学必须首先注重学生阅读策略的意识培养，使他们具备正确的阅读策略与技巧。阅读教学的基础是教师对学生进行理论知识的系统辅导，让学生清楚地认识到要进行阅读，必须首先具有一定的词汇量和语法知识；还需掌握一定的阅读方法和技巧，才能对原文有深刻的理解。特别是在阅读一些不大熟悉的材料时，阅读技巧就显得尤为重要了。

（四）英语阅读教学中学习策略的培养

英语阅读策略是学生进行有效阅读的保障，要让学生重视对阅读内容的理解，更要重视阅读过程中阅读方法和阅读技巧的使用，要在整个的英语教学中渗透英语阅读学习策略的训练。英语阅读教学中学习策略的培养过程如图 7-2 所示。

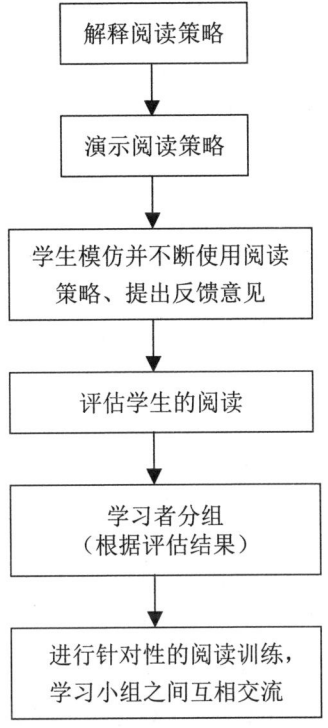

图 7-2 英语阅读教学中学习策略的培养过程

英语阅读教学的开展能够提高学生的阅读能力，其中英语阅读教学策略很大程度上决定了阅读教学的质量。在进行有针对性的阅读训练时，教师要根据各个小组学生的实际情况，选择适合的英语阅读学习策略；还要进行系统的阅读理论的教授，让学生的阅读建立在一定的理论基础之上。学生要养成正确的阅读方式和阅读习惯，发展和培养适合自己的阅读速度和阅读技巧。

三、提高学生英语阅读能力的策略

（一）精心选材——提高能力

大学生良好的英语阅读能力，通常指的是阅读的准确性和阅读的快速性。学生阅读能力的提高是一个循序渐进的过程，教师对大一、大二、大三直至大四学生的阅读材料的选取，也要有一个循序渐进的过程，要体现出一定的阶梯性，这也正是《中国英语能力等级量表》中对每个阶段英语阅读理解的要求的不同体现。

精心选择适合学生的英语阅读材料，主要体现在：①能够体现出各个年级学生的学习需求；②满足学校的英语整体教学需要；③阅读材料要有一定的趣味性；④交替使用不同体裁和题材的阅读材料；⑤重视男女学生不同的阅读兴趣；⑥充分利用教室的贴报栏功能，定期替换不同的阅读内容，让学生随时感受到英语学习的氛围；⑦关注学生的兴趣，及时针对社会的热点话题，引导学生阅读。

精心选择阅读材料才能扩大学生的知识面，极大地提高学生的阅读兴趣，激发学生英语阅读的热情，真正提高学生的阅读能力，培养学生的阅读策略意识。因此，教师不应吝啬时间，应该多花点心思搜寻一些适合大学生的阅读材料，以提高教学质量。

（二）做好预习——提高效率

教师应该在布置阅读任务之前，对学生提出一些阅读要求，如要能够了解文章中的信息、要对自己认为是难点的词汇和句子做出标记，并进行分析解决；对于阅读能力较强的学生，还应该提出更高的要求，如要能够获取文章中的文化背景知识、对作品中相关人物和事件进行研究。教师应鼓励学生通过各种学习资源和网络资源自行解决阅读中存在的问题，提高学生的自主学习意识。

在阅读材料的讲解课上，教师应就学生在阅读中遇到的问题做出回应，逐一解决。教师要进行深入浅出的教授，对于预习设计、文章的细节进行深层次的挖掘；对于学生提出的疑点和难点，进行重点讲解。这样才能真正扩大学生的知识储备，提高学生的阅读效率。所以，预习是英语阅读教学必不可少的一步。

（三）限时阅读——提高速度

在进行阅读训练的时候，教师可以在课堂上进行限时阅读，包括对阅读的数量和时间做出限制性的要求，提出不同的阅读目标。教师在这个过程中要起到主导性作用，提出一些具有指导性的问题，如涉及文章主题的问题、找出关键的词汇和句子，然后要求学生能够用简洁明了的英语进行回答。

这样学生在限制的时间内，带着问题有目的地进行阅读，获取相关的信息、了解文章的大意，培养学生快速阅读的能力，从而提高学生的阅读速度，提高英语阅读教学的质量。

（四）教给学生阅读技能——帮助扫除阅读障碍

好的阅读技巧能更有效地提高阅读质量。学生获得常用的阅读技巧，就能够更好地扫除阅读中的障碍，提高阅读的兴趣和积极性。例如，快速阅读的略读法，能够帮助学生提高阅读速度，获得文章中的足够信息。学生在使用查阅法时，应该注意文章的结构和顺序排列，这样能帮助学生在阅读和回答问题时做到高效省时、准确无误，从而提高教学质量。对于一些生词可以根据上下文的意思来判断词义，知道单词的意思，读起来自然容易多了。

  总之，英语阅读能力的提高不是一蹴而就的，我们只有在教学中掌握学生的心理特点，循序渐进地制定出计划和要求，坚持大量的阅读训练，才能提高学生阅读英语的兴趣，不断提高学生的阅读速度和技能。

第八章 大学英语阅读教学课堂的建构

大学英语阅读也离不开课堂教学，有效的课堂阅读教学要遵循一定的原则，讲究有效的教学方式，才能真正提高学生的阅读能力。本章分为大学英语阅读教学的原则和方式、大学英语阅读资源的开发和利用、大学英语阅读能力结构的建构三个部分。主要内容包括：阅读教学原则的理论基础、大学英语阅读教学的方式、英语教学资源和课程资源的开发与利用、英语教学中课程资源开发、阅读能力结构的基础、英语阅读能力的纵向层级结构、英语阅读能力的横向贯穿结构等。

第一节 大学英语阅读教学的原则和方式

一、阅读教学原则的理论基础

因为教学原则对于教学的顺利开展意义重大，许多研究者在其阅读研究中予以了探讨，其中有许多阅读研究者专门撰文或在其专著中开辟出专门一节来论述阅读教学所应遵循的原则。

（一）威廉姆斯的阅读教学原则

雷·威廉姆斯提出了第二语言阅读教学中应当遵循的十大原则。

1. 阅读材料要有趣味性

威廉姆斯其实讨论的都是阅读材料（第一条原则和第十条原则），前者重在选择，后者重在应用。这充分体现了威廉姆斯的教学理念，即阅读教学活动要基于文本。这也正是当前阅读教学中急需注意的。他认为，首要的阅读教学原则是务必选择有趣的阅读材料。阅读教学如果采用没有趣味的材料，阅读效果将大打折扣。正如其所说，这是一个再浅显不过的道理，然而却往往被忽视。

兴趣是极其重要的，因为这对于提升学生的阅读速度和流利度有重大意义。学生和教师都要对材料感兴趣，都要保持学习的兴趣。

2. 阅读课以学习者阅读为中心

确立阅读课堂教学的中心应当是学习者阅读课文，而不是听教师讲解，不是完成阅读理解练习，不是写出阅读理解问题的答案，不是就课文内容进行讨论。当前国内阅读教学中重教师讲解、重阅读练习、重应试的现状无疑是有悖于这一原则的。威廉姆斯强调其意并非贬低这些阅读活动，而是提倡在其间保持平衡。如果某一课的目标是阅读活动与其他技巧（如与阅读话题相关的写作）的话，那么我们就可以理直气壮地说，这两种活动是同等重要的。然而，在培养单一技能——阅读能力时，课上把学习者阅读放到首位，是为了强调学习者阅读这一中心活动绝不能淹没在边缘性的辅助性活动的泥沼之中。

3. 强调语言能力和阅读能力培养之间的关系

威廉姆斯指出语言能力的提高是培养阅读能力的重要组成部分，当前阅读教学的重心转向了对阅读技巧和策略的教学。他认为这一重新定位是好的，但同时提醒阅读教学者绝不能忽视一点，即如果学习者不能同步扩大他们的视觉词汇量，不能提高对于高频句型和修辞手法的辨认水平的话，那么世界上再好的技巧和策略也不会有任何效果。

4. 强调阅读活动的真实性

课堂阅读过程要体现真实阅读的目的性、任务性和互动性。根据阅读过程的心理模型，阅读是一个读者重构作者信息的过程。在此过程中，读者要参与内部对话，形成假设，进行预测，表达和澄清疑点，产生新的信息。

阅读过程不仅是主动的，而且如日常会话一样具有互动性。威廉姆斯认为这种互动性是有效阅读不可或缺的，课堂教学中可以允许并亟须相互对话和完成关联任务的小组活动。

威廉姆斯认为，这种有目的的互动是模拟读者有效的个人的内部对话。更为重要的是，这种互动活动会促进读者利用所读的内容。为此，他随后列举了两种互动方法。

其一，可以通过要求学生完成有关课文的图表练习（如矩阵图、流程图、树形图）来进行。

其二，还可以通过适当的应用性问题促使学习者利用已读材料。

5. 提醒教师必须学会保持安静

威廉姆斯指出教师往往因为课堂之上支配过多、说话太多，从而干涉和阻碍了学习者阅读能力的发展。其意在警醒教师在阅读课堂上注意自己的角色定位，切不可充当教学活动的中心。这一点与第二点是相通的，可以说是从教师角色的角度对于第二点的再次强调，指出学习者的阅读活动是课堂教学的中心。威廉姆斯认为，尽管阅读能力的培养可以而且理应通过小组协作活动来进行，但是归根结底，阅读是一种个人能力，如同游泳和弹琴。该活动要有人指导，不断地鼓励，还需要审慎设定目标。随后，威廉姆斯强调阅读教学中教师的角色定位，认为教师的角色不应定位于信息提供者或文本讲解者，而应当是教练、课堂组织者、问题解决者、顾问、人事经理或推动者。后者比前者更加具有专业性，要求也更高。

6. 练习形式应尽可能具有认知现实性

使学习者成为更加有效的读者是我们在阅读教学中的目的，我们在真实阅读（与课堂阅读教学相对）过程中应该确定高效读者的阅读策略、技巧以及目标，并帮助学习者对其进行习得。换言之，我们需要确定高效读者是如何阅读的。

7. 精读泛读相结合

仅通过上阅读课和学习阅读教材，学习者永远不会成为高效的读者。每进行一小时的精读，学习者还应进行至少一小时的泛读。精读与泛读相结合，学习者才能保持对阅读的兴趣。

8. 阅读赋予文本以意义

阅读并非如同在超市购物一样，是一个简单的获取（信息、观点、愉悦等）的过程，它还需要付出（态度、体验、先有知识等）。威廉姆斯强调在第二语言阅读教学中，务必要鼓励和发展真实阅读的自然特性。他指出，这可以通过在阅读教学中加入需要读者把已有知识与文本内容相结合的问题和任务来实现。

9. 阅读能力的提高有赖于眼耳并用

与朗读相同，默读也涉及重音、语调或音律问题。研究表明，读者的内部音律感越准确，其阅读理解水平就越高。因此，他建议鼓励学习者阅读的同时也要多听文本录音，比如说与分级读物配套的录音带，可以采取三种方式：①教师直接用流利纯正的英语读给学生听；②高年级同学领读；③抽取学生中英语阅读能力比较强的同学进行朗读。

10. 正确利用高校英语教材

各个英语专业具有不同用途的教材，比如说完全可以用课文来说明某一语法点，以此引发更深层次的学习。但若因此认为这就是阅读教学，那就错了。采用合理选择的课文来培养与其相适应的认知策略能够促使学习者对原文信息进行重构（这与了解作者传达的手段是大相径庭的），其目的是培养学习者可概括的和可迁移的意义重构策略，使他们能够不借助教师和阅读课的帮助就能够在课外予以应用。

威廉姆斯提出的教学原则中第一条和第十条都涉及教学材料的选择和应用；第二条和第五条强调阅读教学中要以学生的阅读活动为中心，教师不应进行过多的干预；第三条强调语言能力与阅读能力的关系；第四条是阅读教学课程的设计；第八条强调读者与文本的互动；第六条涉及阅读理解练习的设计；第七条和第九条是学习者阅读的方法。

威廉姆斯把这10条原则冠以"Top 10"（最重要的10条），应当是诸多权衡下做出的选择（他强调说这个清单是在与诸多外语教师讨论、听取他们的反馈后做出的）。这些原则的排序也体现了排行榜所具备的级差性，这些原则从前到后按照其在阅读教学中的重要性排列，从阅读材料的选择到最后教师课堂教学材料的灵活运用，从强调学习者是阅读教学活动的中心到教师的角色定位，从课程设计到阅读教学评估，体现了时间、重要性的先后。

（二）戴维和班福德的阅读教学原则

戴维和班福德认为，雷·威廉姆斯年发表的文章主要关注的是阅读教学的一种方法，即精读。他们提出了泛读教学的10条首要原则，以作为对精读讨论的扩展。他们首先强调了泛读的重要性，认为泛读除了能够促进学生语言和阅读能力的发展，还是打开学生外语阅读兴趣之门的一把钥匙。

1. 选取简单的阅读材料

戴维和班福德认为，这是区别泛读与其他外语阅读教学方法的标志。要想使泛读能够推行并取得理想的效果，阅读材料的难度一定要控制在学习者的外语阅读能力之内。

2. 选取阅读材料时要注重话题的广泛性

泛读教学的成功实施很大程度上有赖于学生的阅读兴趣。为此，阅读材料所涉及的话题应当尽可能广泛，以满足学习者阅读的目的。图书、杂志、报纸、小说、非小说，信息性的、娱乐性的、总论性的、专业性的、轻松的、严肃的，等等，诸种材料，不一而足。阅读材料的多样性不仅能够提高学生的阅读兴趣，还能够鼓励学习者阅读时采用灵活的阅读方法。

3. 学习者选择想要阅读的材料

学习者可以如同进行母语阅读时一样，自由地选择他们想要理解、欣赏抑或学习的阅读材料。同样，学习者也可以自由地终止难度较高或乏味的阅读。

4. 学习者要尽可能多读

这是泛读的"泛"字之意义所在。阅读学习中最重要的因素是实际用于阅读的时间量。阅读量没有上限，但是如果想要真正从泛读中受益、养成阅读习惯的话，每周至少要读一本书。

5. 阅读目的通常是获得愉悦和信息

在泛读教学中，教师应鼓励学习者在进行外语阅读时与母语阅读出于同一目的，采用同样的阅读方式。这样一方面把泛读同正常的课堂教学区则开来，另一方面将其与带有学术目的的阅读区别开来。泛读的目的不是要达到百分之百的理解程度。

6. 阅读本身就是一种回报

学习者的文本阅读体验是泛读体验的中心，正如同其在日常阅读中的地位一样。为此，泛读通常是没有阅读理解问题的。泛读自身就是一种完整的体验。

7. 较快的阅读速度

学生进行泛读时，阅读速度通常是较快的，而不是较慢的。当学习者出于个人兴趣，怀着一般目的而非学术目的阅读他们语言能力之内的阅读材料时，就能够使阅读过程变得流畅。

8. 阅读是个体性的默读

泛读是一种学习者单独进行的活动，采用的是默读形式，这与课堂教学中借助文本来教授语言、阅读策略、（传统教学方法中）翻译抑或朗读的方式是有明显区别的。教师要让学生去发现阅读是其与文本的一种个人互动，去体验其在阅读中的角色。因此，除了自由选择阅读材料以外，个人的默读也有助于学生探索外语阅读是如何渗入他们的生活的。

9. 教师对学生予以引导和辅导

泛读教学与传统课堂教学是不同的。习惯阅读高难度外语材料的学生，一旦面对海量的简单而有趣的阅读材料时会无所适从。他们可能无法理解简单有趣的阅读材料能够帮助他们成长为更加出色的读者,因此需要教师把学生引入泛读的殿堂之中。教师需要介绍泛读的作用,讲解阅读技巧和策略,引导学生选择合适的阅读材料,同时强调阅读后不进行任何形式的测试。

10. 教师是学生的榜样

教师对学生会产生重要的影响。学生一方面学习教师教授的知识,另一方面也在学习教师的言行。出色的泛读教师自身也是读者,凭经验向学生传授阅读的态度和行为。当教师和学生分享阅读心得时,学生可以和教师一起体味阅读所带来的价值和乐趣。

上述泛读的原则可以分为四个方面:①其中第一条至第三条涉及阅读材料的选择,第一条原则强调阅读兴趣是选择材料的前提,而第二条原则强调了图书资料的可获得性,第三条原则强调学生在资料选择中的自主性。②第四条和第七条说明的是学生泛读活动中的两个非常重要的量化指标:数量和速度。二者是密切相关的,既相互制约,又相互促进,在实际教学中应注意保持平衡。③第五条和第六条说明的是阅读的目的。其中第五条是泛读的直接目的,而第六条则强调泛读的间接效果。④第八条至第十则说明了泛读教学中教师的角色定位。第八条原则是教师角色定位的前提,第九条和第十条是泛读教学中教师的角色:定向和引导者、示范者。

笔者认为两位研究者把教师的示范作用作为泛读教学的十大原则之一,其意义十分重大。首先,这是对教师素质的要求和挑战,教师要确保教学的顺利进行就要做一个广博的阅读者;其次,强调了泛读教学中师生的互动。教师作为阅读体验的信息分享者,可以为学习者的阅读提供无形的指导。

(三)哈默的阅读教学原则

1. 阅读教学原则的内容

国际知名英语教师教育专家杰米·哈默提出了六条阅读教学的原则。

(1) 鼓励学生尽可能常读和多读

学生读得越多越好,教师应该鼓励他们在精读之余还要进行广泛的阅读。

(2) 学生要专注于所读的文章

课堂外,学生进行泛读时,要鼓励他们进行快乐阅读。也就是说,教师要尽力帮助他们从阅读中获得尽可能多的乐趣。然而,在课堂上,教师也要尽力确保他们能专注于所讲授的文章主题和阅读活动。

（3）鼓励学生对文章的内容给予回馈

学生进行课堂阅读时，要对文章进行探究性的阅读，学习其行文的方式，了解其段落数量和关系从句的使用次数。这是很有必要的。在进行探究性阅读的同时，还要让学生明白文章信息的重要性，要让学生们能对阅读的文章主题有自己的感受，鼓励他们用英语表达出来。

（4）预期是阅读的一个重要因素

当我们阅读母语文章时，通常还未读却已经对其内容有相当的了解。图书封面可以提供连接其内容的线索，照片和标题则暗示了文章的内容。在读之前，可以就其外在的信息猜测文章的题材，而不是看到图书封面、文章标题等信息猜测要读的是什么内容。

建立起阅读的预期，就可以积极地投入阅读中去。教师在课堂上要引导学生去预测接下来阅读的内容。当学生进行消遣性的泛读时，教师应该鼓励他们去看封面和封底，这样可以帮助他们选择要读的东西，进而帮助他们投入阅读中去。消遣性阅读是而且应当是有别于学习性阅读的。

（5）使用精读文章时要使任务与主题相匹配

教师要根据学生的水平、文章的主题以及语言和活动的可能性，选择适合学生阅读的文章，选择适合的阅读任务，例如，选择正确的问题类型，合适的读前、读中和读后活动，以及其他有益的拓展性活动等。最有用和最有趣的文章，也会被令人厌烦和不恰当的任务给破坏掉；最平淡无味的段落，也可以因具有想象力和挑战性的活动而变得非常有趣，尤其是当挑战程度（即学生要完成一项任务的难易程度）恰恰适合这堂课的时候。

（6）好教师要把阅读文章利用到极致

英语教师在进行阅读教学时，应当可以把阅读的文章灵活地应用到课堂教学上，不仅仅是教授学生英语词汇、句子等的知识，还要在有趣的教学活动中融入阅读文章，让学生可以更进一步地探讨文章的意义，灵活运用英语语言知识，赋予阅读文章以生命和活力。当学生进行泛读时，我们应该利用一切机会激发他们产生有益的反馈。

2. 阅读教学原则的特点

哈默提出的六项阅读教学的原则有三个特点：①强调要充分发挥学生在阅读教学中的能动性。他建议鼓励学生多读，并使他们专注于阅读。②强调学生的阅读方式和方法。哈默指出，阅读时不仅要获取信息，而且要对所读的材料进行意义重构，并将其与自身的体验和知识相结合。他还建议阅读时要采用预期和预读的方法,这样有助于提高阅读效率。③强调教师在阅读教学中的作用。哈默指出,教师的作用体现在教学材料的设计上。一方面,他强调教师设计的阅读任务要与材料的主题相匹配(第五条原则)。笔者认为这是在强调阅读的真实性。另一方面,他强调教师应充分利用所学文章(第六条原则),通过设定不同层次的阅读任务和阅读目标对所学文章进行深度挖掘。

(四)阅读教学原则汇总

三家之言的汇总列表(个别条目进行了简化)如表 8-1 所示。

表 8-1 阅读教学原则汇总表

条目	威廉姆斯	戴维和班福德	哈默
1	阅读材料要有趣	阅读材料要简单	鼓励学生多读
2	学生阅读是中心	阅读材料话题要广泛	学生要专注于阅读
3	语言能力提高是关键	学生选择阅读材料	鼓励学生对文章内容给予回馈
4	阅读活动的真实性	学生要尽可能多读	对阅读内容进行预测和预读
5	教师要安静	阅读是为了娱乐、信息获取和大体了解	精读时任务与主题要匹配
6	练习反映认知现实	阅读的自我回报	教师充分利用阅读的文章
7	精泛要结合	阅读速度要快	
8	学生赋予文本意义	阅读是个体性的默读	
9	听读并用	教师要引导和辅导学生	
10	合理利用教材教授语言知识和阅读策略	教师是学生的榜样	

二、阅读教学原则概述

(一)阅读教学的原则

1. 针对性

阅读教学原则要具有针对性,要能够反映阅读教学的独特性。由于阅读教学的独特性,需要有针对性地制定教学原则,以便在外语教学中真正做到有的放矢。

2. 普遍性

阅读教学原则要具有普遍性,能够对不同类型的阅读教学提供指导,而不能只顾其中的一方面而不顾其他。由于阅读材料和阅读目的等的不同,阅读教学中往往会采用不同类型的阅读教学策略,因此需要指导阅读教学的原则能够适应多种教学情形,具有普遍性。

3. 可行性

阅读教学原则必须具有可行性,在阅读教学实践中能够切实起到标杆作用,能够给阅读教学提供直接的参考和指导,而不能因为片面追求理论的高度而曲高和寡,失去其制定的初衷。

4. 开放性

教学原则是对教学客观规律的理性认识,但人们对于教学客观规律的认识有一个由表及里、由浅入深、逐步深入、逐步全面的过程。因此,包括外语阅读教学原则在内的教学原则并非是固定不变的,而是具有开放性的。外语阅读教学原则一方面随着外语阅读教学经验的进一步积累和理论研究的进一步发展和变化而变化;另一方面也会从一般教学活动的新方法和新经验中汲取营养而不断发展。

(二)大学英语阅读教学的原则

笔者认为在大学英语阅读教学中,应遵循以下原则。

1. 师生角色定位要合理

大学英语阅读教学要以学生为中心,教师为辅。要成功推进阅读教学,首先要解决的问题是师生的角色定位问题。教师和学生需要明确其角色定位,在阅读教学中各司其职,绝不能越俎代庖。作为教师,应当彻底转变传统观念,从教学活动的中心转到为教学提供辅助和支撑。而学生需要承担起学习活动的中心角色,充分发挥积极能动性,注重自主阅读,以切实提高自身的阅读理解能力。

2. 合理选择阅读材料

明确了角色定位,接下来要解决的是读什么和教什么的问题,而这两个问题的中心是阅读材料。在阅读材料的选择上,笔者主张合理选择真实的阅读材料。要选择阅读材料,首先应明确选择权。在选择阅读材料时,笔者认为应以学生自主选择为主、教师选择为辅,二者相互补充、相互结合。因为学生的阅读是教学活动的中心,所以首先应该把阅读材料的选择权交给学生,让他们选择自己感兴趣的、适合自己水平的阅读材料。

但同时,教师的作用不容忽视。教师要对学生选择阅读材料予以指导,引导他们选择与所讲主题相关的资料。在教授阅读技巧和策略时,教师更应发挥应有的作用，选择学生感兴趣和难度适宜的材料，并要保证使阅读任务与材料内容相匹配。

3.课堂教学方式要灵活

传统上把阅读方式分为精读和泛读，一方面体现了文本阅读目的和处理深度的不同，另一方面则体现了教学安排的差异。精读课通常在课堂内进行，而泛读则等同于学生课外自主阅读。

在阅读教学中，尤其是课堂教学中，要采用灵活的教学方式，具体体现在以下三个方面：①精泛读结合。根据课堂所讨论的话题以及阅读材料的难度，选择以精读或泛读为主的阅读教学方式。②指定阅读与自主阅读相结合。课上阅读教学中，为教授特定的阅读策略和技巧，教师可以指定阅读材料，但是另一方面，应当充分发挥学生的主观能动性，鼓励学生自主阅读，利用自己选择的阅读材料练习相关策略和技巧。③传统阅读方式与电子阅读方式相结合。目前，阅读教学所注重的依旧是传统的纸质材料的阅读，然而随着科学技术的不断进步，电子阅读在日常阅读中所占的比重不断攀升。如果教师还是故步自封，只采用传统介质进行阅读教学，那么在培养学生阅读能力方面则是有所欠缺的，应该把传统的纸质印刷阅读与电子阅读方式结合起来，以彼之长补己之短。

4.阅读评价要慎重

通常阅读评价被认为是阅读教学的重要组成部分，这主要是因为阅读评价对于阅读教学具有推动作用。通过多种阅读测试形式（课堂阅读练习或学期阅读测试等），一方面教师可以对教学效果予以评估，明确下一步教学工作中应当努力的方向，另一方面一定形式的测试练习可以使学生明确学习目标，发现阅读技巧和策略方面的不足，从而进一步推进他们的阅读学习。

但是，我们绝不能忽视阅读评价的副作用。任何形式的阅读评价手段（测试或练习等）都是对真实阅读情境的违背，会影响学生的阅读热情和效果。阅读理解问题通常使得学习者不加分析地在文章中搜寻答案，而完全忽视了这样做的初衷。阅读测试使得阅读本身成了终点（为阅读而阅读），成了与真实知识和体验无关的活动，因此也就失去了阅读的意义。

鉴于阅读评价的双重作用，教师在阅读教学中要慎重选择阅读评价。一方面要尽量减少其数量，另一方面要确保考查内容和形式符合真实的阅读需要。

三、大学英语阅读教学的方式

（一）阅读前的方式

阅读前的方式指的就是在学生进行阅读之前做的准备，主要包括主题的引出、问题的提出、任务的交代，其主要目的是引起学生的阅读兴趣。在阅读前的准备活动通常有以下几种。

1. 扫除障碍

如果学生即将阅读的文章中有较多的生词，教师可以在读前阶段设计词汇预教活动，帮助学生扫清一部分词汇障碍。但是词汇预教有三点要特别注意：①不要扫清所有的词汇障碍，因为没有生词的阅读不是真实的阅读，而且学生也失去了在阅读中练习推测词义的机会；②要在语境中预教词汇，因为只有在语境中教，词汇才有意义，学生才能更好地把词汇迁移到阅读中；③词汇预教只要做到认知即可，不要拓展词汇知识。

2. 以旧引新

俗话说，字不离词，词不离句，句不离篇。文章由句子组成，句子由单词按照语法结构组成。在一个学期内教材中的语法难度是逐渐上升的，但是涉及的语法不会很多，有时候一个语法会由几个单元共同呈现。因此，教师在教授语法的时候会经常重复这些语法，因为他们可以通过重复旧的语法知识，引出新的语法知识，通过对旧知识的再现和迁移，使学生更容易理解新知识，印象更深刻。

3. 激活背景

在正式的阅读开始之前，教师要设计活动进行文章话题的引入，让学生有机会了解或分享一些与文章话题相关的背景知识，或对与文章话题相关的问题进行讨论，启发学生的思考。阅读是一个读者与文本交互的过程，引入话题的活动旨在激活学生已有的知识，或激发学生的阅读兴趣，让学生带着被激活的知识或被激发的兴趣去阅读文章，促使学生更好地把文本和已有知识进行融合。

4. 预测情节

预测是一种重要的阅读技巧。预测的关键不在于预测结果正确与否，而在于预测让学生在阅读前对文本有了期待，拉近了学生与文本的距离。预测有可能激发学生阅读的兴趣，至少能引发学生对文本的思考。接下来的阅读则能够进一步检验预测的结果，也使得预测的延续活动有了实际的检验效果。

预测要基于一定的信息进行，最为常用的是基于文章的标题进行预测、基于文章配有的图片进行预测、基于文章中出现的词汇进行预测、基于是非判断题目进行预测等。在实际操作中，教师要向学生提供将用于预测的信息。同时，教师还要有明确的提问，明确指出想要学生基于已有信息预测什么内容。

（二）阅读中的方式

在阅读中，学生可以了解课文中的语言现象，获得比较全面的信息。从本质上来说，阅读是一个推测与验证相互交替的过程，因此，在阅读中我们要侧重的是阅读分析的过程，而不是阅读的结果。阅读中的方式主要有以下几种。

1. 略读

略读是指快速阅读，了解文章大意，是一种重要的阅读策略。设计略读活动时要注意，略读任务的问题要比较宽泛，可以提问作者的写作目的、材料的出处等，但不要针对某个具体的细节提问。

略读是一种阅读策略，也是需要逐步培养的阅读能力。所以，略读活动对于初学者或者尚未掌握略读方法的学生来说比较困难，教师可以把开放式问题转化为选择题，如：可以给出材料的几个出处，让学生在略读之后进行选择；也可以事先写好几个小标题，让学生略读之后进行排序等。

2. 查读

查读是指快速阅读查找具体信息。查读的过程是学生带着明确的查找目标，到文章中去搜索的过程，所以查读的任务要特别明确，这样学生才有可能快速找到所需信息。查读的对象可以是某个具体的信息，如"有几个学生在活动中获奖"，也可以是某一种结构，如"找出对话中表示推测的句子"，或是其他的有一致特征的内容。

3. 信息转换

以篇章形式存在的信息不容易被读者重组或内化，而当篇章被转化为另外一种形式时，就比较容易有效地被读者重组或内化，能够帮助阅读者更好地理解文本信息。

4. 提问

（1）事实细节

通过对文章事实细节设问，教师可以引导学生关注文章中的某些具体细节信息，帮助学生理解重点、难点信息，引发学生对事实或语言的关注，有助于文本信息和语言知识的内化，为此后的进一步阅读讨论做好准备。

（2）推理

在确保学生对文章字面信息准确理解的基础上，教师可以通过设问，引导学生关注文字背后隐含的意义，即进行基于事实信息的推理。推理实际上是学生把文章中的信息与自己已有的背景知识相结合，从而进一步理解文义的过程。

（3）情感态度

教师还可以设计问题，引导学生分析作者在文章中流露出的情感、对事件或人物所持的态度。在一些议论文中，作者的态度是显而易见的，很容易被学生发现。而在一些记叙文或者新闻报道中，作者的情感态度在字里行间自然而巧妙地流露，很容易被学生忽略。如果教师能在细致的文本分析的基础上，设计相关问题，引导学生发现作者的情感态度，则能帮助学生更全面、深入地理解文章。

（4）写作手法

对写作手法设问，可以引导学生去分析文章的内部逻辑，这是相对高层次的阅读分析。因此，这种问题的设计应当建立在学生对文章信息正确理解的基础上，应当出现在所读文章具有较为明显的写作特点的情况下。对写作手法的讨论可以是关于论证方法的分析、对修辞方法的分析、对谋篇布局的分析、对叙事手法的分析等。

（5）指代信息

不能正确理解指代信息是学生阅读理解中常见的困难，所以，教师在设计读中活动问题时，可以考虑针对指代信息设置问题，在练习中逐步提高学生对指代词的理解能力。

5. 阅读策略训练

对阅读策略的训练，其实是渗透在阅读教学的每个阶段的，是体现在大多数阅读问题的设计之中的。此处又特别提出策略训练予以讨论，一是体现策略训练对阅读技能培养的重要性，二是提出策略训练中需要注意的几个问题。具体的问题如下所示。

第一，阅读策略训练要经过展示、训练和应用三个阶段。展示阶段呈现阅读策略；训练阶段提供材料训练某一阅读策略；应用阶段提供多种文本布置阅读任务，让学生运用所学策略进行阅读，以解决问题或者完成其他任务。

第二，在呈现阅读策略时，要注重学生的体验。教师要积极创造机会，让学生真正体会到运用阅读策略的作用和意义。要想让阅读策略的体验具有可操作性，还需要教师的创造性发挥。而只有让学生在阅读中真正体验到了策略的效用，他们才会在阅读中主动运用策略。

第三，阅读策略训练是一个长期、反复、循环的过程。每名学生都有自己的阅读策略，即便这些既有的策略是低效的，也会因为长期以来的固化变得很难改变，不会因为一次成功的体验就得到改进。因此，阅读策略的训练是一个长期的过程，不能一蹴而就。

第四，阅读策略的选择因人而异。每个人都有自己的阅读策略，学生也是一样的。教师也应当允许学生对阅读策略做出自主的、合理的选择。

（三）阅读后的方式

在阅读完成之后的这一阶段，主要是对阅读过程中学到的知识进行巩固、联系以及拓展，进一步培养学生说和写的能力。在这一阶段，教师要引导学生发挥他们的想象力和创造力，设计出一些与课文内容相关的教学活动，让学生们表达阅读的感受。常见的阅读后的方式有以下几种。

1. 复述

学生可以通过复述，再次回顾文章内容及文中的语言知识，进一步落实课上所学。组织学生对文章进行复述时，教师可以提供一些关键词或关键信息，让学生根据这些提示进行复述，从而确保复述活动的质量。为了增加复述活动的趣味性，教师可以让学生以接龙的形式对文章进行复述。

2. 转述

如果是记叙文，教师也可组织学生从某个人物的视角对故事进行转述。如果是对话性质的语篇，可以让学生将对话转述为描述性的语篇，用第三人称将语篇所讲的内容描述出来。

3. 填空

教师可以在课前写好一篇课文内容的概要，在概要里留出一些空白，让学生根据课堂所学，补全概要。这个活动不应设立唯一正确的答案，而应鼓励学生填入尽可能多的符合文义的词汇。

但是，补全语段应当是一个单人活动，在学生独立完成任务后，可组织学生结成小组，在组内分享并解释自己的想法。这样的小组分享，能促进学生在交流中进一步巩固所学知识，并在小组讨论过程中对阅读理解时遗留的个别问题进行补充。

4. 写作

写作是一种常用的读后活动形式。基于所学的文章或课上进行过的讨论，学生可以完成相应的写作任务。教师可以要求学生为文章撰写概要、对文章中某部分内容表达自己的见解，还可以要求学生从其他角色的视角对文章内容进行转写，或者对文章进行续写、改编等。

5. 角色扮演

角色扮演活动是一种有趣的读后活动方式，学生按照教师的要求，扮演某个角色，在与同伴的合作和互动中巩固知识。角色扮演活动的优点有以下三点：①学生参与度较高，每个人都有落实已学知识的机会；②学生压力较小，可以更加轻松活跃地参与到活动中来；③学生自由创作的空间较大，可以提高学生参与的热情。

组织角色扮演活动需要注意以下五点：①角色设置和小组活动的目的要明确；②各角色的任务要明确；③在学生准备过程中，教师应给予及时的引导和帮助；④在班级展示过程中，教师应为观看展示的学生布置活动任务；⑤班级展示结束后，教师应当进行点评。

6. 讨论

课堂讨论是一种常见的读后活动方式。教师设置一个或多个与文章相关的讨论话题，学生基于阅读中获取的信息或观点，结合自己原有的知识，对话题进行讨论。学生在讨论中不仅可以运用文章中的信息和观点，而且可以就这一话题发表个人见解。

组织讨论活动时需要注意以下四点：①讨论的话题应当与课文和学生这两个主体相关，远离学生或脱离课文的话题讨论是低效的；②讨论的话题应当不具有明确或显而易见的答案，教师也应当允许学生持有个性化的观点；③讨论中应着力提高学生的参与度，尽量邀请多名学生发表见解，试着让讨论变为学生之间的交流而不是争论；④教师应对过于偏激或片面的观点进行必要的引导、纠正。

第二节　大学英语阅读资源的开发和利用

一、英语教学资源

大学英语阅读课堂教学中，离不开对阅读资源的开发和利用。其中英语教学资源对英语课堂教学起着非常重要的作用，丰富的英语文本资源、多媒体学习资源、课件资源和网络信息资源，可以从多方面激发学生的学习热情，提高英语课堂教学的效率，培养学生的英语学习兴趣，从而提高学生的英语水平。

教师要不断开发新的、适应时代发展和学生个性学习需求的英语教学资源，要利用不同的资源载体，提高教学效率。

（一）文本资源

这是传统的英语课程教学载体，也是现阶段学生学习的最基础的课程资源，主要是指英语教材、英语教辅材料等。随着网络信息化时代的到来，英语文本资源的开发还要从以下几方面进行。

1. 订阅英语报纸杂志

这也是我们最常用、最简单的获取英语学习资源的方法。高校可以以院系、班级为单位订阅适合各个年级学生的英语报纸杂志，定期或不定期举办英语展览、英语角等交流活动，增加学生的英语阅读量。学生也可以根据自己的英语学习情况、个人的兴趣爱好等订阅。

2. 收集生活中的英语资源

英语作为一种语言，是需要在一定的语言环境中学习的，而我们在中文的语言环境中，就要在不经意间收集生活中的英语词汇、英语句子等。现在我们的吃穿住行中的英文随处可见，因此生活中的英语是非常宝贵的学习资源。只要我们平时留心观察、注意，就会收集到很多生活中的英语资源。

3. 开展英语编报比赛活动

高校可以组织开展英文版面的墙报、校报、班级板报等比赛活动，要求在编辑板报的过程中，要有60%以上自己创作的内容，并尽量要求用手稿。定期举办评比活动，是一种综合开发和利用文本资源的好方法。这样可以综合提高学生的英语读、写、译能力。

4. 建立校级英语图书室

英语语言的学习和灵活运用，离不开大量的语言输入，教师要根据每个年级的学生的学习需求，引导他们进行英语阅读。这就需要高校的图书馆设有专门的英语图书室，分门别类地进行各个年级、各个英语水平的图书放置；也可以以班级为单位建立班级"图书角"或"图书柜"，让学生把自己的英语图书拿出来与其他同学分享。

（二）网络多媒体资源

英语语言的学习要有一定的语言环境，传统的用磁带、光盘等进行语言教学及听力训练的方式，已经不复存在了，网络信息和多媒体的发展为学生的学习提供了更广阔的空间。信息技术与互联网可以提供不限时空的海量学习资源，这是英语课本及其相关练习和阅读材料所不能达到的。这种方式的学习极大地扩充了教学资源，广泛拓展了学生的学习知识范围，使课堂教学更趋向于开放性，同时开拓了学生的视野和思路，培养了大学生的创新能力和创造力。信息技术与教材整合的优势就是学生可以不限时间和空间地获取自己所需要的学习资源。

高校英语教学的核心内容之一就是对大学生的英语阅读教学，而英语教学的关键所在就是要提高大学生的英语阅读能力。网络信息化背景下多媒体计算机的广泛应用，创新了高校英语阅读课程的教育教学，多媒体辅助英语教学越来越受到大学生的接受和欢迎。

利用多媒体网络进行大学生英语阅读教学，提高了学生的英语阅读兴趣和英语阅读能力，有效克服了传统英语阅读教学中的阅读题材狭窄、阅读内容陈旧、阅读方法单一等问题，丰富了大学生的阅读题材。网上阅读的新颖、及时反馈等特点，也适应了"00后"大学生利用互联网学习的优势，有效提高大学生的阅读能力。

在选择网络阅读材料时，要遵循以下五个原则：①拓展性。网上阅读材料应是对教材内容的扩展和延伸。②时效性。要及时更新阅读材料，选择一些能充分反映时代特点和当今社会的热点问题、国际时事形势的内容。③趣味性。阅读材料要充分符合"00后"大学生的心理和个性特点，能够引起大学生的学习兴趣。④科学性。网络信息的复杂多变和虚拟现实的网络信息让大学生很难分辨真伪，阅读材料的选择要注重科学性，能够反映当今社会的客观现实，真实地反应社会经济和科技发展的水平。⑤艺术性。阅读材料要分层次地选择，要适合各个阶段的大学生的阅读水平，材料的难易程度要适中，有一定的艺术性，能激发学生的阅读兴趣。

（三）课件资源

多媒体课件可以对所有的文本、影音资源进行综合利用，可以从很大程度上增强课堂的趣味性及容量。同时，课件资源还有其他资源不可替代的优势，那就是直观性强、重难点突出，能做到有的放矢。当下课件资源丰富的当属慕课，其中文含义是大规模网络开放在线课程。伴随网络发展的不断提速，慕课作为网络教育发展的一个新形式，其定义一直在不断更新。慕课教学资源具有如下的特点。

（1）大规模

慕课不同于传统的课堂教学，在学习人数上没有限制，可以多达几万甚至几十万人；慕课平台中的课程门类既包括基础学科，也有大量的专业课程，不同的慕课平台其课程各有侧重。因此慕课的上课人数和课程门类的规模之大，是慕课的主要特点。

（2）开放性

这是慕课的主要特征之一，它强调资源在一定范围内的共享性。从慕课出现至今，世界各地的学习者都可以通过特定的网络平台获取免费的课程资源。资源共享是现代社会和现代教育的根本特征，随着终身教育思想的出现，计算机和互联网的结合，新时代背景下所产生的网络教育成为实现人们终身学习的主渠道。开放性成为慕课发展壮大的一个重要驱动力，意味着所有学习者只要拥有互联网上网条件，就能够享受到优质的教育资源，突破了传统学习者需要拥有学籍才能够进行学习的局限性，使学习者能够在开放的环境中进行自主学习。

（3）低成本

在传统教学中，学习者需要花费更多的时间与金钱等成本，才能够得到优质的学习机会。而慕课的产生和发展，使得学习者只要拥有互联网网络和能够上网的电子设备，即可在任意时间、任意地点进行在线学习，享受免费教学资源，这大大降低了学习者获取资源的各项成本。

（4）个性化

基于慕课的大规模课程教学，学习者可以根据自身的喜好和需求选择学习内容。由于每个学习者的心理活动、已有知识及学习能力均有较大的个体差异，导致学习的进程、学习效果的反馈等都有所不同。慕课能够满足学习者多元化、多层次、不同进度的需求，可以说是满足不同主体对学习需求的最高效、最便捷的教育方式。

（5）交互性

这是使慕课从传统的网络教育、远程教育中脱颖而出的重要特征。慕课课堂模式使师生关系因为可以自由选择而变得更加开放，教师由主导者变为课堂的协调员。学习者可以通过更多样的交互手段与方法参与到课程学习与建设中来，转变了传统单一的接受者角色。交互性还原了传统的课堂交流模式，并带来了更方便、更灵活的交互体验，实现了学习的即时反馈，提升了学生参与的积极性和思维能力，从而可以有效提高学生的学习效果。

（四）共享信息资源

随着互联网信息化时代的到来，中国的教育信息化从 2018 年开始了，信息化带动了教育现代化，高校教育全面进入融合和创新的 2.0 阶段。教育伴随着每一次重大的技术变革发生着变化，工业化时代的教育模式很难适应信息化时代对人才培养的需求，我们要进行教育体制系统的重组和改革，而 5G、AR、VR 的发展，为我们的教育改革提供了强有力的信息技术支持。未来教育是优质资源共享的智能教育时代，智能教材、同步课堂使得优质的教学资源得到了共享。

在这样的背景下，学生不仅能学到规范的语言知识，还能通过网络海量的英语学习资源学习到英文文学语言和英语日常用语，提高学生的英语交际能力。网络信息技术下人们获取知识的来源出现了多元化趋势，如图 8-1 所示。

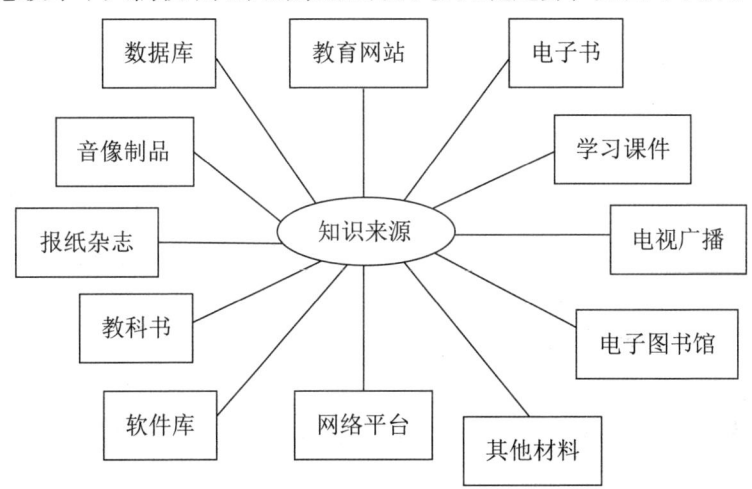

图 8-1　网络信息技术下的知识来源

由此可见，学生可以从多种渠道获取自己想要的知识，这远远超出了传统教学模式下的英语教材的范围。

二、英语教学中课程资源开发

（一）英语课程的特性

1. 工具性和人文性

（1）英语的工具性

从功能的角度来看，英语符合人的功利心理，实用性非常强。但是如果将语言工具化，或者仅是用工具去定义语言就不合适了。无论是从语言学的角度，还是从语言哲学的角度去看,语言工具论都是对语言的不尊重。从英语教学的角度来说,这种说法很容易使人只注重"工具"本身,只重视对语言本身规律的研究,忽视了对外部制约因素的研究。

(2)英语课程的人文性

要理解英语课程的人文性,首先要弄懂人文和人文性的内涵。所谓人文,其核心是"人",是对人的关心、爱护以及尊重,即以人为本。所谓人文性,包含了人性和文化性,与文化、道德、情感都息息相关。因此,文化是语言的载体,语言是文化的组成部分。

(3)工具性与人文性的统一

从理论上来说,在传统的语言观念中,人们认为语言是交际工具。但是语言除了交际功能之外,更重要的是认知功能。近年来,认知学科开始发展起来,其中,认知心理学和认知语言学的迅速发展,使人们开始逐渐关注语言的认知功能,在英语教育中对认知能力的发展也越来越重视。

从实践上来说,仅仅将学生的交际能力作为英语教育的目标,已经不能满足社会发展的需要了。一方面,这一目标定位过高,"准确""得体"的交际能力,对于大多数的学生来说是达不到的,很多学生因为无法达到,而选择放弃学习英语;另一方面,学生缺少认知能力,所学到的英语没有实际效用,仅仅是在英语课堂上学习英语,除此之外,很少有机会接触外国人或者外文资料。

2. 综合性

英语课程和教育学、心理学、哲学、语言学、应用语言学、语料库语言学、社会学、二语习得以及文化等很多学科有着紧密的联系,英语课程从这些学科中汲取理论养分。英语课程中的教学方法的语言理论基础来自语言学,学习理论通常来自心理学,英语学习理论来自社会学或教育学,研究方法来自人类学、人种志学等。

语言教学是在教育环境中发生的,如大学、中学、成人补习班等。因此,教育的理念也应用于语言教学中,就像它应用于其他学科的教学中一样。

英语或二语教学本身是应用语言学的一个部分。有学者认为,应用语言学是"语言学在语言教学中的应用"。心理学、教育学、人类学、社会学、政治学、修辞学、文艺学等是应用语言学的支撑,因而,这些学科也是英语教学的支撑。

英语课程中的大纲、教学方法、教材设计与编写随着这些相邻学科的发展而产生变化。以语料库语言学为例,过去二十多年来语言描述最显著的发展就是使用计算机来搜集和分析现实中发生的语料,由此而建立的语料库能够揭示语言出现的频率和共现的模式。语料库成为一种新型的课程资源，教师可以利用口语语料库或笔语语料库进行语言辅助教学。课程设计者和教材编写者可以根据语料库呈现的词汇出现频率来确定哪些词汇属于高频词，因而是大纲或教材中应该呈现的词汇。语料库也是一种新的教学方式，教师可以设计相关的练习，让学生根据语料库中的语境共现来发现或探索词汇在语境中的意义或者区分同义词等。

3. 实践性

英语课程的实践性既跟英语课程的工具性质有关，也跟英语课程的目标有关。从英语课程的工具性的角度来看，英语课程要培养学生运用英语进行交际的能力。英语交际能力的形成要靠学生进行互动，在语言交际活动中学习交际及培养交际能力。另外，语言课在很大程度上是技能课，英语课程承载着培养学生的听、说、读、写技能的任务，这些技能的培养要在实践中进行。要在听、说、读、写活动中培养学生相应的技能，而仅仅依靠教师对听、说、读、写知识的讲授是远远不够的。

（二）英语课程资源的开发

英语课程与教学研究课程设置有明确的目标来源。通常来说，英语课程资源的开发主要来自以下三个方面。

1. 来自英语教师的实践研究

英语课程与教学研究课程教学的对象是英语教师，他们有着英语教学的经历和背景，有着丰富的一线英语教学经验。首先，他们的教学和教学研究经验是该课程教学与研究的基础，他们的教学理念和教学智慧是该课程教学与研究的立足点。其次，研究英语教师的成长有利于了解英语教师职业发展的基本规律。最后，对该课程教学而言，理论学习过程也是英语教学实践反思和教育智慧提炼的过程，即英语教师积极参与和主动探究的过程。离开了他们的参与和探究，理论学习便成为空洞的说教，他们的参与将使课堂教学变得更加丰富多彩。也正是这样，教师的实践成了教学目标的来源。

2. 来自课程专家的目标设置理论和建议

任何课程目标的设置和实施与科目专家理论上的建议是分不开的。由于科目专家最了解自己的领域，因而他们能够根据这门学科的内容和训练方法等，指出该学科能对学生有哪些贡献，我们可以从理论文献和专家的建议中得到许多启示。这些建议的目标不仅涉及该课程的基本知识结构，涉及学生必须掌握的基本技能和习惯,涉及学科的基本思想和理论体系,也涉及基本思维方式和研究理念。该学科科目专家所建议的目标的重要性是显而易见的。因此,科目专家的建议成为课程目标的来源便不难理解。

3. 来自对英语课程与教学知识结构的系统研究

英语课程与教学研究课程的教学目标在一定程度上源自对其知识结构的系统研究。知识演进和研究是永无止境的,研究和探究是知识生成的基本途径,也是知识生成的基本属性。随着英语教师对英语教育研究和英语学科研究的不断深入,英语课程与教学研究逐步趋向合理,其知识结构更加系统,学科和课程内容更加丰富。这使英语学科学习的系统性更强,目的性更明确。

(三)英语课程设置的功能

英语课程的设置决定着教学的内容,也决定着教学实施的过程。同时,内容与目标是相辅相成的,两者在一定条件下互为因果,有着很高的依存度。英语课程与教学目标是多维的、多水平的。英语课程资源具备的主要功能,如图8-2所示。

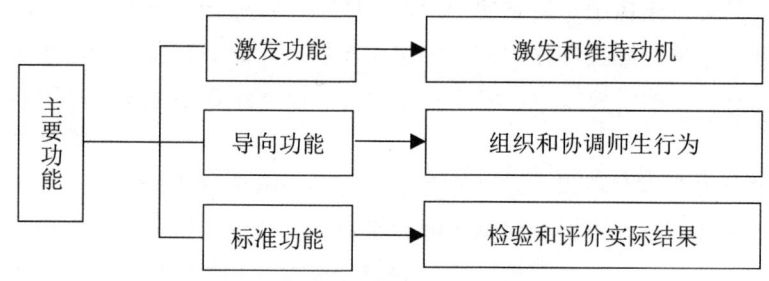

图 8-2 英语课程设置的主要功能

英语课程的设置,首先是要激发学生的学习动机,保持学习的兴趣。动机和兴趣既是课程教学和学习的动因,又是维持学习过程的动力。教师应从学生课程学习的意义和作用着手,激发学习兴趣,培养课程学习热情。其次,英语课程的导向功能是指在课程教学过程中规定、组织和协调师生的行为。最后,英语课程具有标准功能,也就是说,课程设置的目标是课程评价的标准。课程目标体系是对学生学业成就进行评价和测量的基本标准体系;课程设置的目标是对课程产品进行检查和评估的基本体系。

(四)英语课程资源开发与利用的原则

1. 优先性

学生需要学习的东西很多,学习时间也有限,因而必须在可能的课程资源范围内和在充分考虑课程成本的前提下突出重点，精选那些对提高学生学习英语能力有用的课程资源，使之优先得以运用。

2. 科学性

我们对课程资源的开放与利用，必须有一个科学的态度。一方面，我们在选择课程资源的时候，要注意它的真实性和可靠性。另一方面，我们又要注意打破对于包括教科书在内的课程资源的迷信，不能把教科书之类的课程资源当作"圣经"来对待，我们要宽容和培养学生对于课程资源的质疑精神。

3. 适应性

对于英语课程资源的开发和利用不仅要考虑典型或普通学生的共性情况，也要考虑特定学生对象的具体特殊情况，不能搞"一刀切"，要考虑他们现有的知识、技能和素质以及我们所能提供的资源背景。对于英语学习困难的学生，教师更应该使用适合其水平的资源，因人而异、循序渐进，使其能品尝英语学习的乐趣和成功的滋味。

4. 延伸性

英语教学要求我们要尽可能多地使学生从不同的渠道、以不同的形式接触和学习英语，尽可能让学生亲身体验和运用英语。目前使用的教材在语言的交际性、文化性等方面有一定的局限性。因此，我们需要为教材内容的延伸找寻适合学生认知水平与能力发展需要，并与《课程标准》相适应的多元化课程资源，拓宽学生视野。

总之，积极开发和合理利用阅读课程资源是英语课程实施的重要组成部分，也是我国新一轮基础教育课程改革中的一个亮点。没有课程资源的广泛支持，再美好的课程改革设想也很难变成实际的教育成果。对于大多数英语教师而言，阅读课程资源的开发与利用是一种全新的尝试。它需要教师强化阅读课程资源意识，提高对于阅读课程资源的认识水平，合理开发和利用各种课程资源，满足不同层次需求，更好地实现英语阅读课程改革的目标。

三、案例——英语课程资源在英语教学中的应用

（一）课程简介

1. 课程题目——"国际热点问题研究"

教学对象：国际政治专业三年级本科生。

课程性质：采用全英语授课的形式，以内容为依托，以英语为工具，以原

版教材为教学的核心内容。课程以英语作为课堂教学语言,课程教材和其他学习材料亦以英语作为媒介语。

因此,该课程的教学对象在大学一、二年级已经修完相关的大学英语课程和国际政治专业课程,其英语水平和专业知识达到研修这门全英文授课的政治学专业课程的要求。

2. 教学目标

第一,通过研究当今国际热点问题,帮助学生掌握国际政治理论概念、原理及关系,其中最为重要的是培养学生观察、研究、解决国际政治领域问题的能力。

第二,通过学习原版教材和专业领域相关的英文资料,为学生提供接触专业英语的平台,使学生了解专业前沿学科的发展状态,扩大学生阅读的知识层面,巩固学生的英语语言知识,增强他们对英语的实际运用能力。

第三,以专业内容为依托,以英语为交际的媒介语,帮助学生收集、分析和利用第一手研究资料的方法,开拓学术视野,培养开放性、创新型的思维,提高思辨能力和自主学习能力。

(二)教学过程

该课程"国际热点问题研究"在这一单元的课堂教学内容主要是学习美国国际政治领域著名学者塞缪尔·菲利普·亨廷顿的"文明冲突论"。亨廷顿曾经三次提出过这个理论,分别为:① 1933年《文明冲突》是一篇发表在《外交》杂志上的论文,曾经引起了国际社会的关注。②撰文《不是文明是什么?——后冷战世界的范式》,进一步阐述其观点。③ 1996年发表了书籍《文明的冲突与世界秩序的重建》,更深入、全面、系统地阐述其理论。

在讲授"区域冲突问题"章节时,依据建构主义理论指导思想,基于网络资源和图书馆资源,尝试使用"研究性学习"的教学模式开展教学活动。

1. 背景介绍

利用集中讨论的时间(1课时),向学生简要介绍美国国际政治领域著名学者、哈佛国际和地区问题研究所所长——塞缪尔·亨廷顿的"文明冲突论"。通过介绍作者的两篇论文和一部著作,归纳出亨廷顿的主要观点。

(1)多文明共存的世界

这个观点的形成是在冷战结束后。各种文明国家之间相互联系,形成一个多文明共存的国际世界体系,各文明间呈现强烈的、持续性的、多方向的交互状态。亨廷顿认为世界上最有可能爆发冲突的地区是不同文明的交界处，或被称为"断层线"区域。

（2）西方文明受到挑战

不同文明间的冲突正在打破现有文明间的均势，西方在世界政治、经济和军事领域的实力及影响力正在相对下降，非西方文明国家日益重视和弘扬传统文化价值。世界各种文明的力量对比正在发生变化，文明均势正在被打破。

2. 提出问题

学习者对亨廷顿的"文明冲突论"有一定的了解后，教师向他们提出问题，具体的问题为：①什么是引发冲突的根源，文化、文明抑或其他？②什么是构成国际秩序的基本单位，国家还是文明？③什么是决定国家间关系的因素，文化的认同还是国家利益？

提出上述问题的目的是激发学生学习与研究的兴趣，作用是引导学生紧扣主题内容开展探索和思考活动，确保学生在"自我协商"和"相互协商"的过程中不会迷失方向。

3. 成立小组

学生根据教师提出的问题及其自身兴趣，把全班组合成三个学习小组，围绕"引发冲突的根源""构成国际秩序的基本单位"及"决定国家间关系的重要因素"三个子课题实施研究性学习。教师可以要求每个学习小组保质保量、按时完成工作。

4. 搜集信息

各小组采用不同方式分别收集资料和信息，如借助互联网、图书馆查阅文献资料，了解历史上曾经发生过的国际重大冲突事件。信息搜集活动主要是学生在课余时间完成的。教师允许学生以个体为或以小组为单位开展信息搜集活动，其中重要的一点是教师全程监控学生的表现，确保每位学员积极参与，保证信息搜集工作的有效性和及时性。

5. 交流信息

经过一周时间的信息搜集，学生手中掌握了大量的信息资料。由于各小组研究的子课题不同，每个小组成员对其他小组研究的内容及成果并不十分清楚，因此信息的沟通与交流显得格外重要。教师利用上课时间，采用"小组汇报"的形式，让各小组推选代表向全班学生介绍本小组搜集到的资料。

6. 开展研究

完成信息资料搜集后,各小组成员在组长带领下按照各子课题的要求开展研究性学习,开展研究的子课题包括:①"冲突根源组"着重研究冲突发生的诱因。②"国际秩序的基本单位组"围绕国际体系的主体资格展开讨论。③"决定国家间关系的因素组"对影响国家间关系的要素进行细致剖析。

在整个研究过程中,教师应该要求各小组把研究成果绘制成PPT文档保存。期间,教师应该分配一定量的时间对每个小组进行单独辅导,确保小组研究工作顺利进行。

7. 展示成果

每个小组推选一到两位代表演示、推介本小组的研究成果。需要注意的是,推选的代表最好不是搜集信息活动阶段已经作为小组代表向全班做过信息陈述的组员,此项要求的目的是尽可能地为更多的学员创造机会,提供人人参与的平台。

8. 总结评价

总结评价是在小组成果展示基础上进行的。先由学生进行自我总结,接下来是小组进行总结,最后由教师汇总个人和小组的总结,组织全体学生参加研究性学习汇报总结。

本单元教学采用"研究性学习"的教学模式,可以使学生通过"情境、协作、会话和意义建构"的学习方式,以科学严谨的治学态度对亨廷顿的"文明冲突论"做出客观评价。学生们基于小组的研究成果,解释了"文化"和"文明"的概念,论证了两者之间的差异。

同时,研究性的学习过程也能够使学生发现文化和文明都有广义和狭义之分。广义的文化指人类在社会历史实践中所创造的物质财富和精神财富的总和;狭义的文化指社会的意识形态以及与之相适应的制度和组织机构。广义的文明是指文化发展过程中积极成果的总和,是良好的生活方式和精神风尚;狭义的文明是指与野蛮相对的理性的社会体系。

除此之外,相关学习小组还运用搜集到的史实资料对"文明冲突论"做出评价,指出"文明冲突论"错误地认为国际冲突的主导形式将是不同文明之间的冲突,却忽视了利益冲突才是造成各种国际冲突和局部战争的客观事实。

基于上述推理,学生发现两次世界大战就是发生在同种文明内的惨烈战争。两次世界大战的历史事实批驳了亨廷顿的"文明冲突论",表明发生在不同文明之间的冲突或战争,其导火线也可能是冲突双方的政治利益和经济利益。

最终，学生们通过深入细致的研究性学习，能够得出一致性的结论——亨廷顿夸大了文明在世界秩序中的作用，忽视了国家利益是国家间关系之决定因素这一客观事实。这就帮助学生们深刻地认识到，亨廷顿所宣言的理论，也不过是为美国的国家利益服务的工具。

第三节 大学英语阅读能力结构的建构

一、阅读能力结构的基础

阅读能力是阅读主体运用已有的知识和经验，顺利而有效地完成阅读活动的能力。阅读能力是由低向高发展起来的，如图 8-3 所示。

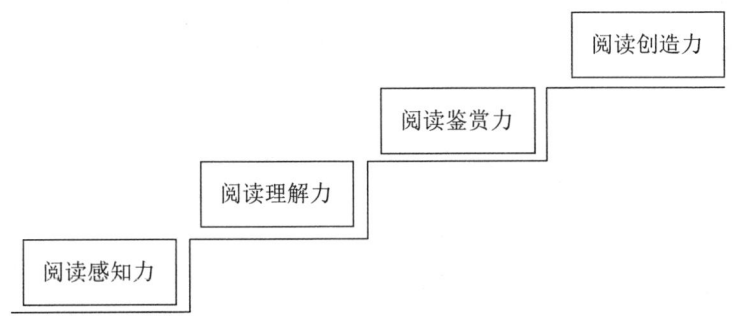

图 8-3 阅读能力层次

阅读者首先感受到的是阅读材料中的文字符号，能对这些文字符号进行最低层次的识别，这也是阅读的基本要求。在感知文字符号的基础上，阅读者能够提取出阅读材料中的词汇、句子、语篇的意义，也能够从宏观上把握阅读材料，这样读者就具备了基本的阅读理解能力。然后读者能够在阅读感知和理解的基础上，对读物的内容、形式等方面进行评价和欣赏，这就达到了较高层次的阅读鉴赏力。阅读能力的最高层次——阅读创造力，是读者具有超越阅读材料的创新能力。

（一）国内外阅读能力结构研究回顾

1. 国内学者的观点

我国学者对于阅读能力结构的研究，关注的是阅读活动本身。在阅读过程中，按照各个阅读活动的不同要求，侧重点也有所不同。他们认为阅读能力受到阅读理解、阅读分析、阅读评价及阅读鉴赏等因素的影响。国内学者对于阅读能力结构的研究，主要观点如下。

第一，阅读能力通过阅读文章的步骤体现出来，如图8-4所示。

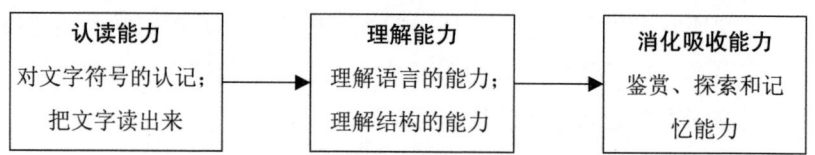

图8-4　阅读文章的步骤中体现出的阅读能力

第二，阅读能力中的默读能力包含四个方面，如图8-5所示。

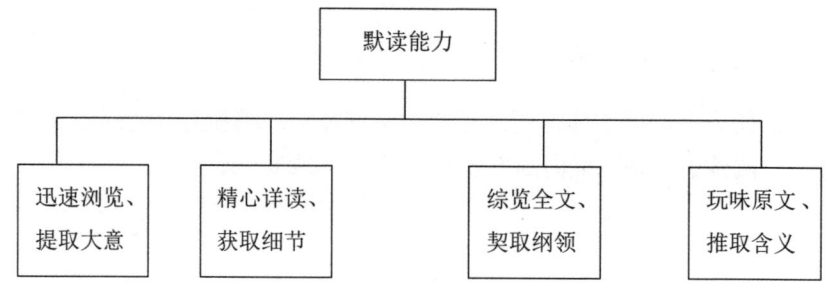

图8-5　默读能力

第三，较高的阅读能力是要能够读懂并能够记住文章，还要追求阅读的速度。

第四，阅读理解能力形成于人的思想认识水平、文化背景知识等方面，在逐步地阅读实践中还要依靠阅读者的精心研读、反复推敲，发展学生的求同存异的分析能力和综合思维能力。教师要引导学生集中精神、集中注意力进行阅读，还要经常进行知识的复习，形成英语语言的知识建构。同时还要引导学生进行阅读记忆的训练，提高学生的记忆能力，进而提高学生的阅读速度。

第五，阅读能力形成发展的步骤是"认读能力—记忆能力—理解能力—评价鉴赏能力—创造能力"。

第六，从心理学的角度对阅读能力进行限定，认为阅读能力是由语文知识和言语技能构成的复杂的系统，如图8-6所示。

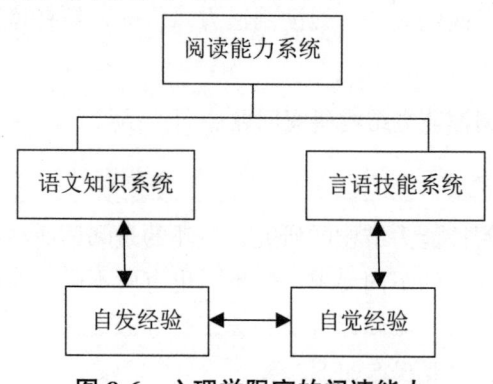

图8-6　心理学限定的阅读能力

2. 国外学者的观点

国外语言学家也从多个方面对阅读能力进行研究，主要观点为：①阅读技能分为认识和理解的速度、词汇辨认和理解、句子结构和句子理解、段落结构和段落理解、对选文的完全理解五类。②字面理解能力（直接理解）、解释（补充意见）、评价性阅读和创造性阅读是阅读能力的四种结构。③权衡句中各词、组织各词关系、选择各词含义、最后决定反应是阅读能力测试的四要素。④阅读能力测试包括准确性、理解力、速度三个方面。⑤阅读理解包括词语认知、理解、综合三个方面。⑥阅读有发展性、功用性和消遣性三种类型，针对不同类型的阅读，要有不同的阅读技能要求。

综观以上理论可以发现，各人所站的角度不同，得出的结论差异很大。但都存在两个共同点：①阅读能力是一个内涵丰富的集合概念，是种种个别能力的特定结合体，它不仅与读者一个人的知识经验和智力因素相关，也与读者一个人的非智力因素密切关联。②阅读能力的形成是以读者良好阅读习惯的养成为最终标志的。

（二）影响英语阅读能力的因素

对于影响英语阅读能力的因素，学者们也进行了研究。英语阅读能力和我们平时所说的阅读文章的能力是不同的，英语阅读能力是指英语语言学习者在特定的时期内，具有相对稳定地阅读英语文章的能力，能够对文章做出自己的评价。

学者们研究的影响学生英语阅读能力的主要有如下几个因素。

1. 学校

这主要表现在学生英语阅读测试的成绩，还有各个学校之间学生的阅读能力也有一定的差距。高校的管理模式、校长的职责工作也对某一阶段学生的英语阅读能力有较大的影响。学校附近的公共图书馆、大专院校等所处的地理位置，也和学生的英语阅读成绩有一定的关系。学校的设施、定期英语活动等也对一部分学生的阅读成绩有影响。

2. 学生自身

在影响中国学生英语阅读能力的因素中，有五种因素与学生自身都有较大相关性，具体为：①学生对英语阅读能力的自我评估；②家庭中英语书的藏书量；③是否经常到图书馆借阅英语书籍；④家庭经济条件；⑤是否经常阅读英语实用文。

除了上述影响因素之外，学生的性别因素和英语阅读学习方式也对学生的英语阅读能力有影响。①性别因素。对于初级学习者来说，性别与英语阅读能力有较大的相关性，女生的英语阅读能力明显高于男生。但是对于中级和高级学习者来说，性别因素就没有显著的相关性。这说明性别对英语阅读能力的影响因年龄和学习阶段而异。而且，这种影响也因所阅读材料的文体而异。②英语阅读学习方式。对于初级英语学习者来说，课堂练习更有利于提高他们的英语阅读能力；而对于中级英语学习者来说，更高效的学习方式则是家庭作业和课外阅读。

3. 学习策略

学生的学习策略也能够影响学生英汉阅读能力的发展，具体表现在：①不同的英语学习策略对英语语言能力，有着不同的影响。②根据学生发展阶段的不同特点，也要采取不同的学习策略，进行不同的英语阅读训练。③不同的学习策略，适应了汉语与英语阅读学习之间的差异，以及英汉两种语言的不同特点。

二、英语阅读能力的纵向层级结构

顺应英语阅读活动的自然进程，分阶段去描述英语阅读能力的成长历程，显示出英语阅读能力由低到高的发展层次，就可以形成英语阅读能力的纵向层次结构。

（一）英语阅读感知力

1. 英语阅读感知力的定义

英语阅读感知力指对单词、语句、语篇等语义的识别能力，它属于对作品语言形式的微观感受，是最低层次的英语阅读能力。英语阅读的感知力是对连续的文字符号的快捷、准确的感觉和知觉。对于高校学生的英语阅读感知力，就是能够对阅读材料中的词汇、短语和句子结构有一定的认知，能进行认知—认读—感知的阅读理解过程，也是进行阅读所要具备的基本能力，是英语阅读的基础能力。

英语阅读感知力在阅读者的英语阅读过程中主要经历两个阶段：①语言符号和词义的整体感知阶段。②低层次向高层次感知的阶段。这个阶段中阅读者的阅读感知单位从最初的英语字母、英语单词、英语短语，逐步向意群、英语句子、语篇转变，从而实现真正快速英语阅读的飞跃。

2. 英语阅读感知力的构成要素

英语阅读感知的发展要靠不断地学习、训练和实践，只有与理解、记忆相结合，英语阅读才能获得意义，即只有通过理解和记忆的共同作用，英语阅读感知的内容才能变得连续和前后关联，并在此基础上产生意义。因此英语阅读感知与理解、记忆是协同工作的。

英语感知能力的构成要素主要有八项：①具备基本的英语单词量。②了解单词在语境中的特定含义。③能依据上下文独立推断陌生单词的近似意义。④能在熟悉语法规则的基础上辨析结构复杂的英语长句。⑤能辨识记叙、说明、议论等各种英语表达语体，并能够根据各种文体的特点进行英语阅读。⑥能整体感知英语文章的思路和主要内容。⑦能把握英语文章的重点难点并提出自己的疑问，利用有关材料解决问题。⑧运用文摘或观看英文原版电影等方法积累英语阅读材料，记忆或背诵精彩片段。

（二）英语阅读理解力

1. 英语阅读理解力的定义

英语阅读理解力指阅读者在英语语言感知的基础上，利用已有的背景文化知识和经验，提取语篇含义和文章主题，从宏观上把握文章的思想内容。理解英语的能力建立在认读英语的基础上，因此要能对阅读材料中提供的信息进行消化、加工，能在理解单词、句子字面意思的基础上，经过阅读者的判断和推理、抽象思维和概括总结活动，理解英语语言字符之间的内在联系，进而全面理解阅读材料。

2. 英语阅读理解力的构成

英语阅读理解力的构成范围广泛。首先能够辨识阅读材料的文体、理清作者的思路，还要能够把握文章结构、找出主题句、归纳出文章的主旨，能够辨析文章中所使用的修辞手法、揣摩作者的写作意图和写作手法等。

从英语阅读理解的步骤看，英语阅读理解力可分为四层：①抓住主题句，依据句间关系摘取语篇意义；②抓住重点和主线，抽取段落意义；③理清思路，依据段落间关系概括章、节意义；④归纳文章主旨或主题。

（三）英语阅读鉴赏力

1. 英语阅读鉴赏力的定义

一般来讲，英语阅读鉴赏力是指对英语作品中的美的感受、鉴别、赏析和评说的能力，它是读者深入作品深处的一种情感体验。它是一种较高层次的英语阅读能力，因此操作起来较为复杂。

读者一般可以从四个层面对英文作品进行鉴赏：①思想观点的正确性和社会意义；②真实性和典型意义；③语篇风格、语言艺术性和创作意义；④风格的独特性和审美意义。

2. 英语阅读鉴赏力的内容

英语阅读鉴赏能力包括以下两个方面。

（1）在审美实践中提高鉴赏能力

首先，要选择优秀的英文作品作为鉴赏对象。其次，要帮助学生积累丰富的生活经验。教师要介绍英文作品的时代背景，贯通古今中外，把作品置于产生它的那种错综复杂、千丝万缕的社会关系中，让学生去了解作家的思想感情倾向和创作意图，这样才能提高他们鉴赏英文作品的水平和能力。再次，要培养学生以艺术眼光鉴赏英文作品。为此学生要懂得一些艺术门道，具备艺术修养。正如马克思所说："如果你想欣赏艺术，你必须成为一个在艺术上有修养的人。"最后，要在比较和鉴别中培养和提高学生的审美能力，孤陋寡闻是不行的，泛读而无比较，就只能人云亦云。唯有比较才能鉴别，唯有鉴别才能提高。因此，要想提高英语阅读的鉴赏能力需要多读优秀的英文作品，通过各种方式经常进行比较和鉴别。

（2）掌握艺术欣赏的规律

首先，鉴赏是一种借助于联想、想象的再创造的审美活动，学生要善于联想与想象。其次，鉴赏是一种艺术享受，可以在其中激起爱憎的情感，提高思想认识。再次，鉴赏有个人的偏爱，同时在其中显示着鉴赏的社会性。

因此，提高英语阅读的鉴赏能力需要读者跳出文章，做出一种理智判断。鉴赏过程是一种科学活动，要求读者与作者保持一定距离，依靠英文作品内在的证据和外在的准则，客观公正地做出价值评估。

（四）英语阅读迁移力

1. 英语阅读迁移力的定义

英语阅读迁移力指运用英语阅读所得的知识、技能和情感来解决新问题的"及物"能力，它是比英语语言层次更高的阅读能力。英语阅读活动从"披文得意"到"运思及物"，才是英语阅读活动的迁移过程。阅读者通过鉴赏性地阅读英文材料，从理智上洞察、情感上体味，才能体会出作品的韵律美，再加上阅读者主观、客观的分析和评判，就完成了文本向实践的迁移，实现英语阅读的最终目的——通过英语阅读提高英语综合运用的能力。

2. 英语阅读迁移的过程

英语阅读迁移的过程，使得阅读者实现了两个能力的迁移：英语语言的输入—输出和认识世界—改造世界的英语阅读转变过程。

（1）英语阅读借鉴力

英语阅读借鉴力是指阅读者通过归纳、总结阅读心得或借鉴文章所传达的思想、修辞与写作风格，汲取英文作品内容和形式两方面的精华。在这个阅读过程中，起到决定作用的是阅读者对于阅读心得的概括总结水平和获取阅读信息的能力。

（2）英语阅读表述力

英语阅读表述力主要是指阅读者运用英语口语的能力。阅读者通过阅读借鉴力用书面语输出英语阅读心得，对英语作品做出复述、评价，也反映了阅读者阅读表述能力由低层次向高层次的迁移，这也是阅读者由阅读到写作的转化。

（五）英语阅读创造力

1. 英语阅读创造力的定义

这是指读者在阅读英语作品时，超越作者进行再生产的创新能力。英语阅读创造力的发挥离不开英语阅读纵向层级的前四个阅读能力，只有在综合阅读感知、理解、鉴赏、迁移等阅读技能的基础上，阅读者才能运用创造性思维创造出内容新颖的英文作品，阅读者才能具有独特的见解，也才能具有英语阅读的高层次能力。

2. 英语阅读创造力的培养

要想培养英语阅读的创造能力，就要学会运用创造原理来指导英语阅读实践。

（1）要素置换

英语读物形式上是一串串书写、印刷的文字符号，内容是这些符号所蕴含的连贯的意义。这些读物在内容和形式上都运用了恰到好处的要素位置，如果这些要素的位置被置换，就会改变原文的意思，改变原文所要表达的意义。因此在阅读时可以尝试着置换作品中的单词、短语、句子甚至段落的要素成分，这样就可以开启英语阅读的创造性思维。

(2)结构重组

不同体裁和题材的英语阅读材料,存在着不同的结构特征,如果重新组合文章中要素排列的位置,文章结构就会发生变化。我们知道,英语文章的文体不同,包含的要素也不尽相同,例如,记叙文有六要素,而说明文、议论文等有三要素。我们在阅读英文作品时可以设想置换要素、重组结构,这样既可以领会英语文章安排结构的匠心,又可以培养自身英语阅读的创造能力。

(3)信息交汇

我们可以把知识、经验、技术等种种信息从多种角度进行交汇,从而生成大量新信息、新知识。例如,我们在英语阅读时要学会纵贯古今,从英文作品的背景与相关史实资料预测事件的发展趋势。这种方法适用于审视英语史实型阅读材料。我们在英语阅读时要学会横连八方,可以根据英文作品人物之间的相互联系,从各个层次与角度进行思考,进而全面客观地认识事情本质,提出新的设想。

(4)学习迁移

学习迁移是指一种学习对另一种学习的影响,如在进行英语阅读时,可以将英语写作、英语改错或英语复述的学习运用上,使两种学习相互作用,互为促进。当然在选取另一种学习时,也要按照两种学习的学习内容、方式和性质,有针对性地选取。若迁移使两种学习起到相得益彰、互为学习的效果,我们称之为"顺向迁移"或"正迁移"(又称"助长性迁移");若迁移使两种学习相互干扰,我们称之为"负迁移"(又称"抑制性迁移")。

综上所述,培养英语阅读的感知力旨在读"通"英文作品;培养英语阅读的理解力旨在读"懂"英文作品;培养英语阅读的鉴赏力旨在读"化"英文作品;培养英语阅读的迁移旨在读"活"英文作品;培养英语阅读的创造力旨在读"新"英文作品。

三、英语阅读能力的横向贯穿结构

英语阅读能力可以贯穿到认读、鉴赏、迁移、创造各个英语阅读阶段,同时也渗透在英语阅读选择、思考、想象、记忆等各个要素里。

(一)英语阅读选择力

英语阅读的选择能力,是读者对文章内容价值的判断与决定取舍的能力。个人的英语阅读选择能力,由以下要素决定。

1. 具有英语知识水准

一个人的英语知识掌握得越宽泛、越精准，选择阅读书籍的范围就越广。例如，对英语语言学知识的掌握越系统、越深入，对该类读物的整体情形就越明了，对读物内容价值的判断就更加准确、迅速。另外，英语阅读范围宽广、阅读量较大的人，一般说来积累了对此类读物的选择经验，从而具有对此类英语读物迅速粗知的能力。

2. 读者的自审能力

读者的自审能力是指对自我的阅读兴趣、阅读能力、阅读效果及英语知识结构和近期英语阅读规划有正确认识的能力。简单来讲，对英语阅读范畴内的一切，读者须有自知之明。阅读过程中，只有读者对跟英语阅读相关的一切（如阅读兴趣、英文知识水平、阅读能力、阅读环境条件等）有整体的了解，才能有效地避免选择阅读的盲目性。

3. 英语阅读目标的清楚程度

读者通过英语阅读获得全部英语知识和技能是最终目标，而在一个时期内所能掌握的英语阅读知识是近期目标。所以，阅读英语书籍的读者应该清楚，最终目标在短时间内很难确定，因为人很难料定自己在英语阅读中达到的具体水平，只有朝着最终目标的方向不断前进。

（二）英语阅读思考力

1. 英语阅读思考力的定义

所谓英语阅读思考力，指在英语阅读过程中，一个人能够正常地、积极地进行思维活动，积极地发挥思维的状态。列夫·尼古拉耶维奇·托尔斯泰曾经这样说过："知识，只有当它靠积极的思维得来而不是凭记忆得来的时候，才是真正的知识。"这就是说，有无积极的思考，是决定获取知识的重要条件。

在英语阅读中，一个人即使把书本上的词句背得烂熟，也不等于掌握了真知，而只有通过积极的思考，把一页页内容好好地消化，并做出思考性的结论，这才是学到实用东西的诀窍。

2. 英语阅读思考力的特征

英语阅读的思考能力作为一种需要发挥极佳状态的思维活动的能力，具有以下基本特征。

（1）全面思考

英语阅读的过程是读者汲取知识、消化知识的过程，只有展开多向性的、多角度的思考，扩大思路，从多方面进行探索，才能通过英语阅读获取更多的相关知识与能力。例如，从纵向角度看英语阅读，读者应该多思考并获取该文章知识的历史状况、现实特点及未来趋向；从横向联系看英语阅读，读者应该去研究与该文章知识边缘交错、互相渗透的相关领域。因此，英语阅读的思考力需要从比较的角度出发，不仅要想到求同，而且要想到求异。

（2）深入探索

深入探索是指英语阅读的思考须有一定的深度。在深度中去获取高质量的英语知识。如果在英语阅读中不启动思维机器的运转，读英文书就会变成似懂非懂，或以偏概全，或浅尝辄止，最终陷入困难的境地。伟大的科学家阿尔伯特·爱因斯坦在谈到才能与读书的关系时认为，"我没有什么特别的才能，不过喜欢寻根刨底地追究问题罢了"。所谓"寻根刨底"，就是向知识的深层开掘；所谓"追究"，就是绝不轻易地中断探索，直到了解一切为止。

（3）求新创造

求新创造是指通过英语阅读，读者创造性地进行思维活动，不断思考去开拓新知识、发展新经验。因此，求新创造是英语思考能力必不可少的重要特征之一。英语阅读的创造性是基于"继承"这一前提的，然后推陈出新，通过思考去无穷地探索尚未知道的事物，增加更多的新的科学知识，为社会的发展做出贡献，为子孙后代造福。

（三）英语阅读想象力

1. 英语阅读想象力的定义

想象力是英语阅读过程中的重要能力。一个想象力弱的人，从英文书里获得的感受要少；想象力强的人能把抽象的符号变得形象化、把历史带到眼前、把远处的引到身边。爱因斯坦说："想象力比知识更重要，因为知识是有限的，而想象力概括着世界上的一切，推动着进步，并且是知识进化的源泉。"

2. 英语阅读想象力的决定因素

英语阅读的想象力由以下因素决定。

（1）生活经历

每个人的生活经历都是不尽相同的，因此每个人对于英语阅读材料内容的理解也是不相同的。

（2）英文背景知识

阅读中，读者所需要的更多的是对英语文章背景知识的了解。只有了解了文化背景，读者才能了解文章深层次的社会文化意义、准确理解和把握作者的意图和思路。

（3）视听想象

任何语言的学习，都是以学生的学习兴趣和感知为基础的，并且要在一定的语言情境中灵活掌握并运用。语言学习的过程如图8-7所示。

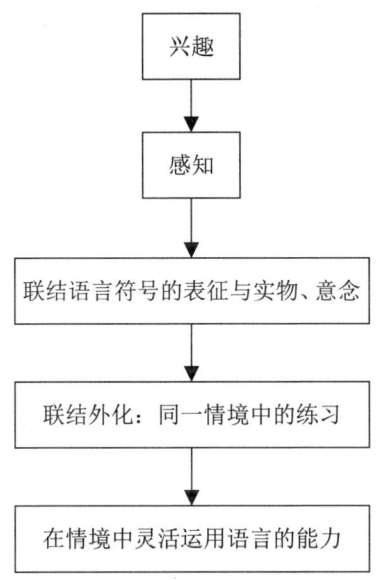

图 8-7　语言学习过程

在语言学习的认知过程中，也要将视听想象列入，充分考虑到大部分英语学习者的实际情况。自然的语言学习过程都是以听说为基础的，然后再到读写。在英语阅读过程中，我们也要遵循语言学习过程，要在培养学生学习英语兴趣的基础上，借助学生的视听经验，将阅读的英文材料进行形象化的想象，才能使英语阅读变得有趣。因此，在阅读英文书籍时，要注意唤起学生的想象力。

（四）英语阅读记忆力

记忆力是知识的仓库，捷克著名教育家扬·阿姆斯·夸美纽斯曾说："假如我们能记得所曾读到、听到和我们心里所曾欣赏过的一切事物，随时可以应用，那时我们便会显得何等有学问。"可见，记忆能力对学习和工作起十分重要的作用。

1. 英语阅读记忆力的工作原理

英语阅读理解的过程是读者根据文字材料描写的内容以及自己所具备的英语知识、背景文化知识和经验，建立对阅读内容的心理表征的过程。在英语阅读中,读者要通过对语言符号进行视觉认知,通过大脑进行阅读信息的有选择记忆,但是在这个过程中阅读者的大脑只能处理有限的信息,且对信息记忆的时间不会太长。因此要培养阅读者的长时记忆能力,在这种长时记忆中,阅读过程中需要的英语单词、短语和句子的表达和结构,以及语言规则等都被调动起来,从而保证阅读者能够顺利有效地完成阅读。

2.英语阅读记忆力的提高途径

首先,明确阅读英文作品的目标,从而确立记忆的方向与重点,增强有意识记忆,掌握英文材料的大意。其次,增强英语阅读教学的趣味性、多样性,扩大读者自身的知识面,加强输入、输出训练,提高语言运用能力。最后,改变不良的英语阅读习惯。平时多做多练,提高文章阅读技巧,快速找出段落大意、主题句、找出论据以及抓住文章结构。这种阅读的基础训练是提高长时工作记忆能力的最佳方式。

人们通过提高英语阅读的记忆力可以积累各式各样的知识,从而使获得的才能不断增多并用以指导实践。如果很好地将记忆力用于英语阅读,效果是非常惊人的。人脑的记忆容量几乎是无限的,是有很大潜力的。这就为汲取知识、指导实践提供了有利的条件。

四、英语阅读能力的核心"理解"结构

(一)英语阅读理解的构成要素

人们所说的能力,是指在掌握各种类型的基础理论知识的基础上,在实践过程中形成的各种技能。学生的阅读能力也是借助各种知识培养和形成的阅读技能。英语阅读能力是读者把从材料中感知的英文信息及其认知结构中原有的英语知识结合起来生成意义的过程。

结合英语阅读过程,阅读理解的三要素包括:①观念性理解——读者对英语阅读中所涉及的知识的理解。②自动化的基本技能——读者对阅读材料中单词的解码技能,对句子、段落和篇章的把握分析技能。③认知策略——读者的英语阅读方法。

从以上阅读理解的构成要素来看,阅读者在英语阅读理解过程中要利用长时记忆的陈述性知识,激活已有的程序性知识,从而形成英语阅读的基本技能和英语阅读认知策略。读者阅读英语材料时,还需要掌握解决问题的能力。这就需要阅读者在平时的阅读训练中,掌握英语阅读技巧,提高阅读能力。

（二）英语阅读能力的发展层面

英语阅读能力结构的发展层面，从纵向来看，是由浅入深的；从横向来看，包括各种阅读方法。不同阶段的学生需要掌握不同层面的阅读技能。我国国内学生在不同层面上英语阅读能力的发展情况如表 8-2 所示。

表 8-2　不同阶段的英语阅读技能

阶段		英语阅读技能
初中阶段		能根据上下文和构词法推断、理解生词的含义； 能理解段落中各句子之间的逻辑关系； 能找出文章中的主题，理解故事的情节； 能读懂常见体裁的阅读材料； 能根据不同的阅读目的运用简单的阅读策略获取信息； 能利用字典等工具书进行学习； 除教材外，课外阅读量应累计达到 15 万词以上
高中阶段		能从文章中获取主要信息并能摘录要点； 能理解文章主旨和作者意图； 能提取、筛选和重组文章中的信息； 能利用上下文的线索帮助理解； 能理解和欣赏一些浅显的经典英语诗歌； 能理解标志、图表提供的文字信息； 能从网络等文字阅读材料中获取基本信息； 能借助词典阅读包括信件、广告、说明等形式的语言材料，理解意思，并能在整体理解文章的基础上进行推测判断； 能阅读通俗的文学原著； 课外阅读量累计不少于 30 万词
大学阶段	非英语专业	能顺利阅读语言难度中等的一般性题材的文章，掌握中心大意及说明中心大意的事实和细节，并能进行一定的分析、推理和判断，领会作者的观点和态度，阅读速度达到每分钟 70 词； 在阅读篇幅较长、难度降低、生词不超过总词数 3% 的材料时，能掌握中心大意，抓住主要事实和有关细节，阅读速度达到每分钟 100 词
	专业四级	能读懂有一定难度的文学原著，要求在理解的基础上抓住重点，并能运用正确观点评价思想内容，阅读速度为每分钟 120 个单词，理解准确率不低于 70%； 能读懂英语国家出版的中等难度的文章和材料，掌握所读材料的主旨大意，了解说明主旨和大意的事实和细节； 既能够理解字面意思也能够根据所读材料进行一定的判断和推论，理解个别句子的意义和理解上下文的逻辑关系

续表

阶段		英语阅读技能
大学阶段	专业八级	能读懂一般英美报纸杂志上的社论和书评，既能理解其主旨和大意，又能分辨出其中的事实与细节； 能读懂一般历史传记及文学作品，既能理解其字面意义又能理解其隐含意义； 能分析上述题材的文章的思想观点、通篇布局、语言技巧及修辞手法

由此可以看出，《英语课程标准》对初中学生的英语水平和运用语言的能力提出了较高的要求，并对学生阅读能力的培养制订了更高的标准。例如，"能根据上下文猜测生词的意思"；并要求初中毕业的学生要做到"能读懂供 7~9 年级学习阅读的简单读物和报纸、杂志、克服生词障碍、理解大意"；《英语课程标准》对高中英语阅读技能的描述比初中更深入；大学阶段，英语阅读的要求根据学生专业的不同和英语水平的不同而有差别。总的来说，整个英语阅读的教学是以英语教学大纲为指导，以提高学生英语语言能力为目标的。

五、英语阅读能力的立体开放结构

（一）英语阅读智能——阅读能力的主干结构

英语阅读能力是一个多维的系统。由英语阅读感知力、英语阅读理解力、英语阅读鉴赏力、英语阅读迁移力、英语阅读创造力组成的纵向层级结构，是关于英语阅读操作技能的行为系统，其中以阅读理解力为核心；由英语阅读选择力、英语阅读思考力、英语阅读想象力和英语阅读记忆力组成的横向贯穿结构，是关于英语阅读认知心理的智力系统，其中以阅读思考力为核心。英语阅读的理解力和英语阅读的思考力两个核心并不矛盾，而是统一的。纵向的英语阅读行为结构和横向的英语阅读认知结构二者结合起来可以称为阅读能力的智能系统，它是整个英语阅读能力的主系结构。

（二）英语阅读知识——阅读能力的基础结构

1. 语言要素

这是指语言知识和有关语言交际的知识，是影响阅读能力的先决条件。语言要素中的语言知识，主要指词汇知识和语法知识。要提高阅读能力必须扩大词汇量，《大学英语四级考试大纲》明确指出大学阶段要掌握约4500个单词和700多个词组，才可以达到标准，可见充足的"砖瓦"是建构英语阅读大厦的基石。如果文字障碍过多，语法知识不精通，阅读将无法进行。

2. 文化知识

文化知识决定阅读者在阅读思考时的联想和思维，文化知识面广泛的阅读者，能够展开丰富的联想，也就具有活跃的思维。阅读能力的高低也取决于阅读者的基本文化知识的积累程度。阅读知识积累不够导致学生知识面的狭窄，阻碍了他们阅读理解能力的形成。要真正提高学生的阅读能力，必须重视基本知识的积累，不断拓宽知识面。

3. 实践知识

不联系人生体验的阅读，只是停留在对阅读材料的字面意思的感知上，获得的是关于文本的笼统的印象和表层的意义。这仅是阅读的初级阶段。理论知识的学习必然要经历实践的检验，因此，教师要重视对学生的实践教学，引导学生在阅读过程中联系自己的人生体验和生活经验理解阅读材料。

（三）英语阅读情志——阅读能力的动力结构

英语阅读情志，指英语阅读的意向品质。下面重点阐述英语阅读能力的重要非智力因素。

1. 英语阅读兴趣

兴趣是人们认识和从事各种活动的动力，是推动人们寻求知识和从事活动的心理因素，对一个人的智力发展起着至关重要的促进作用。当对英语阅读有兴趣时，学生就会主动地投入英语阅读中，全身心地探索文章表达的思想感情，领悟作者布局谋篇的精妙手法，体味用词造句的独到之处。

2. 英语阅读动机

动机是引起和维持个体朝着某一明确目标进行的心理活动，能够激发个体的内部动力。英语阅读过程中，要使学生具有英语阅读情志，就要让学生保持良好的英语学习和阅读动机，并使这种动力持久地在英语阅读活动中沿着特定的方向进行下去，使英语阅读收到实效。

3. 英语阅读情感

心理学家认为，情感是人对客观事物是否满足自己的需要而产生的态度体验，它是对客观现实的一种特殊的反映形式。由此美国耶鲁大学心理学家彼得·沙洛维于1990年首次提出了"情感智力说"，包括充分认知自己的情感、控制调节自己的情感、感知他人的情感等，这些恰好是英语阅读能力中的构成要素——情感品质。在英语阅读过程中，要培养学生积极健康的情感，让学生能在英语阅读中获得乐趣，获得思维上的解放。

4. 英语阅读意志

意志是人自觉地确定目的，并调节支配自身的行动去实现预定目标的心理过程，是人的主观能动性的突出表现形式。英语阅读是一项需要长期坚持的活动，要完成阅读活动就需要学生有强大的动力和意志，也可以说是毅力，是一种朝着目标坚持不懈的能力。从过往的经验来看，真正成功的人不是那些天资卓越、才华四射的天才，而是那些不论在哪一个行业都勤勤恳恳、劳作不息的人。天赋过人的人如果没有毅力和恒心，也只会成为转瞬即逝的火花。许多意志坚强、持之以恒而智力平平甚至稍稍愚钝的人都会超过那些只有天赋而没有毅力的人。正如意大利民谚所云："走得慢但坚持到底的人才是真正走得快的。"

5. 英语阅读习惯

习惯是指由多次重复而达到带有稳定特点的自动化的思维或行动方式。

在英语阅读过程中，良好的阅读动机、阅读兴趣、阅读情感、阅读意志和阅读习惯等非智力因素对提高学生的英语阅读的综合素质起着十分重要的作用。

参考文献

[1] 张铭. 当代大学英语教学理论与研究 [M]. 北京：九州出版社，2019.

[2] 朱芬，邵静. 基于跨文化交际的大学英语教学模式建构 [M]. 成都：四川大学出版社，2019.

[3] 王珊，马玉红. 大学英语教学的跨文化教育及教学模式研究 [M]. 武汉：武汉大学出版社，2018.

[4] 朱金燕. 大学英语教学改革探索 [M]. 武汉：中国地质大学出版社，2018.

[5] 刘志朋. 大学英语教学及语言评价研究 [M]. 北京：中国纺织出版社，2018.

[6] 张茂君. 当代大学英语教学与文学的融入探究 [M]. 长春：吉林大学出版社，2019.

[7] 黄建滨. 英语教学研究 [M]. 杭州：浙江大学出版社，2018.

[8] 杜璇. 文学素养与大学英语教学 [M]. 长春：吉林美术出版社，2018.

[9] 丁丽红，韩强. 当代大学英语教学的认知研究 [M]. 北京：中国书籍出版社，2018.

[10] 曹倩瑜. 英语教学理论与教学法 [M]. 西安：西安交通大学出版社，2017.

[11] 孙常丽，王红香，刘纯. 大学英语多元互动教学模式研究 [M]. 北京：世界图书出版公司，2017.

[12] 吴碧宇. 大学英语教学改革的生命教育维度 [M]. 郑州：黄河水利出版社，2016.

[13] 吴耀武. 大学英语阅读分层处方教学模式研究 [M]. 西安：西北工业大学出版社，2016.

[14] 郑晶，魏兰，康添俊. 图式理论与外语教学实证探究 [M]. 上海：上海大学出版社，2017.

[15] 胡利君. 英语教学新论 [M]. 上海：上海交通大学出版社，2015.

[16] 韩建全，陈晓霞. 大学英语阅读 [M]. 成都：西南交通大学出版社，2015.

[17] 黄军利，骆北刚. 英语课堂教学模式的实验研究 [M]. 苏州：苏州大学出版社，2015.

[18] 姚咏. 网络与大学英语阅读教学改革 [J]. 文教资料，2019（05）：212-214.

[19] 任静. 大学英语阅读教学"对分课堂"的优化 [J]. 百科知识，2019（33）：57-58.

[20] 王守仁. 中国英语能力等级量表在大学英语教学中的应用 [J]. 外语教学，2018，39（04）：1-4.